阅读成就思想……

Read to Achieve

# THE SOURCE OF
# INNOVATION IN CHINA
## Highly Innovative Systems

# 中国创新模式

张莹莹 周 禹◎著 漆思媛◎译

中国人民大学出版社
·北京·

**图书在版编目（CIP）数据**

中国创新模式 / 张莹莹，周禹著；漆思媛译 . — 北京：中国人民大学出版社，2018.3

书名原文：The Source of Innovation in China：Highly Innovative Systems

ISBN 978-7-300-25376-3

Ⅰ . ①中… Ⅱ . ①张… ②周… ③漆… Ⅲ . ①技术革新—研究—中国
Ⅳ . ① F124.3

中国版本图书馆 CIP 数据核字（2018）第 002157 号

**中国创新模式**

张莹莹　周　禹　著

漆思媛　译

Zhongguo Chuangxin Moshi

| | | |
|---|---|---|
| **出版发行** | 中国人民大学出版社 | |
| **社　　址** | 北京中关村大街 31 号 | **邮政编码**　100080 |
| **电　　话** | 010-62511242（总编室） | 010-62511770（质管部） |
| | 010-82501766（邮购部） | 010-62514148（门市部） |
| | 010-62515195（发行公司） | 010-62515275（盗版举报） |
| **网　　址** | http://www.crup.com.cn | |
| | http://www.ttrnet.com（人大教研网） | |
| **经　　销** | 新华书店 | |
| **印　　刷** | 北京中印联印务有限公司 | |
| **规　　格** | 170mm×230mm　16 开本 | **版　次**　2018 年 3 月第 1 版 |
| **印　　张** | 15.5　插页 1 | **印　次**　2018 年 3 月第 1 次印刷 |
| **字　　数** | 195 000 | **定　价**　69.00 元 |

版权所有　　　侵权必究　　　印装差错　　　负责调换

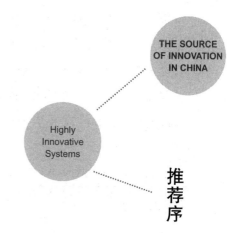

　　20 世纪 90 年代，中国在科技领域和将新知识应用于商业创新方面一直都扮演着一个小角色。1990 年，中国科学家和工程师在世界科学出版物上的贡献仅占 1.2%，这使得中国在论文排名中位居世界第 14 位，排在瑞典和荷兰等人口数量较少的国家之后。1990 年，中国招收了 380 万名本科生，占世界招生人数的 5.6%，远低于当时中国总人口占世界总人口 31% 的这个比例。当时，中国毕业的科学和工程博士生少于 2000 人，并且只派出少量学生留学海外。与美国、日本、英国和德国的研发预算相比，中国的研发支出微乎其微，比许多发达国家的研发支出都要少。就像 20 世纪 70 年代的韩国一样，20 世纪 90 年代中国的知识分子很不活跃。中国的经济发展主要集中在千万农民工低工资进行生产建设的工作上。

　　15 年转眼过去，到了 21 世纪 10 年代中期——一切就绪！你看到了一个站在现代科学技术的前沿、完全不同的中国。2012 年，中国的科学与工程类毕业生（四年制学位）比其他任何国家（详见表 I-1）都要多——这是较 20 世纪 70 年代中期到 80 年代中期的大学数量翻番，以及现有大学扩招带来的

THE SOURCE
OF INNOVATION
IN CHINA
中国创新模式

Highly
Innovative Systems

结果。1990 年至 2010 年，中国科学与工程类本科毕业生人数增长 8.4 倍；硕士毕业生人数增长 9.4 倍；博士的数量增加了 17 倍。而在 1990 年，中国的科学与工程类博士毕业人数仅为美国的 5% 到 7%，而在 2010 年这一数字与美国相差无几。此外，由于许多中国留学生在美国等发达国家获得博士学位，中国对世界新科学技术专家的贡献超出了中国自己授予的学位数。

表 I-1　　　　　中国科学与工程领域资源及创新的水平、世界排名和趋势

|  | 2010 年左右水平 | 世界排名 | 趋势 |
|---|---|---|---|
| 1. 科学与工程类学士 | 1 258 643 人（2012 年） | 1 | 是 1990 年的 8.4 倍 |
| 2. 科学与工程类硕士 | 191 048 人（2012 年） | 1 | 是 1990 年的 9.4 倍 |
| 3. 科学与工程类博士 | 27 652 人（2012 年） | 1（并列） | 是 1990 年的 17 倍 |
| 4. 研发支出 | 166 亿美元（购买力平价） | 2 | 是 2000 年的 3 倍（以购买力平价美元计算） |
| 5. 论文 | 116 663 篇（2012 年） | 2 | 是 2000 年的 4 倍 |
| 6. 专利数（数据来自美国专利商标局） | 5928 项（2013 年），除美国外专利数第六多的国家 | 7 | 2009 年专利数为 119 |
| 7. 专利数（数据来自世界知识产权组织） | 652 777 项（2013 年） | 1 | 在专利局申请的专利数快速增长，政策驱动 |
| 8. 知识密集行业增加价值 | 1.7 万亿美元（占世界总值的 8.7%） | 3 | 占世界比重是 1997 年的 3 倍 |
| 9. 信息通信技术产品出口 | 0.557 万亿美元（占世界总值的 39.5%） | 1 | 1997 年占世界的 8% |
| 10. 创新指数（2014 年全球创新报告） | 55.3（满分 100） | 29 | 2007 年来持平 |
| 11. 创新指数（2014 年全球竞争力报告） | 3.9（满分 7） | 32 | 2006-2007 年为第 46 |
| 12. 创新指数（2014 年彭博社） | — | 22（共 50 个国家） | — |
| 13. 全球创新指数（2009 年美国制造商协会） | — | 27 | |

数据来源：经合组织主要科学和技术指标。

THE SOURCE
OF INNOVATION
IN CHINA

Highly
Innovative Systems

推荐序

表 I-1 中的第 4 行显示，中国的研发支出也实现了类似增长，用购买力平价衡量，中国成为了世界研发支出第二大国。中国的研发支出与国内生产总值之比超过了欧盟，经合组织的报告显示，到 2014 年，中国的研发总量超过欧盟的研发水平。表 I-1 第 5 行表明，中国的科技论文数量也有了大幅度的增长，成为美国之外世界上第二大的科技论文生产国——2000 年至 2012 年，中国论文数量增长了 5.6 倍。虽然从论文被引数量或发表期刊的影响因子来看，中国论文的质量仍落后于美国和其他发达国家，但这一点也在改善。

表 I-1 的第 6 行和第 7 行显示，中国的专利数量也取得了非凡的进步。在美国专利商标局（USPTO）按专利数量排列的数据中，中国从一个微不足道的专利申请地跃居世界第七位。在世界知识产权组织（WIPO）的数据中，中国获得的专利数量巨大，成为世界上最大的专利申请地。这虽然在很大程度上是由于政策导向的激励措施催生了许多价值不高的小专利（基于专利从未被带到其他国家的专利局这一事实判断），但这同样反映了中国对创新活动的关注。

最后，中国高科技或高附加值产业的生产量也大幅增长。从 1997 年到 2012 年，中国从知识密集型产品和服务的生产小国转变为继美国和日本之后排名世界第三位的国家。中国主宰了信息通信技术产品的世界贸易，占出口总数的近四成。

凭借在人力资本、对知识创造资源的投资和生产制造能力等方面的巨大进步，中国似乎也将紧随其亚洲邻国日本和韩国的脚步，成为全球经济中的创新大国。然而，中国在跨国创新的最显著指标上的位置，远远低于中国在教育、研发或科学出版方面指标上所体现出的位置：表 I-1 的后几行表明，中国在 2014 年全球创新指数排名中位列第 29；在全球竞争力报告的创新指数排名中排名第 32 位；在彭博社的创新指标中，中国在 50 个国家中排名第

THE SOURCE
OF INNOVATION
IN CHINA
中国创新模式

Highly
Innovative Systems

22；美国全国制造商协会（National Association of Manufacturers）、制造协会
（Manufacturing Institute）和波士顿咨询集团（Boston Consulting Group）2009
年的研究中，中国排名第 27。

展望未来，专家和观察家一直在争论中国是会以现有的社会和政治结构
达到创新排名顶峰，还是会失败。在 2014 年 3 月的《哈佛商业评论》（*Harvard
Business Review*）中，三位长居美国的中国专家对于中国的政府结构是否与
"真正的创业精神"相一致产生了质疑。时任美国副总统的拜登（Joe Biden）
在 2014 年 5 月向美国空军学员发表讲话时说："你告诉我一个从中国产生的
创新项目、创新变革或创新产品。"这显然暗示着他认为中国没有。2015 年
2 月，经济学家就"中国是否是一个全球创新强国"这一问题举行了互联网
辩论。分析师的回答认为，中国政府对经济的调控将会限制创新。相比之下，
咨询公司思略特（Strategy&）在 2013 年中国创新调查中认为，中国正在恢复
其作为全球创新力量的历史地位。

张莹莹和周禹的《中国创新模式》一书提出了引人注目的论据和证据，
认为中国确实是一个创新者，具有劳动力成本低、政府主导创新机构以及在
数字时代发展私营市场等特点。他们指出，中国的创新不仅仅涉及技术发展，
还包括有效利用现有资源，如低成本的人力，以满足中国大市场和全球出口
市场的需求。中国企业不是单纯地模仿外国企业的运作，而是让技术、产品
和服务更加适应中国国情和全球市场的发展与变化。张莹莹和周禹对公司案
例的分析表明，中国企业对经济现实的反应差异非常明显。他们强调，在企
业实现从使用低成本劳动力到创新的转变，以及实现从依靠外来打工者到科
学家、工程师转变的过程中，人力资源管理作用为创新提供了除引进技术变
革之外的全新视角。

根据我的判断，本书中的描述比那些广泛使用的指数更接近真相，那些

THE SOURCE
OF INNOVATION
IN CHINA
推荐序

Highly
Innovative Systems

指数都为中国创新给出了一个较低的排名。那些指数存在两种误导：首先，它们忽视了将先进技术应用于中国市场过程中的创新（这正是阿里巴巴取得成功的原因）以及将中国庞大的低工资农村劳动力带入全球制造业中心的实践过程中的创新；其次，它们淡化了以知识为基础的创新规模的重要性。创新程度取决于投入在科学、技术以及科技在商业中的应用的资源总量——这是知识生产的一般假设，而指数则是基于人均指标，如科学家、工程师、科学论文相对人口总量的比例，这种方法低估了像中国这样人口众多的国家，而瑞士或瑞典等较小国家的创新能力总是处于创新指标的顶端。中国可以像许多小型的"更具创新性"的国家一样，将许多科学家和工程师随意部署，这意味着在科学、技术和创新方面很有可能实现突破。

对中国创新能力的怀疑往往将中国高校的质量和结构视为创新的障碍，因为政治因素和关系在人力资源配置决策中起到非常大的作用。在上海交通大学"2014年世界大学学术排名"中，没有一所中国大学排在前100位，排名前200位的中国大学只有6所，排在前500位的只有32所。为了应对这一不足，中国政府出资设立了许多以数字命名的项目，以改善高等教育体系：支持排名在前100大学的211工程；把前40所一流大学改造成世界级大学的985工程；资助技术的研究和发展的863计划；资助基础研究的973计划。这些项目以及大学间自然竞赛式的比赛，将在未来十年左右改善中国的高等教育体系。

最后，通过派遣一些最优秀的学生到世界一流大学学习，中国保证了这些学生将走在科技进步的前列。他们中的许多人当然会在海外做大量的工作——但即使他们留在海外，中国也将从"民族知识网络"中从这些学生的家人和朋友那里获得信息流。中国与美国在高等教育和科学研究方面的紧密联系，尤其成为中国创新体系的宝贵来源。

创新的最低要求是引入新的产品或流程，或改进产品或流程。如果没有

THE SOURCE
OF INNOVATION
IN CHINA
中国创新模式

Highly
Innovative Systems

一个关于创新的数量和经济价值的统计数据库，并且使这些创新的数量和经济价值可以与 GDP 账目中的支出、商品和服务的数量、价格相比较，那么评估中国创新绩效的最好方法就是汇总一个信息拼贴画，就像张莹莹和周禹在这本书中所做的事情。询问公司过去几年是否推出新产品或新流程的调查，以及这些产品或流程的销售比例，当然可以提供有用的信息，但是这些调查与实际创新相去甚远，无法取代拼贴或真实案例。

除了主体部分外，本书的主要内容涵盖面较为广泛，华为、海底捞、海尔、大唐、阿里巴巴、联想等生动案例，都有力地驳斥了怀疑论者们认为由单一党派主导的社会总会扼杀创新的担心。中国政府可以而且会犯错误是肯定的。但是，中国在走向一个开放的社会的道路上，而且已经走得很远了。2014 年中国创新调查显示，64% 的跨国公司中国分公司高管认为，中国的一些竞争对手在中国市场与他们同样具有创新性或者更加具有创新性，且在中国本土企业高管中，把创新作为首要任务的人数是跨国公司高管的两倍。随着越来越多的中国企业将自己的视野从中国市场扩展到更为广阔的全球市场，无论是通过收购非中国的创新型企业还是在海外设立自己的研究机构，企业都将利用民主政府更大的开放性，就像中国海外的研究人员一样。

2014 年，拜登先生可能难以说出一个来自中国的创新项目或产品。但他可能会成为美国最后一位出现这种问题的副总统。除非发生经济或政治灾难，中国特色的创新已经开始走向世界经济，并将越来越迅速。

理查德·弗里曼（Richard Freeman）
哈佛大学 Herbert Ascherman 经济学讲座教授
美国人文与科学院院士
2006 年国际劳动经济学会 Mincer 终身成就奖得主
2007 年 IZA 劳动经济学奖得主

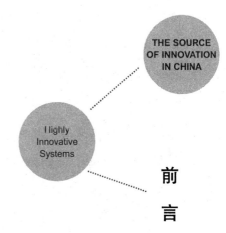

THE SOURCE
OF INNOVATION
IN CHINA

Highly
Innovative
Systems

前
言

这本书是基于我们对知识创造的一种人文方法，也就是创新的最新思考，并应用于中国商业环境下。2007 年，我们在美国新泽西州的罗格斯大学（Rutgers University）会面，开始了长期的研究合作，最终形成了多个联合研究项目和共同撰写的科学论文。在这个过程中，我们辩论、确定和分享了我们共同的研究兴趣、愿景和价值观。

尽管周禹在中国的北京，而张莹莹在西班牙的马德里，但我们经常召开长途会议，并争取一切机会面对面讨论我们的研究。在一次集思广益的会议之中，思想冲突和灵感涌现出来。张莹莹在西方社会研究中国管理和创新已有很长时间，最近出版了一本书来解释所谓的中国神话。周禹在与中国企业的交流中获得了很多见解，尤其关注人员管理和创新。我们俩都有专门的时间来研究人类创新。这一共同点使我们携手致力于研究中国的创新模式。

我们最初的想法是写一本纯粹的研究书籍，主要从中国创新体系的人文视角来编写。2011 年，我们将这个想法向帕尔格雷夫·麦克米伦出版社（Palgrave Macmillan）的资深策划编辑弗吉尼娅·索普（Virginia Thorp）提出

THE SOURCE
OF INNOVATION
IN CHINA
中国创新模式

Highly
Innovative Systems

来，她鼓励我们将此想法付诸实施。在收到她的正面反馈后，我们开始着手编撰此书。在此期间，我们参与了欧盟委员会在中国的创新项目，从该项目的研究网络获得了更多的见解，并为本书收集了更多研究资料。

这个丰富经验的过程改变了最终成书的几个方面，其中第一个方面是本书的写作风格的改变。受到欧盟委员会"科学为了社会"（Science for Society）愿景的强烈影响，我们采取了一种更易于阅读的写作方式，而不是传统的技术研究措辞，使更广泛的受众，无论是从业人员还是学术人员都能更清楚阅读、更容易理解。我们希望这本书甚至可以使企业家（无论是年轻的还是年长的）从中获得乐趣和鼓励，创新和建立新的企业，无论他们的业务是否与中国有关。

第二个方面是其他学者在案例上的贡献，这是由第4章提出的研究网络和网络创新模式激发的。虽然我们不是第一个使用这种形式的作者，但是这种展示方式是来自我们网络学者的创造性吸收，通过每章的案例研究来进行合作，贡献自己的知识。

第三个方面是从前两个方面中衍生出来的。由于我们的目标是要吸引更多的读者，并从创新网络中吸收更多的知识，所以本书结构的相互关联关系变得更加松散，这也是当今创新型企业的一个特征。每一章都是相对独立的，并形成自己的逻辑，不过也有一个共同的线索来联接这些章节。本书不仅是关于创新中有关的人体系，而且包括了体制、市场和其他因素来丰富创新研究。

当书稿最终交付时，我们都在哈佛大学做访问学者。2014年初，波士顿的天气特别寒冷。这个冬天比平常要长，暴风雪也很常见。当我们写下这些文字时，春天的迹象正在出现，花蕾绽放，使剑桥城的街道增添了几分颜色。商业和创新可能与这个冬天类似，需要花费比预期更长的时间来实现目标，而且没有任何成功的保证。通常创业的人们需要投入更多的资源、精力和信念，使自己的想法成为原创的、独特的和创新的，而不是简单地跟随他人走别人已经走过的路。但是，一旦你离开黑暗的隧道，世界就会更加美丽，更容易被你欣赏。同样地，我们希望《中国创新模式》这本书的这种创新写作风格也能得到读者的欣赏。

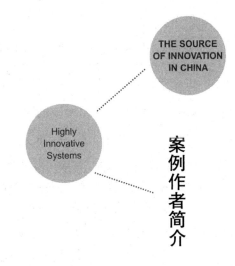

THE SOURCE
OF INNOVATION
IN CHINA

Highly
Innovative
Systems

案例作者简介

**阿德罗孔·阿尔瓦罗 – 莫娅**（Adoración Álvaro-Moya）

马德里金融研究学院（CUNEF）商学院经济史副教授。她的研究兴趣包括知识管理、技术转移和国际直接投资溢出，其文章发表在西班牙国际经济和商业史上的顶级期刊上。她最近获得西班牙经济史协会奖项——Eugenio Larruga 2008—2011 年最佳经济史博士论文奖，并依靠"跨国企业、本地商业环境与发展：美国对西班牙的直接投资（1900—1975）"研究获得 Ramón Carande 奖。她最近的出版物包括发表在《商业史评论》的《知识型服务的全球化：西班牙的工程咨询（1953—1975）》，以及发表在《商业史》上的《跨国企业网络能力建设：国际电话电报公司和西班牙探险（1924—1945）》。她是《工业史》和《经济与商业杂志》的评论编辑，她还是公共资助研究项目"外国投资与本地人才"（西班牙科学基金 ECO2012-35266）、欧盟项目"解释中国企业技术创新性质"、欧盟委员会第七框架计划（FP7）-SP3-PEOPLE 和国际研究人员交流计划（IRSES）的成员。

THE SOURCE
OF INNOVATION
IN CHINA
中国创新模式

Highly
Innovative Systems

### 唱小溪

马德里金融研究学院知识与创新中心的研究助理。她的研究兴趣是跨国公司在新兴市场国际化过程中的创新。同时，她也是在西班牙和中国之间进行贸易的企业家。

### 斯蒂芬·格兰杰（Stephen Grainger）

位于澳大利亚西部的珀斯埃迪斯科文大学（Edith Cowan University）国际商务与谈判高级讲师。2010 年以来，他有多篇案例研究发表在艾维在线（Ivey Online）和《哈佛商业评论》上，主要关注"关系"和人际关系在中国和国际业务中发挥的作用。他的相关文章集中讨论了中国国有企业适应新兴市场经济的演进过程。除了学术经历外，他还拥有在亚洲（主要是中国）的合资企业和管理层进行收购谈判的经验，并且是 Unibiz 的董事。

### 丹尼尔·莱穆斯（Daniel Lemus）

蒙特雷技术与高等教育学院（Monterey Institute of Technology and Higher Education）国立人文与社会科学学院亚太地区教授、亚太中心研究员。他是墨西哥国家研究人员体系的成员。他的学术领域是区域创新体系，特别关注创新的概念结构。

### 西尔维娅·罗尔夫（Sylvia Rohlfer）

马德里金融研究学院副教授，专注于从比较的角度研究雇佣关系和创业。她的研究兴趣包括产业关系系统对企业家精神的影响、工会战略在商业环境动态和企业绩效的反映，以及小企业面临的人力资源管理挑战。除了担任国际杂志《管理评论》（*Management Revue*）的联合编辑之外，她还出版了被国际联合委员会索引收录的管理和产业关系期刊，包括《商业道德》（*Journal of Business Ethics*）与《工业关系》（*Relaciones Industrielles/Industrial Relations*）。

THE SOURCE
OF INNOVATION
IN CHINA
案例作者简介

Highly
Innovative Systems

### 韦罗尼卡·罗森多－里奥斯（Verónica Rosendo-Rios）

拥有市场营销博士学位、马德里主教大学（Universidad Pontificia de Comillas de Madrid）高级工商管理硕士学位、英语文学硕士学位及英语管理学士学位。马德里金融研究学院副教授，撰写多本专著，包括《关系营销》和《商业研究方法》及多篇论文。她在跨国公司总部拥有丰富经验，担任过的管理职位包括欧洲财务总监、高级业务和运营控制分析师等，任职企业包括英国电子数据系统公司（EDS）、英国全球电信系统公司（GTS）、索尼英国公司和强生公司。她曾参与由西班牙内政部、外交部和欧洲经济共同体资助的国际项目。

### 马丽娅·帕斯·萨马多·桑切斯（Maria Paz Salmador Sánchez）

马德里自治大学的教授，曾任得州农工大学博士后研究员、日本高等科学技术研究院访问学者。她在知名的国际科学杂志上发表过大量的论著，并且在知识管理和创新方面有广泛研究。

### 宋赫民

马德里金融研究学院知识与创新中心研究助理。2013—2014 年中国国家自然科学基金委公派博士生、马德里金融研究学院－北京师范大学联合培养博士生。他的研究兴趣在国际管理领域。

### 宋丽波

美国东北大学咨询与应用教育心理学系访问学者。她还兼任中国人民大学附属中学副主任、心理咨询研究中心主任，拥有北京师范大学教育学博士学位。

### 田牧

马德里金融研究学院知识与创新中心研究助理。他的研究兴趣为创新过程中的文化影响。

THE SOURCE
OF INNOVATION
IN CHINA
中国创新模式

Highly
Innovative Systems

**武亚军**

北京大学光华管理学院战略管理系副教授，拥有北大博士学位。他的研究重点是中国企业的战略和创新，在中国顶级期刊上发表了大量学术论文。

**赵文文**

中国人民大学商学院博士研究生。2014年，她在欧盟委员会资助下的项目"解释中国企业技术创新的性质"中获得了马德里金融研究学院的研究交流资助。中国国际管理研究协会（IACMR）成员。她的研究兴趣主要集中在中国背景下的领导力、创新和人力资源实践，特别是在工作-家庭平衡实践。

THE SOURCE
OF INNOVATION
IN CHINA

Highly
Innovative
Systems

目　录

**第1章**　**中国崛起依靠的是创新领先还是成本领先**

　　一直以来，中国的创新能力经常遭到西方的质疑，它们认为中国的低成本模式更加受到重视。另一方面，它们也不断地对中国经济发展模式进行批评，认为中国的经济发展模式是基于低劳动力成本，大量消耗自然资源和原材料的竞争模式。

**第2章**　**中国创新的三驾马车：产品创新、流程创新和战略创新**

　　从创新的定义来讲，大家普遍接受的颠覆性创新就是一种基础性的科学技术发明，对人类生活会产生重大影响。而另一种创新则是组织创新，它是商业有效运行的重要前提。而中国在过去30年的高速发展中走出了一条与西方完全不同的创新之路。

THE SOURCE
OF INNOVATION
IN CHINA
中国创新模式

Highly
Innovative Systems

第 3 章 **中国文化价值观是促进还是阻碍创新**

西方人普遍认为儒家文化是不鼓励创新行为的，甚至还会阻碍创新，而自由的个人主义思想文化则会促进西方人的创新。因此，中国作为儒家思想的起源地，自然就符合缺乏创新潜力的论调了。如果儒家文化传统不能促进创新，那么中国为什么可以在儒家文化主导的很长一段历史时期内，都保持经济繁荣呢？

**第 4 章** 基于网络的中国创新

基于网络的中国式创新分为不同的类型，时间跨度涵盖了自 1949 年至今的计划经济时代到转型经济时代，再到互联网时代。中国在"两弹一星"计划等应用于军事、科技上的巨大成功，及以阿里巴巴、腾讯和百度为代表的基于移动互联网技术的网络式创新，给我们带来了什么启示呢？

**第 5 章** 战略人力资源管理与创新

"知识或许是唯一有价值的资源"这一观念已被越来越多的人所接受，因此作为一种知识创造，创新已经成为知识创造实体——企业成功的首要战略问题。在中国企业内部是促进还是阻碍了员工或者团队的创新呢？联想集团等企业的例子证明基于商业模式创新和管理创新的战略人力资源管理创新是中国人自身固有的。

THE SOURCE
OF INNOVATION
IN CHINA
中国创新模式

Highly
Innovative Systems

第6章 国际化过程中的创新挑战

　　中国的创新在全球化的世界中并不是一个简单现
象，中国和中国企业正面临诸多创新挑战。当一个国家
变得富有时，其人民也必将享受国家富有带来的更多红
利，尤其在当这个国家在社会主义体制之下时。因此，
创新是中国持续经济增长的救赎之路。

THE SOURCE
OF INNOVATION
IN CHINA

Highly
Innovative
Systems

第1章 中国崛起依靠的是创新

领先还是成本领先

THE SOURCE
OF INNOVATION
IN CHINA

Highly
Innovative Systems
中国崛起依靠的是创新领先还是成本领先

第 1 章

多年前，新加坡前总理李光耀在巴塞罗那的一个会议上被问到中国创新问题时，他是这么回答的：

> 某次我与西门子公司董事长会晤时曾问过他，中国和印度哪一个国家更具有创新性呢？大多数人，包括当时的中国代表都以为答案会是印度。然而，出乎我的意料，他的回答是中国。为什么呢？他的解释很简单："西门子在印度和中国都有研发中心，当有需要解决的问题发送到这两个中心时，两个中心都会在规定的截止时间前把结果发回。但是，在中国的研发中心，会在所要求的结果之外提供几个备选方案。"

## 西方社会对中国创新的质疑

近几十年来，中国作为世界加工厂和制造中心的地位逐渐被世界熟知。然而，中国的创新能力却经常遭到西方学者的质疑，因为他们认为低成本模式更加受到中国的重视。一方面，学者和实践者常常惊诧于中国年均两位数的 GDP 增长率。尽管中国最近一次公布的年增长率仅在 7%~8% 之间，这一数字在全球经济危机的影响下仍让人印象深刻：多数西方国家仍然处于衰退之中，或者努力希望达到 2%~3% 的增长率。另一方面，中国继续受到关于中国经济发展模式的批评。大致来说，这种模式指的是基于低劳动力成本、大量消耗自然资源和原材料的竞争模式，这一模式造成的环境问题反而成为阻

3

THE SOURCE
OF INNOVATION
IN CHINA
中国创新模式

Highly
Innovative Systems

碍中国经济可持续发展的重要问题之一。

尽管环境问题具有深远影响和讨论价值，但在本书中我们仅聚焦于把创新作为中国经济可持续发展的源泉，及中国创新的模式本身上。也就是说，中国企业在低成本之外，还存在另一个较少被研究和观察到的问题，那就是创新问题。很少有人观察到，在庞大而吸引人的数字背后隐藏的是基于勤奋和创意商业模式的战略性创新，以及与现代技术的结合。

在很长一段时间里，中国产品和服务具有竞争力的成本都是中国企业战略优势的重要组成部分，这无疑是中国企业在全球业务中现有优势的一个要素。然而，积沙成塔，重而无基。与之相似，如果创新型企业不把注意力集中于定价结构，是无法做到盈利的。

我们对于中国企业创新性的主要论点是，如果低成本优势真的是中国企业发展的唯一来源，那么作为中国企业经营动态的反映，中国经济整体不可能在过去几十年内一直保持发展态势，也不可能将在未来的几十年内继续增长。有数据显示，以印度、越南、墨西哥和土耳其为代表的新兴经济体已经取代了中国作为低成本生产地的地位，一些中国的跨国企业甚至也把自己的生产中心转移到这些新兴经济体国家，以减少生产成本。

因此，决定通过持续的对外直接投资以在中国建立生产中心，就不仅仅是企业基于低成本的考虑了。有人认为，外商投资的主要动机是为了获取中国市场的巨大潜力。此外，一些西方投资者也表示，即使他们在短期内不打算进入中国市场，他们在中国的工厂也会为全球市场提供快速的创新成果，无论是在数量上还是在质量上。

另一方面，中国企业转移至外国的现象增多，就会对前面所提到的"中国企业的优势是基于低成本的"这一论断产生质疑。如果上述论断成立的话，那

THE SOURCE
OF INNOVATION
IN CHINA
第 1 章

Highly
Innovative Systems
中国崛起依靠的是创新领先还是成本领先

么中国企业一旦离开中国的生产中心，就会失去优势。类似地，中国对于外国投资商在中国建立制造中心持开放的态度，因此从理论上来说，所有的企业（无论是中国企业还是外国企业）对于获取中国的廉价劳动力有同等的机会。

## 中国特色的创新机制

我们撰写本书的目的是为了解答中国企业是否具有创新性这一疑问的，并在此基础上探究中国创新模式及源泉。例如，制度因素一直被视为中国过渡时期经济发展和创新能力的关键角色。富勒（Fuller，2009）认可了在评估和理解中国的国家创新体系（National Innovation System，NIS）制度和实践时，进行制度因素分析的重要性。由于中国正处于从一个社会主义计划经济体和发展中经济体过渡的时期，其制度的作用会比其他经济环境更加重要。

但是，我们对于中国创新模式及源泉的论证焦点在于中国本土企业的创业活动，而非政府支持。随着近期全球对中国创新现象的兴趣骤增，以及学界致力于解决这一问题，已经进行了许多关于其潜在因素的研究，涉及技术发展和有助于创新的其他潜在元素。例如，之前的研究指出了制度鼓励学习的重要性，和通过学习提高在全球生产网络中的位置的重要性。为理解中国的创新现象，有许多因素都被探索研究过，包括国家/区域创新系统、网络和社会资本。我们也尝试揭示如人类文化之类的隐藏因素，如学习和知识转移是如何发生的、人力资源在创新过程中如何发挥作用、跨国化对于中国创新来说意味着什么等。

创新常被视为技术发展，所以经常与"发明"一词混淆。但是，在商业和管理领域，创新具有更加宽泛的定义，也有不同的分类方式。例如，格兰特（Grant）把创新分为产品创新、流程创新和战略创新三种类型。但是由于人们把焦点集中在技术上，创新在文献综述、研究和政策制定过程中都被狭义化了。尽管技术毋庸置疑是在创新过程中相关的一部分，其他因素（如文化和知识）也对于创新的成功起到决定性作用，但是较少作为一种创新的源泉被研究。

怀着这样的目的，我们的研究就不仅仅局限于中国企业的技术型创新。富勒将在中国的"对技术发展的贡献"定义为"利用中国本土人力资源去创造与国际技术前沿更接近的产品，而不是近期在中国被较为普遍地创造出的产品"。这个研究明确了一种情况，那就是本土人力资源必须被包括在内，以避免在计算对中国技术发展的贡献时，只把外国技术人员包括在内。

富勒的假说基础中所隐含的假设是，人力资源尤其是本土人力资源对于在中国的技术创新的发展起着至关重要的作用，其逻辑是基于"如果没有向本土劳动力的知识转移，这种行为就不能被视作向东道国经济贡献技术知识，因为外国技术人员一离开，知识也会离开东道国"这一观点，尽管创新的主要决定因素仍然是技术，这项研究承认了其他变量（如人力资源）的作用——作为知识劳动者去影响创新绩效。萨克森宁（Saxenian）认为，在过去的几十年中，中国的留学回国人员被认为在很多新技术行为中发挥了重要作用。尽管如此，但是在富勒所研究的产业中，尤其是在中国的集成电路产业，海归和外国技术人员在新技术公司的技术人员中占了很大比重。

尽管富勒关于创新和技术发展的定义是可证实的，他的结论可能被具体的产业情况所限制（集成电路产业大多由中国的台湾公司主导）。本土人力资源支撑产业创新体系这一事实，从某种意义上阐明了中国创新的现实。事实上，从国内产生的更广义上的创新才是中国企业成功的主要模式，而不是人们通常认为的由引进的技术所产生的创新。

此外，技术创新通常是由专利注册来衡量的。尽管中国由于近年来专利

THE SOURCE
OF INNOVATION
IN CHINA
第 1 章

Highly
Innovative Systems
中国崛起依靠的是创新领先还是成本领先

注册数量的惊人增长而获得了声望，但是在本书中，我们更倾向于把创新作为一个广义的概念。也就是说，我们把创新定义为不仅仅是技术创新，而且包括流程创新和战略创新。而最后一种创新是我们特别想强调的，因为它是中国企业在国际市场提升高竞争力的跳板。中国的领头企业准备结合运用不同类型的创新，以在目前的高侵略性、无边界市场中获得有利地位，以及为未来的战略行动做好准备。

我们对于中国快速增长的经济的假设是基于其创新体系的，它是由两个相互矛盾的因素——高技术和低成本典范性地相结合而得来的结果。在 20 世纪 70 年代和 80 年代，当日本企业进入国际市场时，最佳企业（如丰田公司）的管理层是可以解决这些问题的。他们设法使整体运营成本保持在低水平，以为顾客提供有吸引力的产品；同时他们提供高质量的商品和服务，满足客户的需求。中国企业只是简单地复制日本战略，设法把外部知识转移到内部，然后创造属于自己的知识吗？尽管中日两国都是东亚国家，从西方视角来看都属于同一个文化阵营，那么中国企业是否具有与日本企业不同的特点？

## 中国高创新系统的整合框架

本书的一个基本命题是：支撑中国经济发展的基础元素是商业企业家精神及其周围的高创新系统。基于我们近年来大量的研究，我们提出中国企业的创新不仅仅是基于技术，更重要的是基于战略和商业模式。此外，我们对中国文化阻碍创新的普遍观点提出了挑战。我们认为，差异大的文化会对创新产生影响，而且在根深蒂固的中国社会文化根源中是存在创新精神的。在调查了网络特征和中国经济演变后，我们同时区分了三种类型的网络型创新：政府发起的创新网络、双驱动的制度—市场创新网络，以及数字时代以网络为中心的创新。因此，通过提出一个以战略人力资源管理为依托的以人为本的创新模型，我们谈到了问题的实质：中国企业的创新能力集中于企业中的人。最后，我们讨论了中国企业海外多国化时所面临的挑战，以及这些企业如何能够在克服这些挑战时保持创新。

由于以知识工作者为例的人力资源是中国创新潜在来源的一部分，我们必须讨论社会科学的多个方面，例如文化影响。理查德·弗曼里教授在美国国家经济研究局（National Bureau of Economic Research，NBER）的科学与工程劳动力项目（Science and Engineering Workforce Project，SEWP）中，将有才华的员工与科学和工程混合在一起。中国开始努力从低成本、大规模的制造工厂向创新经济转型提升，并且进行了巨大投资。但是，中国真的可以成为创新者吗？中国创新的驱动因素和实现机制会是怎样的？这是本书尝试去回答的基本问题。

我们认为，中国的创新已经在其探索和实践的道路上迈出了坚实的一步，从国家到产业，再到企业组织及个人，都融入到创新的新一轮转型过程之中。通过本书，我们构建了一个高创新系统，来描述中国实践创新的不同机制（如图 1-1 所示）。

首先，作为一个深度转型和高速发展的经济体，中国的经济和社会体制具备极强的多元包容性特征。所谓的"中国特色的社会主义""社会主义市场经济"或被西方称之为"国家资本主义（state capitalism）"的体制，其核心机制是"强政府"和"大市场"共同协同发挥作用，这种双元驱动作用体现在社会经济的各个方面，当然也包括产业经济的创新。因此，制度力量和市场力量是两条同样重要的逻辑，共同驱动经济主体的创新转型。

THE SOURCE
OF INNOVATION
IN CHINA
第 1 章

Highly
Innovative Systems
中国崛起依靠的是创新领先还是成本领先

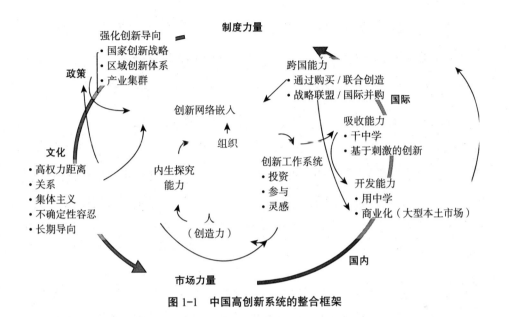

图 1-1　中国高创新系统的整合框架

在制度驱动的逻辑层面，显性的政策安排和隐性的文化内涵以不同的方式影响着中国的创新。在政策驱动上，自 2006 年中国政府发布《国家中长期科学和技术发展规划纲要（2006—2020）》以来，在 21 世纪头 20 年内把中国建设成为创新型国家已经成为全国性的重要战略。

创新已经在国家、区域、产业及企业等各层面成为政策制定的重要导向。以经济技术开发区、科技园区等为代表的区域创新系统或产业集群快速发展，这不仅在政策环境上极大地促进了单体企业的创新，而且为促成企业间的网络化协同创新提供了充分的机会。创新导向的政策平台为中国企业创新网络的构建提供了重要的引领和支撑作用。

在社会文化的影响方面，一直以来中国以儒家为代表的主流传统文化的很多要素，如服从权威（而不独立判断）、折中（而不追求极致和突破）等往往被认为是不利于创新的，但是结合中国传统文化要素在当今时代的发展和演化，我们却发现其实很多中国文化要素具备促进创新的积极作用。比如，"强权力距离"这一典型文化特征，在当组织的目标导向指向创新的时候，较强的官僚化结构反而会将其集中化的力量聚焦于这个导向，而实际上是促进了创新的。

我们在图 1-1 中列出了一些文化要素，以便举例说明它们对于创新的不同影响。例如，中国社会很强调个人"关系"在社会经济互动中的作用，而这一文化要素在活跃社会人际互动的同时，其实也为组织间形成创新合作网络提供了重要的微观行为基础。"集体主义"这一典型的中国文化特征，则将有利于组织内部形成高参与、高承诺的文化氛围和管理实践，这些实践又将对创新起到积极作用。

从市场驱动的逻辑上，中国本土巨大的市场容量不仅为中国企业的生存和快速成长提供了得天独厚的市场基础，而且也为中国企业的创新提供了充分的空间。同时，随着中国经济开放性的不断增强和对世界经济体系的深度融入，国际化的战略开拓又为中国企业在更大范畴内提升创新能力提供了更多的可能。甚至从某种意义上来说，中国企业创新能力的积累更多经历了从外生到内生的演变过程。

中国经济开放的初期，中国企业通过自身的"吸收能力"，在其为国际领先企业打工（代工制造或市场代理）的过程中边干边学，逐步积累了技术和管理能力，开始通过模仿来实践初级的"山寨式"模仿性创新。其次，在模仿习得的基础上，中国企业通过发挥"利用性"能力，结合国内的巨大市场和高效低成本的制造实现能力，迅速实现利用性创新的商业化变现。然后，基于国内市场的经济积累，在当前国际化的背景下敏锐捕捉出海机会，通过战略合作、兼并收购等战略杠杆来整合国际领先产业与技术资源，开始在全球范围内强化领先的创新优势。这种以相对低的成本产出高技术的能力已经逐渐成为新兴市场跨国企业整合创新和结构创新的突出特征。这是来自新兴

THE SOURCE
OF INNOVATION
IN CHINA
第 1 章

Highly
Innovative Systems
中国崛起依靠的是创新领先还是成本领先

市场的跨国企业把握机会、实现成长从而成为国际领先者的重要转折点。在这一过程中，中国企业发挥了重要作用，实现了从"本土制造工人"到"全球创新者"的三级跳。

这种来自新兴经济体的企业（包括中国企业）的国际化过程的新现象，对新世界经济秩序提出了挑战。为了挑战成功，内生的自主创新对于中国企业建立持续创新能力至关重要，比处于将外生创新能力内化的早期阶段的企业重要得多。中国企业组织在构建内生的探索性创新能力的过程中，其人力资源成为重要的资源优势。实际上，中国的人力资源结构随着经济产业的升级也在不断地优化调整，在中国人力资源巨大的规模基数上，其高技术、高技能人才的积累也具备相当的规模，并且越来越受到国家和企业的重视。通过建设高参与式的工作系统，强化人力资本投资、提高员工参与程度、激活内部创新热情，同时兼具聪慧与勤劳的中国人力资源将成为推动企业实现自主创新的最大源泉。

## 本书概览

本书的章节安排将会达到以下目的：

- 论证促进中国经济发展的是创新，而不是低劳动力成本；
- 进一步探究中国的创新之源；
- 强调创新的战略焦点；
- 强调在中国情境下社会网络的作用；
- 建立在中国企业战略性管理人员的人本主义方法理论；
- 以国际化过程中的最终挑战为结尾。

THE SOURCE
OF INNOVATION
IN CHINA
中国创新模式

Highly
Innovative Systems

本书的基本框架如表 1-1 所示，但其中不包括第 6 章结论性的论述。其他几章均讨论了一个基本观点，并且都是相对独立的。在每一章中，我们会首先介绍和描述西方主流理论，然后探讨在中国的真实情况。中国商业界的这种新现象将会对管理理论的新解读有所帮助。为阐明和探索这些理论命题，每章还会与读者分享几个中国企业的案例研究。

表 1-1                                 本书的理论和实证论证结构

| 内容 | 第 2 章<br>战略创新 | 第 3 章<br>文化价值观 | 第 4 章<br>社会网络 | 第 5 章<br>创新的人员系统 |
|---|---|---|---|---|
| 西方理论 | 战略演进：<br>• 资源基础观<br>• 企业的知识基础观<br>• 能力理论<br>• 商业模式 | • 跨文化管理<br>• 文化演进<br>• 文化的动态视角 | • 利益相关者理论<br>• 价值链<br>• 社会网络 | • 高绩效工作系统<br>• 高承诺工作系统<br>• 战略人力资源管理 |
| 中国现实 | • 企业迅速成长<br>• 制度对于企业战略决策的影响<br>• 混乱的市场因素<br>• 强竞争的产业环境 | • 中国传统哲学对人思维模式的影响<br>• 中国的文化演进<br>• 文化价值观的多样性 | • 关系<br>• 面子<br>• 竹网<br>• 宗族 | • 差异化的人力资源管理<br>• 混合的人力资源模式<br>• 传统人事管理<br>• 对西方管理体系的吸收 |
| 结果 | 在技术和劳动密集型两个产业的中国战略创新 | 创新导向的价值观和文化对创新影响的两面性 | 网络型创新的中国范式 | 探索创新型人员系统的人本创新 |
| 案例 | • 北京市昌平区<br>• 华为公司<br>• 海底捞 | • 重庆锦江酒店<br>• 海尔集团<br>• 海信集团 | • 大唐电信科技<br>• 阿里巴巴 | • 联想集团<br>• 新奥集团 |

第 2 章探究了中国创新的三种类型——产品创新、流程创新和战略创新，这与之前关于中国可持续经济发展是基于低劳动力成本，还是应对创新挑战的讨论是相互联系的。由于战略管理已经演化到了创造和保持竞争优势的战略创新阶段，这一章着重于探索不同类型的创新，更确切地说就是中国企业

THE SOURCE
OF INNOVATION
IN CHINA
第 1 章

Highly
Innovative Systems
中国崛起依靠的是创新领先还是成本领先

所实施的战略创新。

在提供了中国和中国企业完成的专利注册和其他创新指标的证据后，我们研究了如图 1-1 所示的"双重力量"——制度力量和市场力量是一家企业战略性创新发展的基础。为了讨论中国经济从世界工厂到创新型组织的转变，我们探究了政府、大学与研究机构以及产业这三者的交互作用。受到中国政府鼓励，中国企业将业务进行了从模仿模式到创新方式的转变。就像 20 世纪 50 年代和 60 年代的日本企业一样，中国企业必须去跟随这一模仿的潮流，学习并获得最新的技术和管理知识。如果跟随这一潮流的中国企业想要像如今的日本企业一样获得在世界范围内的成功，创新就是其中的关键因素。在战略管理领域，已经有了对商业模式的深度研究，这些研究认为创新对企业的组织具有重要作用，这种作用是超出技术创新之外的。本章在案例部分介绍了一个中国创新政策在北京市昌平区的具体实施案例，以便说明中国的国家创新政策，并通过一些公司的案例，更进一步探讨技术密集和劳动密集型产业的不同战略创新。

第 3 章论述文化价值观对知识员工（在这里特指中国高技术人才）的影响。除了对创新模式的阐释之外，我们也探讨了使这些高技术人才创造创新能力、产生创新行为的潜在文化价值观。多数文献认为，中国传统文化对创新有阻碍作用，其中比较重要的因素有：公司结构固有的层级结构和服从意识，以及上下级的关系。但是，这些研究并没有在理解中国创新潜力的基础上，去研究中国文化这种动态的、具有巨大差异的影响。从理解中国创新潜力的视角来看，中国传统文化同时促进了创新。对创新产生促进作用的其实不仅仅是中国传统文化本身，还有中国文化在当今社会中吸纳了西方的价值体系之后所产生的多样性，以及与自然根植的儒家思想的结合，共同促进了中国企业创造力的成长。在本章案例部分，我们分析了不同公司的案例，阐

13

THE SOURCE
OF INNOVATION
IN CHINA
中国创新模式

Highly
Innovative Systems

述了文化的动态演进过程，还有文化对创新的不同影响，以及中国企业目前成功的创新做法。

中国松散耦合型的社会关系网络文化也推动了网络型创新体系的进步。第4章考虑了中国的经济发展路径，探讨并概括了中国网络型创新的不同类型——政府发起的创新网络、双驱动的制度—市场创新网络，以及数字时代以网络为中心的创新。传统的宗族式商业网络沿着制度和经济发展脉络在逐渐演化，并且随着网络文化在中国创新领域内的不断变化，通过数字经济得到了进一步加强。针对中国科研项目中高科技和研发的发展，以及新兴的电子商务巨头企业，我们都会在这一章中对其创新网络进行分析与讲解。

第5章提出了以人为本的概念，涉及为加强企业创新能力而设立的创新性人员系统，这一系统把内部人力资源（员工）和外部人力资本（利益相关者）都考虑在内。一方面，内部人力资源管理实践（招聘、培训、开发、评估、升职等）可以被有条理地纳入创新绩效指标当中；另一方面，当以在处理员工问题时仅考虑人的因素的这种创新性工作系统来区分员工时，我们吸收了一种更广义的人员管理方法，那就是把不同利益相关者的社会网络及其对企业创新的贡献涵盖在内。因此，我们提出的这种创新性工作系统利用隐含的知识，综合不同类型的社会资本，从整体上促进企业创新，战略性地从不同角度、不同水平和不同维度管理人员（如利益相关者）。本章以高创新性人员系统为角度分析，阐述了优秀的中国企业的不同战略人力资源管理实践。

杜克认为，知识或许是"唯一有价值的资源"，因此作为一种知识创造，创新已经成为一家企业成功的首要战略问题。熟知成功的中国企业在国内和国际市场的竞争方式，就是一种有用的知识，这种知识会帮助企业提升能力，获得并保持竞争优势。野中和他的合作者始终坚持，就日本企业的创新动态而言，企业应该定义为知识创造实体；同时，也有其他学者认为，企业的经

THE SOURCE
OF INNOVATION
IN CHINA

Highly
Innovative Systems

第 1 章

中国崛起依靠的是创新领先还是成本领先

济角色就是整合知识，创造社会价值。不少学者延续了野中的观点，贯彻把知识创造作为创新中心的一种人文主义观点，并实现显性和隐性知识组织层面的转化。

第 6 章主要探讨中国式创新在商业发展领域的挑战，其中重点是中国企业从本土企业开始，利用或者不利用现有的国际贸易进行国际化的进程。中国的一些领头跨国企业已经经历过了这些创新挑战，但是其他许多企业仍处在即将跟随制度和市场需求的阶段。除了提出一个创新能力发展的多国化模型，我们也关注了其他创新之源的挑战，如未来有创造力的技术工人及中国年轻一代的创造力教育问题。我们同时就未来研究计划提出了建议，以更深入地理解中国的创新模式。

THE SOURCE
OF INNOVATION
IN CHINA

Highly
Innovative
Systems

第2章 中国创新的三驾马车：产品创新、流程创新和战略创新

THE SOURCE
OF INNOVATION
IN CHINA

Highly
Innovative Systems
中国创新的三驾马车：产品创新、流程创新和战略创新

第 2 章

　　一些富有远见的学者和实践家们已经证实了中国创新的存在，但是大多数人仍然不相信中国创新的存在。首先，我们需要回顾一下西方组织理论中战略的演变过程，区别不同类型的创新。从创新的定义来讲，大家普遍接受的创新就是一种基础性的科学技术发明，对人类生活会产生重大影响。另一种创新是组织创新，它是业务有效运行的重要前提。不同的分类方法同时存在，在探讨中国或中国企业是否具有创新性的结论时，这也许会使读者感到困惑。

　　从这个意义上讲，我们所说的创新概念是一种广义上的创新，即在引进新要素时的知识创造过程，这种新要素可以是技术的，可以是组织的，还可以是其他方面的。在组织研究中，创新被视为企业在知识经济时代取得成功的关键。与商业历史的演进一致，整个世界也经历了从基于农业的商业时代到基于工业的商业时代，再到基于信息的商业时代，再到现在的基于知识的商业时代的转变。随着时间的推移，业务进行和运转的方式发生了极大转变，相对应地，企业成功的关键因素也发生了转变。

　　说起西方战略理论在商业研究中的演进过程，确切来说是在战略管理领域中的演进，格兰特曾描述了有关促使企业成功的战略概念和工具，即如何从 20 世纪的财务预算系统转变到公司计划，再到产业竞争定位，再到企业内部资源和能力（公司的资源基础观），一直到现在的寻求基于知识和能力创新的战略（公司的知识基础观）。在过去的战略管理研究大潮中，学者们大多对

THE SOURCE
OF INNOVATION
IN CHINA
中国创新模式
Highly
Innovative Systems

能力进行了探索，以进行商业模式更新和创新，快速响应客户需求。如今，技术和全球化成为高速变化的商业环境中的两大决定性因素，而快速扩张和增长的中国企业则处在这种巨变的中心。这两大因素相互联系，因此为了理解中国创新问题以及它对全球经营的影响，在探寻中国创新模式之前，我们需要把这一现象放在国际化背景之下来看。另一方面，强大的制度因素也在影响中国企业的战略决策。动荡的全球环境，加上中国高度竞争的产业背景，使中国企业为了超越竞争对手而不得不选择创新之路。

多数对中国经济提出批评的人都把目光聚焦在中国这种基于低廉劳动成本的模式的可持续性上，同时也有人质疑，中国是否有能力进行创新，中国是否会仅仅满足于模仿他人。这些问题拓展了对中国现象的争论：一方面，人们对中国巨大潜在市场的兴趣日渐增加；另一方面，走出去的中国企业正在获得越来越多的全球市场份额和资产。对于国内市场来说，与来自新兴市场的其他企业一样，传统的中国本土企业被视为学习者，它们从国际伙伴和客户那里逐渐获取现代国际管理知识、技术和设备。这些学习者逐渐超越和成长，成为新的跨国企业之后，之前的学生就成为了今日的老师，而一些之前的老师接受不了这一事实；它们认为必定是出了什么错误，这些学生应该是抄袭获得的好成绩。同时，2007 年以来的经济危机促使许多西方发达国家吸引外国（包括中国）的直接投资，因为这种投资具有较强的资金流动性。

世界对于中国商业具有强烈兴趣，然而学术界产生系统性知识具有一个时间差，这显示了中国管理研究与实践的知识缺口。中国管理普遍缺乏系统性知识的现象，加剧了世界对于在中国做生意以及中国人在西方做生意的方式的普遍误解。这使中国继续由于基于低劳动成本的竞争模式，以及在国内外市场的模仿行为而受到批评。

尽管这些因素在现实中都存在，但企业竞争战略决策的另一方面也不容

THE SOURCE
OF INNOVATION
IN CHINA
第 2 章

Highly
Innovative Systems
中国创新的三驾马车：产品创新、流程创新和战略创新

忽视。2014 年 1 月 29 日，谷歌公司宣布把摩托罗拉移动业务以 29.1 亿美元的价格卖给联想集团。这个交易使谷歌从一方面拥有自己的手机制造商，而另一方面又授权其他手机生产商使用安卓操作系统的复杂局面中解脱出来。根据全球数据公司（International Data Group，IDG）的数据，当时全球智能手机市场的竞争处在白热化阶段，三星、苹果、华为、LG 和联想这五家企业占主导地位。前五名中，中国企业占据两席，而摩托罗拉移动在 2013 年第三季度运营亏损 2.48 亿美元。

虽然摩托罗拉是许多消费者的第一部手机，但是在这个技术密集型产业中，当其他企业出现，并成为行业领先者时，摩托罗拉的市场份额还是下跌了。有趣的是，前五名中不光中国企业占据两席，韩国企业也占据两席，而韩国企业在几十年前也被视作新兴市场。在韩国和日本企业的创新能力获得尊重和信任的同时，中国企业仍然有待西方的进一步发现。思科公司和摩托罗拉分别在 2003 年和 2010 年在美国起诉华为公司侵犯知识产权，我们可以从这两例中看出，大部分人还不相信中国企业目前有能力进行自己的创新。

法律诉讼是科技企业之间保护自身产权和商业秘密的一种常用手段，为的是利用创新获取更多的利润（如三星与苹果公司在不同国家、针对不同知识产权进行的诉讼）。2011 年，华为公司起诉摩托罗拉，防止其知识产权被非法转移到诺基亚西门子通信公司（Nokia Siemens Networks，NKN）。这个官司使得两家企业在解决它们之间所有待处理的诉讼问题上达成了一致，最终摩托罗拉为 NKN 销售中所涉及的知识产权问题，向华为公司支付了一笔金额对外保密的费用。这个例子清楚表明了华为公司有着与其全球竞争者相同的创新能力，以及中国企业正在学习利用法律体系保护自身的知识产权。正如本章华为公司的案例所示，一些西方媒体已经连续几年由于华为公司出色的创新成果而对它进行了表彰；华为公司把每年销售额的 10% 用于研发活动。

THE SOURCE
OF INNOVATION
IN CHINA
中国创新模式

Highly
Innovative Systems

实际上，2012 年华为公司的研发费用合计 48.31 亿美元，占年利润的 13.7%。

华为公司和联想集团并不是中国企业中重视创新的个例。新浪财经 2013 年中国企业 500 强的数据显示，有 5.425 亿人民币参与投资与研发活动，比 2012 年增长 11.37%。在深入探讨中国企业在产品、流程和战略不同层面的创新之前，我们需要先建立坚实的理论基础，以了解创新究竟是什么。

## 发明与创新

创新的定义有许多，但是一般认为创新就是通过引入新事物，对事物进行革新、改变或更改。虽然创新本身并不是一个新概念，但关于创新的研究相对较新，也没有一个统一的定义。但是学者们普遍接受熊彼特的定义，"创造性破坏"成为当代社会科学开始重视创新的一个起点。我们同样认可熊彼特对于发明和创新的区分：发明是一种"不注重经济分析"的知识创新行为，而创新指的是一家企业运用或采纳一项发明时所进行的一种经济决策。从根本上来说，"在没有发明之时，创新仍有可能进行；一项发明也不一定会引起创新"。

当代一些关于创新的其他定义同样认同在没有发明时也可以进行创新："创新是一种想法、实践或者物体，接受它的个人或其他团体认为它是新的""创新是被运用于生产、分销和消耗产品或服务的新事物"以及"一种新流程或产品的第一次商业运用或生产"。与此同时，发明不能保证成功的创新，甚至不能保证能激发创新。施乐公司就是在商业历史上被批评的典例。

在现代组织研究中，创新被视为竞争优势的内部来源。为了保持公司业绩的一致性，实现并保持竞争优势，创新是企业在知识经济时代完成这种目

THE SOURCE
OF INNOVATION
IN CHINA
第 2 章

Highly
Innovative Systems
中国创新的三驾马车：产品创新、流程创新和战略创新

标的关键所在。考虑到创新研究的复杂性，在探索中国创新模式之前，我们必须了解究竟什么是创新。

法格伯格（Fagerberg）等人关于创新知识基础曾有过论述，他们认为，从 20 世纪 50 年代以来，创新已经发展成为一个独立的研究领域，并在最近一段时间内发展迅速。在创新研究的大潮中，人们根据不同标准把创新分为不同类型：一是根据独创性程度分为颠覆式创新和渐进性创新；二是根据创新的本质分为技术创新、商业创新和组织创新。

颠覆式创新指的是现有事物无法通过自然演变得到的新产品或流程。因此一种新科学原理的运用会引发现有技术的断裂，如蒸汽机、微处理器、电话和电视。一般情况下，这个概念与发明密切相关。渐进性创新是指对现有产品、流程、结构和体系的一种改进，通常会以更好的功能为客户提供更好的服务或利益，但是基本的技术保持一致。它不一定与发明相关，但是也可能会有一定的联系。

技术创新指的是某种技术在市场的最初商业化。这就要求有产品或流程上的技术改变，因此技术创新通常包含某种程度的发明活动，尽管可能是较大的，也可能是很小的一部分。商业创新是某种产品或者新分销形式的一种新的表现方式；或者是已有产品的一种新的运用方式；或是新的促销方式；一种全新的商业体系，等等。组织创新是在完成生产或商业活动的管理和组织上做出改变。后两种创新不一定意味着发明的出现。

上述两种分类方法在定义商业中的创新方面都有一定的复杂性，但是这不是学者们对于创新的全部分类，还有其他的分类方法。例如根据起源分为市场拉动和技术推动两种类型，或是产品和流程创新，以及战略创新。随着时间推移，对于创新的研究兴趣根据组织面临的不同问题发生了变化，创新

THE SOURCE
OF INNOVATION
IN CHINA
中国创新模式

Highly
Innovative Systems

的定义也同样发生了演变。

法格伯格等人的聚类分析定义了创新领域演变的三个阶段。

第一阶段，20世纪50至70年代，创新领域处在萌芽阶段。此时期的多数作品都局限在社会科学的两个已经成熟的领域当中：经济学和社会学。少有跨学科的交流，并且发展出了不同的轨迹，一种轨迹几乎不会把另一种轨迹的内容考虑在内。

第二阶段，到20世纪80年代后期为止，是成长阶段。在这一阶段，创新研究迅速发展成为一种全球现象，吸引了许多学者进入这一领域。此外，此阶段的特点是更加强调多学科和跨学科的思考，而不仅仅局限在一个学科内。在此阶段，创新与工程学和科学学等其他科学领域也开始有了联系。

第三阶段，开始于20世纪80年代末，创新领域出现了成熟迹象，专业组织的建立也为这个领域提供了合法性；此阶段致力于推动创新和专注领域创新发展的专业期刊的建设。

虽然创新领域已经出现成熟的迹象，但组织创新仍处在发展理论和框架的阶段，以更好理解组织创新现象，促进商业世界的创新。法格伯格等人也在聚类分析中把创新分为研发经济学、组织创新和创新体系三类。

在研发经济学领域，经济学不仅仅是主要研究焦点，也是被引用最多的领域，紧跟其后的还有社会科学和人类学领域。也就是说，研发经济学领域的主要研究群体是由以上两种学者共同组成的。虽然创新研究演化的早期阶段由他们主导，但是在经济学与社会学领域出现的研究成果相对较少，两个学科之间也少有交流。不过，尽管成果少、跨学科交流少，在这一阶段得到的社会支持、资源和学者的兴趣空前高涨，大学以外的其他利益相关者也给

THE SOURCE
OF INNOVATION
IN CHINA

Highly
Innovative Systems

第 2 章

中国创新的三驾马车：产品创新、流程创新和战略创新

予了很大支持，军事研究部门（美国兰德公司）、私人研究机构（英国的国家经济研究院）、政策导向的研究中心（美国的国家经济研究局和欧盟的经济合作与发展组织）都是其中的典型例子。

创新研究中的研发经济学一类，在创新领域的早期阶段占据了主导地位。聚类中的创新体系一类，聚焦于创新的任务与区域发展，出现在 20 世纪 80 年代后期。创新体系领域侧重于研究创新与体系间的交互作用，即侧重于创新在国家和区域发展中的作用、如何对这个话题进行更好的研究，以及随之产生的政策问题。这一领域为创新研究增添了地域范围、主题和研究方法的多样性。与美国（尤其是哈佛大学）在研发经济学和组织创新聚类中占据主导地位不同的是，美国在创新体系领域所占据的比重相对较小，而欧洲学者占据了主要地位（以科学政策研究所为首，斯坦福大学紧随其后）。

组织创新领域特别强调创新、组织、行业和企业，引用最多的领域是"商业"，其次是"管理"。法格伯格等人认为，专业协会的建立反映了研发经济学和组织创新这两大聚类的分歧。后者更加与组织相关，从 1990 年开始，在创新研究的第三个阶段得到了迅速发展。目前，从学术期刊引用量来看，组织创新已经超越了研发经济学，成为创新领域最大的类别。换句话说，"1990 年后，管理成为最大的用户群体，把'人文社会科学'和'经济学'挤到了第二和第三的位置"。

组织创新是本书的重点，涉及中国企业在全球市场竞争中的创新能力。虽然学者对于组织创新领域的兴趣很高，并且这个领域相对成熟，但学者们并没有就它的综合框架达成一致。因此，有学者建议采用另一种方法，即运用人文视角把创新视为一种知识创造进行研究，以迈出推动该领域发展的关键一步。知识如何在知识员工个体和团体之间进行创造和管理，是组织环境中知识创造的关键，也是保持企业持续竞争优势所必需的。我们探寻中国创

THE SOURCE
OF INNOVATION
IN CHINA
中国创新模式

Highly
Innovative Systems

新源泉的方法也是这样，选取的是人文视角。在接下来的部分中，我们先对中国企业的创新进行概述，然后再运用企业战略管理的常见方法，分析基于产品、流程和战略的不同类型的创新。

## 中国政府和企业在创新中所扮演的角色

根据相关专家的研究，中国和印度在 1981 年至 2004 年间的经济增长，在很大程度上要归功于其创新能力的提升；而这又是由于其在创新体系上的投资。例如，中国对刺激创新活动进行了大量投资，将科学与商业相结合，努力平衡引进技术与本土研发的支出。

在建设国家创新体系的过程中，中国政府在引领创新政策方面发挥了重要作用。地方政府也开始越来越多地将技术投资纳入政府预算体系当中（大概是中央政府的 60%）。虽然政府有大量投入，创新的最重要因素仍然是来自企业的投资。企业日益增加的研发活动使它们转变为国家创新体系创造的主力军，企业的投资占到了社会对创新全部投资的 65%。一般来说，中国政府对大企业的投资只有 3%~5%，远远低于发达经济体（如美国和经合组织国家）对企业的投资。这些投资的效果显著吗？这些投资是否能够帮助中国企业在全球业务中获得并保持竞争优势？如果答案是肯定的，那么这些企业是否做到了在技术上有竞争力、在组织上有效率、在商业模式和战略方面有创新能力呢？考虑到企业层面创新的不同类型（产品、流程和战略），我们在谈论中国的创新时会对这三种类型进行区分。

如我们之前所说，虽然中国政府在这一过程中发挥了重要作用，但在中国企业身上也有一种清晰的创新推动力量，促使它们扩大自身的竞争优势。与美国和欧洲创新研究领域的早期发展情况一样，中国的创新研究也得到了

THE SOURCE
OF INNOVATION
IN CHINA
第 2 章

Highly
Innovative Systems
中国创新的三驾马车：产品创新、流程创新和战略创新

来自政府机构、企业和不同利益相关者的支持。对于国家创新体系的初期发展来说，广泛的政府支持是至关重要的，因为我们假定一国的成长取决于其生产创新性、高科技产品的能力。如同萨比尔（Sabir）所说："经济发展和稳定是人类文明出现以来国家的头等考虑，国家政策制定者运用技术创新作为刺激经济增长和繁荣的主要手段之一。"

虽然对于政府的这种手段是否有效率和有效果存在争议，中国政府从2008 年开始，一直在采取不同的政策鼓励中国企业进行创新。根据《中国创新型企业发展报告（2011）》，创新与发展对中国企业来说既是挑战也是机遇。2008 年以来，一系列的经济危机使得全球经济发展方式产生了深刻变化。这些变化同样影响了中国经济和中国社会的不同层面。其中，从低成本经济模式到高附加值经济的转型，是这次转变过程当中最本质的部分。创新被认为是加快转变经济发展方式的关键所在。

与之前西方学者文献综述中的说法一致，《中国创新型企业发展报告（2011）》强调了转型的基本思路：

（1）国际金融危机使许多国家不得不面临经济发展方式的变革和产业的重构。中国作为世界最大的经济体之一，需要寻找和培育有利于新经济发展的要素。

（2）世界性的技术发展正在不同领域造成新的革命性变化，如生物、信息、新能源和纳米技术等，以智慧和生态为特色的新兴产业的出现，缩短了创新和产业的生命周期。这些新趋势为经济发展产生了新需求和新机会。

（3）虽然保持经济增长仍然是中国社会的大方向，但是能源短缺问题使得生态环境问题变得更加突出，主要依靠低成本和高消耗的比较优势的经济发展方式，是不可持续的。

尽管政府在创新政策和创新体系方面给予了支持，结果并不能令人满意。

THE SOURCE
OF INNOVATION
IN CHINA
中国创新模式

Highly
Innovative Systems

有学者基于 1998—2008 年中国 30 个地区面板数据的实证研究中，显示了中国地区性创新体系的低效率。根据他们的研究，地方政府对于研发活动的资助对地方创新效率具有极大的负面影响，而创新体系中的高校、研究机构和金融机构也对创新效率产生了负面影响。虽然这个结果有待争论，尚需更多实证检验才能得出结论，还有其他的证据也表明，加强中国企业创新能力、提供有效的制度支持是一件很难的事情。

案例 2-1 展现了中国创新体系从开端到北京市昌平区实施的过程，我们可以看到中国政府通过推行创新政策来投资研发所进行的尝试，以及希望提升企业创新能力的殷切期望。但是，由于政府管理的低效，创新体系的结果并不总是能符合期望。在昌平区的例子中，北京市昌平区的地方政府付出巨大努力投资于创新政策，最终却在与北京市另一个区的比较中得到了不尽如人意的创新结果。地方政府的领导正尝试与高校研究者联盟，一同寻找提升绩效的更有效率和效果的方式。不过，这还有很长的一段路要走。

北京市昌平区的例子及其他学者的研究都支持了我们的观点，即中国企业创新能力对中国经济发展具有支持作用，而非中国企业创新能力对地方政府有亏欠。虽然多数国家都在聚焦于通过创新发展经济、提升竞争力，但是真正的情况可能是，经济发展的真正驱动力是企业的创新能力。从措辞上来看也许这两种说法都带有修辞意味，但是两者却有根本性的不同。创新是外部因素推动的结果，还是内生的力量？其实逻辑很简单：因为一国的竞争力要基于该国的企业，那么企业的创新能力就是经济发展的来源。虽然在没有合适的外部制度环境时，企业也很难进行创新，但是环境或许只是一个基本条件，而非决定性因素。因此，企业内部产生的内部因素才是中国创新的主要来源，因而也是经济持续发展的来源。

从另一方面来讲，我们可以来看一下 2013 年中国企业 500 强的一些数据：

THE SOURCE
OF INNOVATION
IN CHINA
第 2 章

Highly
Innovative Systems

中国创新的三驾马车：产品创新、流程创新和战略创新

这些企业共拥有 332 700 项专利，比 2012 年增长 28.75%；其中，发明专利 84 800 项，增长 13.07%。在国际影响方面，2013 年新浪财经的数据显示，在全球企业 500 强中，中国企业占到 86 家，其中有 4 家企业进入榜单前十名。以注册专利数量为指标，我们可以看出中国企业创新能力实现了迅速增长。

通过近年来中国有效企业专利注册数量的稳步增长，我们可以看出不仅是在中国企业 500 强中的企业创新能力得到了提升，中国企业整体的创新能力也得到了提升。这意味着中国企业专利数量与其在国际市场的基本表现呈正相关关系。表 2-1 展示了 2006 年至 2011 年间本土企业和国际企业在中国注册有效专利的数量的显著增长。事实上，有效专利注册数量总体增长了 277%。这些专利可被分发明、新应用和设计三类，五年间分别增长了 218%、283% 和 327%。在这场中国专利注册革命中，一些要素给人留下了深刻印象。

表 2-1　由中国企业和国际企业在中国注册的有效专利数量（2006—2011 年）

| | 2006 | 2007 | 2008 | 2009 | 2010 | 2011 | 五年增长 |
|---|---|---|---|---|---|---|---|
| 有效专利注册总数 | 727 225 | 850 043 | 1 195 196 | 1520023 | 2 216 082 | 2 739 906 | |
| 增长率 | | 17% | 41% | 27% | 46% | 24% | 277% |
| 发明数量 | 218 922 | 271 917 | 337 215 | 438 036 | 564 760 | 6 96 939 | |
| 增长率 | | 24% | 24% | 30% | 29% | 23% | 218% |
| 中国发明数量 | 72 941 | 95 678 | 127 596 | 180 042 | 257 893 | 351 288 | |
| 增长率 | | 31% | 33% | 41% | 43% | 36% | 382% |
| 国际发明数量 | 145 981 | 176 239 | 209 619 | 257 994 | 306 867 | 345 651 | |
| 增长率 | | 21% | 19% | 23% | 19% | 13% | 137% |
| 新应用数量 | 292 323 | 299 242 | 469 729 | 565 804 | 857 968 | 1 120 596 | |
| 增长率 | | 2% | 57% | 20% | 52% | 31% | 283% |
| 中国新应用数量 | 288 032 | 294 463 | 463 342 | 558 791 | 849 454 | 1 109 958 | |
| 增长率 | | 11% | 34% | 10% | 21% | 25% | 148% |

THE SOURCE
OF INNOVATION
IN CHINA
中国创新模式

Highly
Innovative Systems

（续表）

| | 2006 | 2007 | 2008 | 2009 | 2010 | 2011 | 五年增长 |
|---|---|---|---|---|---|---|---|
| 设计数量 | 215 980 | 278 884 | 988 252 | 516 183 | 793 354 | 922 371 | |
| 增长率 | | 29% | 39% | 33% | 54% | 16% | 327% |
| 中国设计数量 | 187 785 | 232 268 | 332 859 | 454 277 | 718 056 | 841 769 | |
| 增长率 | | 24% | 43% | 36% | 58% | 17% | 348% |
| 国际设计数量 | 28 195 | 46 616 | 55 393 | 61 906 | 75 298 | 80 602 | |
| 增长率 | | 65% | 19% | 12% | 22% | 7% | 186% |

数据来源：根据中国国家统计局数据整理。

2011 年之前，国际公司在发明专利注册上一直超过中国本土企业。但是，从 2011 年开始，这种情况发生了改变，中国企业首次在发明专利的注册上超过在中国的国际企业。

虽然国际企业一直在中国注册的发明专利上表现强劲，但是中国企业在应用和设计这两种类型的创新方面一直有较好的表现。

在中国企业注册的专利中，有效注册的排名是应用方面排第一，其次是设计方面，最后是发明方面。由此可以看出，中国企业专利注册这三项所占的比重分别是 48%、37% 和 15%。

从中国迅速发展的经济，可以看出中国企业习惯于在设定战略方向之后，立即行动达到它们的目标。这个战略方向可以是公司内部内生的，也可以是由外部因素，如市场或政府所推动的。而在政府推动方面，中国政府已经清晰地推行了一个技术创新的国家项目，以实现稳定的经济发展，面对复杂多变的国内和国际环境。

中国和中国企业创新的动机已经十分清晰，与此同时，促进中国企业进行创新的制度力量在不久前形成，并成为一个热门话题。不过，在制度支持

THE SOURCE
OF INNOVATION
IN CHINA
第 2 章

Highly
Innovative Systems
中国创新的三驾马车：产品创新、流程创新和战略创新

正式出现之前，成功企业已经进行了几十年的创新活动。表 2-1 中的数据证明了中国企业创新能力的快速增长和高水平。表 2-2 展示的是在国际市场上获得成功的一些中国企业，假定这一结果是过去几十年间所累积的创新活动的成果，而不是五年间制度推动的结果。专利业合作条约（Patent Cooperation Treaty）是世界知识产权组织（World Intellectual Property Organization）利润的主要来源，而在专利合作条约的前五名应用中有两个出自中国企业：中兴公司和华为公司。了解这一信息，对于在国际竞技场上的中国企业来说有利有弊。

一方面，华为公司和中兴公司国际排名的稳定性显示了中国企业在创新绩效方面的持续努力。另一方面，在前二十名中，除了这两家企业，没有其他的中国企业；而日本企业有八家（占 40%），欧洲企业有六家（占 30%）；美国和韩国与中国一样，各有两个国家。

表 2-2　　　　　　　　世界知识产权组织统计的专利申请量世界前 20 强

| 排名 | 申请主体 | 国家 | 专利申请数量 | | | 与 2011 年的差距 |
|---|---|---|---|---|---|---|
| | | | 2010 年 | 2011 年 | 2012 年 | |
| 1 | 中兴 | 中国 | 1868 | 2826 | 3906 | 1080 |
| 2 | 松下 | 日本 | 2153 | 2463 | 2951 | 488 |
| 3 | 夏普 | 日本 | 1286 | 1755 | 2001 | 246 |
| 4 | 华为 | 中国 | 1527 | 1831 | 1801 | −30 |
| 5 | 博世 | 德国 | 1302 | 1518 | 1775 | 257 |
| 6 | 丰田 | 日本 | 1095 | 1417 | 1652 | 235 |
| 7 | 高通 | 美国 | 1675 | 1494 | 1305 | −189 |
| 8 | 西门子 | 德国 | 830 | 1039 | 1272 | 233 |
| 9 | 飞利浦 | 荷兰 | 1433 | 1148 | 1230 | 82 |
| 10 | 爱立信 | 瑞典 | 1147 | 1116 | 1197 | 81 |

THE SOURCE
OF INNOVATION
IN CHINA
中国创新模式

Highly
Innovative Systems

（续表）

| 排名 | 申请主体 | 国家 | 专利申请数量 | | | 与 2011 年的差距 |
|---|---|---|---|---|---|---|
| | | | 2010 年 | 2011 年 | 2012 年 | |
| 11 | LG | 韩国 | 1297 | 1336 | 1094 | −242 |
| 12 | 三菱 | 日本 | 726 | 834 | 1042 | 208 |
| 13 | NEC | 日本 | 1106 | 1 056 | 999 | −57 |
| 14 | 富士胶片 | 日本 | 275 | 414 | 891 | 477 |
| 15 | 日立 | 日本 | 372 | 547 | 745 | 198 |
| 16 | 三星电子 | 韩国 | 574 | 757 | 683 | −74 |
| 17 | 富士通 | 日本 | 475 | 494 | 671 | 177 |
| 18 | 诺基亚 | 芬兰 | 632 | 698 | 670 | −28 |
| 19 | 巴斯夫 | 德国 | 817 | 773 | 644 | −129 |
| 20 | 英特尔 | 美国 | 201 | 309 | 640 | 331 |

数据来源：世界知识产权组织（2013:3）。

## 低成本还是高创新

在上述部分中所展示的中国创新数据实际上只通过注册专利反映了产品创新的情况。正如我们之前所说，用不同的方式可以将创新分为许多种类，我们在本文中将采取格兰特的分类方式，即分为产品创新、流程创新和战略创新。

从商业和管理角度来看，创新被视为系统和组织的一种组合，塑造不同人作为不同组织利益相关者的能力，目的在于将技术发明或者创意想法转化为商业产品，或者以创新的方式做生意（不管是内部的组织结构还是外部的商业模式），使企业创造并占有价值。从这个意义上来讲，"产品创新"这个术语被限制在了产品的范围之内，指的是新产品或服务的创造，或产品或服

THE SOURCE
OF INNOVATION
IN CHINA
第 2 章

Highly
Innovative Systems

中国创新的三驾马车：产品创新、流程创新和战略创新

务在特征、性能和质量上的提升。流程创新与创造产品或服务的形式有关；因此，流程创新在生产一种产品或服务时，会引入新的流程或改进之处，又或者试图减少成本，例如通过引进自动化技术减少人工成本。最后，战略创新在组织中展现新的战略要素；通常是关于对外做生意（如商业模式）和内部组织管理（如管理体系）的一种新方法。

与产业生命周期的不同阶段一致，不同类型的创新在实现和保持企业竞争优势时也发挥着或多或少的作用。也就是说，产品创新在产业生命周期的引进阶段发挥着重要作用，在这一阶段，技术具有多种可能性，不同类型的技术开始出现。开发不同技术的公司就进入了一场为设定未来行业标准而进行的潜在战争，如果该行业标准与获取更多市场份额相关的话。当产业逐渐成长，产品知识在客户（即消费者）和生产者（即供应商）两边扩散时，需求就会增加，流程创新与产品创新一样，开始增加重要性。当产业发展进入成熟阶段时，产品创新的重要性实际上在减弱，而流程创新的重要性逐渐增加。为了提高生产效率，满足日益增长的客户需求，使客户有更好的体验，整个生产过程（通常是后勤物流活动）必须进行有效的组织。当产业进入成熟期甚至衰退期时，产品创新的机会很少，而流程创新的机会就更少。因此，产业成熟时，战略创新对于企业进行创新、与其他竞争者区别开来尤为重要。

之前所提及的专利注册数据，是衡量企业创新效果的常见方法，因为该数据较好地反映了产品创新的增长。以中兴和华为公司为代表的优秀中国企业，专利注册数量有了明显增加，这表明一些技术创新型中国企业已经在重要技术的创新领域占据了领先地位。我们从表 2-1 中也可以看出注册专利有发明、应用和设计三种不同类别。

根据中国国家统计局的定义：发明专利指的是对产品、方法或者其改进所提出的新的技术方案，它是国际标准下反映知识产权的主要标准；应用

THE SOURCE
OF INNOVATION
IN CHINA
中国创新模式

Highly
Innovative Systems

（实用新型）专利是指对产品的形状、构造或者其结合所提出的适于实用的新的技术方案，它反映的是某项技术的技术性成果；（外观）设计专利是对产品的形状、图案或其结合以及色彩与形状、图案的结合所做出的富有美感并适于工业应用的新设计，它与一项知识产权的外部设计有关。

虽然这三种专利类型都与产品相关，但这三种创新类型的不平衡，表明了中国企业擅长具有创新应用和设计的技术产品商业化，也就是将技术发明带给消费者，赋予技术发明实用性，最终投放市场的过程。这也许反映了中国企业大多数创新活动的现实：多为商业化过程中的渐进式改进，而少有高技术的突破。华为公司的一名高管表示，虽然华为公司已经是目前技术创新的领军人物，它仍然处在技术创新过程的初级阶段，华为公司的主要成功因素不是技术，而是客户导向和快速响应客户需求的能力。虽然华为公司的技术在今天已经被公认为是处在产业前沿，客户导向的创新原则仍然是关键所在（详见案例2-2）。

回到我们最初的问题，即中国企业是否具有创新性，是否可以在国际竞技场上保持它们的竞争力的问题。目前我们可以得出肯定的结论，成功的中国企业确实具有创新能力。它们不仅仅通过低劳动成本进行竞争，而是像实证数据所显示的那样，还依靠创新进行竞争。创新有不同的类型，一般来说，相较于技术的创新，中国企业也许更加擅长商业和组织类型的创新。我们可以很明显地看出这一点，因为与国际竞争者相比，中国企业的产品创新水平不高，但是正在通过流程创新（提高效率、降低成本）和战略创新（重塑商业模式以增加普通市场或细分市场份额）来增加市场份额、获得利润。

如果我们更加仔细地研究华为公司的案例，会发现其是在那些激烈的本土竞争中存活下来的，与其他竞争者（一些是或者曾经是国有企业）相比，得到的制度支持较少（属于民营企业）的中国本土企业的代表性模式，它们

THE SOURCE
OF INNOVATION
IN CHINA
第 2 章

Highly
Innovative Systems
中国创新的三驾马车：产品创新、流程创新和战略创新

依靠内在的企业家精神和技术、商业模式、组织管理上的创新进行发展。换句话说，通过运用一种创新分类方法，华为公司是拥有产品、流程和战略创新的。

在技术创新或者产品创新层面，华为公司从一开始就知道，为了在高科技行业中竞争，在研发上的投入是长期的立身之本。因此，华为公司决定每年至少将销售额的 10% 用于研发，这个比例经常是 13% 甚至更多。当公司做大且有利润时，做出这样的决定似乎很简单，因为公司有利润可以进行花费；但是当华为公司还是一家小企业时，最初只有十几名员工，然后才发展到数百甚至数千名员工，要一直保持如此大比重的研发投入并非易事。对于一家缺乏资金的私企来说，资本收益用来分红似乎是一个更容易的选择。这也许就能解释，为什么近几十年间，中国电信设备供应产业的一些其他企业会以失败收场。随着时间的推移，在企业管理者的心目中常常会有其他花费，占据了研发的优先地位。

华为公司技术和产品创新的演进过程，与中国经济的发展过程具有相似之处。起初，华为公司不得不做外国技术的扩散者，因为中国企业普遍缺乏先进技术。一旦通过联盟、伙伴和合同的关系获取了一些技术和知识，华为公司坚定、有战略思考的创始人和领导人任正非就指出，对研发的大规模投资将会使华为公司区别于其他本土企业，这些企业可能占据其他类型的资源或能力，例如拥有与政府的关系或者金融资本。在华为公司取得第一次市场成功之后，1993 年，华为公司便在硅谷建立了第一个芯片研发机构，为的是近距离地接触芯片领域的创新中心。1995 年，为管理企业文化和价值观，华为公司开始起草本企业的基本法，将"保证按销售额的 10% 拨付研发经费"正式写入价值主张中，并作为企业政策正式推行。持续的研发投入为华为公司在提升产品方面带来了丰硕的成果，虽然华为公司在今天不能算作一家领

THE SOURCE
OF INNOVATION
IN CHINA
中国创新模式

Highly
Innovative Systems

先的技术创新企业，但是它在全球拥有 20 个研发中心。

有学者研究了我国台湾地区的技术企业，发现那些优秀企业都会从它们的国际合作伙伴那里学习如何提高创新能力，一些已经实现了从原始设备制造（Original Equipment Manufacturing）到原始设计制造（Original Design Manufacturing），再到原始品牌制造（Original Brand Manufacturing）的转变。与之相似，华为公司作为一家优秀的技术企业，也经历了这样的发展道路：增强自身创新能力，最终领导自身领域的技术变革，创造自己的品牌定位。

创新是华为公司取得今日成功的关键所在。这种创新不仅仅是指高科技和前沿技术的创新，更为重要的，是华为公司市场导向和客户导向的产品创新，也就是说，产品和效率的提升永远是基础技术研究的首要考虑。除了产品创新，流程创新和战略创新也是华为公司战略演进的重要组成部分。

华为公司在中国市场取得高速增长之时，任正非与其管理团队做出决定，认为有必要将华为公司的内部组织结构转化为更加现代化的西方管理体系。由于认为世界级的咨询公司更加先进和科学，华为公司邀请它们进行组织结构再造的流程创新，实现管理效率，减少不必要的成本。华为公司的学术咨询顾问、来自中国人民大学的吴春波教授认为，华为公司要想取得进步，就需要构建一个现代化的西方管理体系。于是，华为公司便与西方咨询公司 IBM 和 Hay Group 签订了合同。但除了产品创新和流程创新，战略创新才是华为公司在众企业中脱颖而出的关键。虽然华为公司的高层管理人最开始的说法是，华为公司没有战略，但从真正意义上来讲，华为公司是没有正式的或者事先计划好的战略。最初，由于缺乏资源和能力（关系、技术和声誉等），华为公司很难在城市地区获得市场份额。在失败多次之后，华为公司决定在竞争没那么激烈的农村地区开展业务。"经过反复尝试，华为公司决定瞄准高端市场，提供中端服务，使用低端技术。"华为公司的一位管理者这样总

THE SOURCE
OF INNOVATION
IN CHINA
第 2 章

Highly
Innovative Systems
中国创新的三驾马车：产品创新、流程创新和战略创新

结道。这种企业家精神使战略在做业务的过程中产生，而不是事先策划战略。这种创新精神渗透到了华为公司成长过程中的方方面面。在后面的章节中，我们会更多地谈到商业模式的创新，但是在这里我们还是想强调一下这种看似矛盾的管理方式，即同时保证高质量的创新和内部成本控制，这是华为公司战略创新的一部分。与其他战略创新者和世界领先者，如宜家、ZARA、丰田等企业相同，这种战略创新是华为公司成功的关键因素。

因此，回到我们的问题上，即高创新和低成本哪一个才能使得中国企业在国际市场取得成功呢？答案恐怕是二者的平衡和结合。高创新的定义比较清晰，即由产品创新、流程创新和战略创新三种类型组成；低成本却有不同的定义，首先是主流媒体经常提及的由剥削或低社会保护带来的低劳动成本。运用正确的方式，将劳动成本控制在一个较低的水平，是企业提升运行效率、增加利润的必要之举。与发达国家的跨国企业相比，主要员工在中国的中国跨国企业占有一定的成本优势，因为中国是一个新兴的经济体。在新兴经济体中，在经济政策和资格两个方面，较低的经济水平导致劳动市场的要求较低。但是，由于几个原因，这种成本优势变得越来越难以为继。

一方面，如果跨国企业具有足够的地域多样性，那么不管其母国是发达经济体还是新兴经济体，一家跨国企业能在某一行业获得成本优势，另一家也可以照做。也就是说，如果华为公司由于母国是中国而享有低劳动成本的优势，那么任何其他企业只需要把相同的活动转移到中国或者其他任何低成本的新兴经济体中，如印度、土耳其、墨西哥等，就可以获得相同的优势。实际上，由于沟通的便利性，现在的跨国企业都在充分利用不同国家的比较优势，充分发掘它们的能力。以苹果公司和波音公司为例，它们的产品都根据不同国家的比较优势分包给了不同国家的供应商，其中价值链底端的装配工作就外包给了中国的工厂。相似地，如果华为公司想要更多站在全球舞台

THE SOURCE
OF INNOVATION
IN CHINA
中国创新模式

Highly
Innovative Systems

上，就必须在全球实现多样化，以利用不同的资源和能力。这正是从华为公司发展之初，就将第一个海外研究中心设置在硅谷的原因。

另一方面，考虑到中国经济的增长和社会保障体系的建立，劳动成本正在迅速上升。尤其是合格劳动力的成本，不仅不低，甚至要高于一些发达国家的劳动力。曾有一位西方管理者在接受采访时承认，如果只考虑经济因素的话，就会选择来中国工作。因此，中国和西方的跨国企业，将一些生产工厂从中国沿海城市转移到中国中西部地区，或者从中国转移到附近其他新兴经济体，如越南、马来西亚、印度尼西亚、土耳其、泰国或者印度，就不足为奇了。任正非在几年前就表示，华为公司的竞争优势不能归功于低成本战略。

## 中国的低成本时代已然过去

对于在技术密集型行业（如通信行业）中的企业来说，创新明显是重要的，因此华为公司若想成功，除了创新之外别无选择。那么，对于诸如餐饮业的劳动密集型行业呢？案例2-3中就讲述了另一家出色的中国企业——海底捞，以创新在一个竞争激烈却又标准化的行业——餐饮业竞争的故事。

与高技术行业不同，餐饮业不是技术密集型的。或者至少可以说，技术通常不是一家餐厅竞争优势的组成部分。当然存在餐饮连锁企业通过高端信息系统获得竞争优势的特例，但是这只是整体标准化管理体系的一部分。在这样一个劳动密集型产业中，企业要么通过低成本进行竞争，因为很难做到差异化，要么通过菜式或者不同类型的个人服务，使自己获得差异化。

海底捞是一个特例。海底捞的商业模式甚至已经被中国的许多其他行业领先者所研究和效仿。海底捞究竟有什么不同之处吸引顾客，使顾客愿意排

THE SOURCE
OF INNOVATION
IN CHINA
第 2 章

Highly
Innovative Systems

中国创新的三驾马车：产品创新、流程创新和战略创新

上半个多小时的队去吃火锅呢？根据海底捞创始人张勇的说法，秘密不在于火锅本身——因为他自己也承认海底捞没有一些别的火锅好吃——而在于顾客在海底捞感受到的服务满意度，也就是一些海底捞顾客所说的"感觉好"。在潜在顾客等位时，有免费的茶水和开胃小菜供应，另外海底捞还提供其他娱乐项目，如美甲、儿童娱乐设施和中国象棋等。有学者更进一步地认为，海底捞的竞争对手们不能模仿海底捞模式，因为创新能力是嵌入海底捞企业文化之中的。

成本领先可以是一种竞争战略，但是在今天高度竞争的市场中，单纯的成本优势是不够的，也是难以维持的。从成本领先中能够得到的唯一东西，是领先的时间，可以利用这段时间抢占市场份额、客户认知度、领先定位，以及其他可以转化为成本优势以下的资源和能力。如果你希望成为追求卓越的跟随者，那么就需要进行不断的创新，不管是产品创新、流程创新还是战略创新。

在本章的最后我们想说的是，一方面，中国企业的低成本时代仍然存在，但不再是中国企业在国内和国际市场进行竞争的主要方式了。另一方面，大多数对于中国和中国企业创新能力的批评都集中在技术创新和突破性发明上。但是，理论告诉我们，企业若想成功，不是一定需要发明来推动业绩，而是需要创新。这样一来，我们在探讨创新能力时就需要考虑到产品、流程和战略三个层面。一般而言，西方企业仍然在高科技创新能力方面占据领先位置，中国正在迎头赶上，并且中国人擅长将技术转化为商业产品，这正是创新的精髓所在。如果我们的假定是正确的，其实有一部分已经很明显了，那么从普遍意义上来说中国企业是具有创新性的，尤其是在战略创新层面，具备将低成本与高质量结合起来的能力。

THE SOURCE
OF INNOVATION
IN CHINA
中国创新模式

Highly
Innovative Systems

丹尼尔 · 莱穆斯（Daniel Lemus）、宋赫民

| 案例 2-1 | 从国家创新政策到创新体系建设：北京市昌平区案例 |

## 介绍

中国的经济崛起伴随着国家战略中内生创新模式的制定。的确，自 1979 年以来，中国共产党领导的四个现代化建设之一就有一个在科技界。在这个背景下，中国共产党第十七次全国代表大会上提出建立创新型国家的战略目标，建设国家创新体系，明确了科技体制改革和国家创新体系建设的关键任务和重大政策措施 [ 详见《国家中长期科技发展计划（2006-2020）》]。

中国共产党第十八次全国代表大会进一步提出，政府应该深化科技体制改革，促进科技与经济结合，加快建设国家创新体系，努力建设以企业为主体，以市场为导向，结合生产、学习与研究的技术创新体系；全面推进知识创新体系建设，加强基础研究和前沿技术研究，提高科学研究水平和成果转化能力，抓住科技发展战略的高低，集中精力和实力创新。这样，中国政府就能够以促进研究与发展为手段，减少对外国技术的依赖。

然而，内生创新体系的建设有三大难题：第一，中国正在经历向市场经济的转型，存在一些时间较长的因国家干预而遗留的问题，因为政府历来在经济的方向和经营方面发挥了关键和显而易见的作用，同时也对作为创新苗床的企业起到关键作用；第二，中国由一个单一政治单元和多个经济单元组成，换句话说，中国作为政治上一体但有着许多经济体的国家，中央政府和当地政策之间存在明显的矛盾之处，这一切都体现在它们自身的经济发展过程中；第三，大家普遍有一个印象，即中国科学界的一大特点是资金使用不透明、效率不高和项目重复。

在这种情况下，我们有可能假设中国政府正在建立一个内生的创新模式吗？为了对本次讨论提供信息输入，本案例分析了国家创新体系的公共政策及其与建立地方创新空间的关系，目的在于确定如何创造出具有中国特色的创新模式。

因此，下面以北京市昌平区为例进行分析，所提出的想法具有解释性和探索

THE SOURCE
OF INNOVATION
IN CHINA

Highly
Innovative Systems

第 2 章

中国创新的三驾马车：产品创新、流程创新和战略创新

性。本案例概述了在中国具体情况下成为创新区域要素的具体特征，为国家创新体系公共政策如何体现在具体区域增加了有关要素。

迄今为止，大部分研究国家创新体系的研究都集中在以前位于发达国家的工业化地区。近期针对中国的大多数研究都集中在分析大学和创新体系之间的关系以及创新与中国企业的关系、创新在特定经济部门的影响或从专利的角度来衡量创新上。这里从区域角度对特定案例进行了分析，作为一项探索性研究，所采用的方法是案例研究，代表了从区域角度出发，将创新放在特定背景下的研究方法，是一种有意义的理论方法。

### 国家创新体系的国家行为者

中国国家创新体系所具备的一个重要特征是，此制度及其行动者是中国进入国际经济体系之后的结果，中央政府在决定时间、节奏和经济自由化部门方面发挥了关键作用。在这样的背景下，中国一直在巩固企业家的地位，因为企业家们在计划经济时代几乎完全消失了。因此，国家创新体系与政府部门保持密切相关并不奇怪，其特点是通过高强度的国家介入来加强研究与开发，加强现代化专业人力资源培训，促进高新技术运用、吸引高科技外国公司，推动中国企业的技术孵化与发展，利用内生技术，最终目标是成为全球主要的竞争者。

这种创新体系反映了中国政治制度的特殊性，因为在西方的政治制度中没有明确的权力分离。因此，政治化的科技是由国务院、各部委、政府机关等多个机构设计和实施的，接受党的统一领导。同样，一些政策、方案和预算也是独立于中央政府的机构实施和行使的，如大学、独立研究中心和某些公司的工作。

当考虑到中国创新的区域角度时，情况就变得更为复杂。也就是说，中央政府的研究开发和公共政策活动由省级和地方各级政府采取行动，地方政府通过自己的机构来推动与创新有关的活动，与中央机关的联系尚不清楚。

最后，必须考虑政治因素。在中国，科学技术活动的成功与失败，不可避免地渗透到与这个领域相关的所有活动的政治层面。科学进步并不仅仅是知识的需要、实现经济竞争优势的能力，也是中国梦的一部分。

THE SOURCE
OF INNOVATION
IN CHINA
中国创新模式

Highly
Innovative Systems

## 国务院

科学技术活动以宪法为基础，国务院在宪法的基础上负责科技发展。从国务院的层次结构来看，原则上总理位居首位。理论上说，国务院负责监督中国组织与科技活动有关的所有活动，最终制定公共政策，同时还通过国务院科技教育局管理小组协调不同机构的活动。但实际上，由于总理有很多责任，科技活动主要由多个部门和机构支持。事实上，国务院几乎所有的机构都与科技活动挂钩，但是在研发方面投入大部分预算的只有十个部门和机构。

国家创新体系的最高权力机构是国务院科技与教育管理小组，该小组成立于1998 年。其主要活动是审议和修订国家科学技术与教育方面的发展战略和政策，讨论和分析科技教育领域的工作和相关计划，协调政府部门之间、中央政府和地方政府之间在科技教育中的行为。

国务院由总理领导，科教部长共同主持。其成员有政府部门和机构的高级代表，涉及科学技术和教育活动的不同方面，是总理协调科技政策的主要方式。

科技部下属于国务院，负责管理公共研发活动，有权协调参与其他部门的相关研究活动。其活动包括制订和执行科技计划和公共政策、制订国家基础研究计划、协调基础研究活动和前沿技术、撰写报告、披露中国的科学活动、开展相关统计，还参与了专项研究和资源配置基础设施建设。不过更重要的是，科技部是负责研究资金预算分配的机构。

此外，科技部负责通过签署和监督双边和多边协议来加强国际合作，并通过提供咨询和协助，使负责科技活动的省级和地方机构能够与国际组织建立交流关系和合作。最后，科技部将科学与商业活动结合起来，促进新技术的商业化，推行中国科学传播与推广政策。

教育部与科技部一样，是制定国家创新体系的重要政府机构之一，负责设计专门的人力资源培训公共政策。在这个意义上，教育部由于负责高等教育工作，具有根据全球化社会和市场经济的不断变化的需求来调整课程的适当权力，并协调大学和高等院校的学术工作和研究，促进课程更新计划和项目的实施，进行必

THE SOURCE
OF INNOVATION
IN CHINA
第 2 章

Highly
Innovative Systems

中国创新的三驾马车：产品创新、流程创新和战略创新

要的改革，并执行允许将某种科学文化引入到教育中心的具体条件和政策。

教育部负责规划和指导在自然科学和社会科学领域的高等教育机构的研究活动，以及促进研究的应用和新技术传播，包括建设和管理的国家重点实验室和研究中心，旨在实现科技计划的指导方针和科学管理的国家层面的技术与教育决议。

其他部委也从自身的结构、活动、部门、计划、项目和预算出发，在科学和技术方面有一定的参与，不过参与国家创新系统的比例很小，因为它们只影响某些部门和具体方案。这些部门包括农业部、卫生部、商务部、工业和信息化部、国防部和国家发展和改革委员会，支持的具体研究活动涵盖分子医学、生物技术以及信息和通信技术。在某些情况下，这些部门的优先研究项目不仅有专门的实验室，也有自己的组织结构。

负责国防科技工业委员会的国防部是自有研发支持组织的部门。国防科技工业委员会成立于 1982 年，是科技防务委员会、国防工业厅和中央军事委员会合并的结果。国防科技工业委员会是负责军事领域的主要机构，除了协调中国的国防工业，还负责将军事技术转为适用于民众的项目。

### 国家科学院所

中国科学院是国家创新体系中的重要政府机构。它成立于 1949 年，前身是中华民国政府建立的中央研究院以及北平研究院。中国科学院负责基础技术研究工作，其中整合中国自然资源信息、帮助高新技术企业成长等工作是它的特色。中国科学院有 104 个科研院所、两所高校一级技术支持机构和来自不同学科的 710名成员。2012 年，中国科学院还转让了 8500 项技术，创造了 3027 亿元人民币的企业收入，产生了 478 亿元的税收。

中国科学院范围遍布全国。目前，中国科学院已经在上海、南京、合肥、长春、沈阳、武汉、广州、成都、昆明、西安、兰州和乌鲁木齐等城市建立了 29 个中心。但中国科学院的总部仍然在北京，它在北京有 41 个研究机构。近几年来，中国科学院鼓励的优先研究领域包括信息技术、光电子、空间科学、能源、材料科学、纳米技术和先进制造、人口卫生与医疗创新、可持续农业农业生物技术、

THE SOURCE
OF INNOVATION
IN CHINA
中国创新模式

Highly
Innovative Systems

生态环保、自然资源与海洋学，等等。在某种程度上，中国科学院作为科技政策咨询机构，将机构、中心和大学的活动联系起来。自 1994 年以来，中国科学院就已经为计划、准则和国家政策提供了咨询意见，并作为行业现代化的许多建议的试点组织，使研究活动与国家的生产模式相结合，促进实验室剥离出来成为企业。此外，中国科学院还是不同学科的专家意见相融合、为技术发展制定战略方针的中心。从这个意义上来说，中国科学院是一个跨学科的论坛，对项目进行监测、产生报告、制定试点方案，并提出了具体的技术开发政策和方案。自 2000 年起，中国科学院加快将技术开发机构转型为商业企业，至少产生 4 万个就业机会。

中国国家自然科学基金委成立于 1986 年，是国务院任命的国家自然科学基金管理机构。在国家自然科学基金指导原则下，负责支持基础研究活动和应用研究，促进科技进步和青年研究者的培养。它还同时担任选择最佳基础研究项目的委员会，为研究项目提供经济上的支持；同时编制和发布年度研究指南。

国家自然科学基金委还与科技部合作，制定中国基础研究政策、方案和原则，特别是在自然科学领域。与其他中国机构一样，它具有与其他组织、机构和外国大学建立关系并签署合作和交流协议的能力和自主权。

中国社会科学院是哲学社会科学领域的最高学术研究机构，是全国综合研究中心。中国社会科学院是另一个重要的创新体系成员，虽然他们的研究确实不直接面向技术发展。其重要性在于两个主要方面：第一，中国社科院从中国经济开放研究的角度，推动经济规划和前瞻性研究；第二，中国社会科学院在历史、文学、考古与哲学领域进行了大量的研究，影响了大中华地区新形象的建设。

中国社科院成立于 1977 年，拥有哲学、语言学、经济学和考古学等领域的 14 个研究中心。后来，新兴的研究中心开始出现，如工业经济研究所、定量与技术经济研究所、农村发展研究所、人口研究所和马克思列宁主义研究所毛泽东思想研究所等。有趣的是，中国社会科学院在开放的过程中，创立了日本研究所、欧洲研究所、美国研究所、亚非研究所和拉美研究所及东欧、俄罗斯和中亚研究所等理解不同文化的机构。中国社科院共有 31 个研究机构和 50 多个研究中心，跨越 130 多个分学科，近 3000 名研究人员。

THE SOURCE
OF INNOVATION
IN CHINA
第 2 章

Highly
Innovative Systems
中国创新的三驾马车：产品创新、流程创新和战略创新

## 大学

中国的大学通过研究中心和专业人力资源培训在国家创新体系中发挥重要作用。大学的重要性首先在于它的广度。根据国家统计局的数据，到 2007 年，共有 5 659 194 名学生进入大学，当年毕业的毕业生 4 477 907 人，共计超过 4500 万学生。在研究方面，当年有 972 539 名注册的硕士学生和 222 508 名博士生。应该指出的是，中国教育体制特别是高等教育经历了全国性的一系列深刻变革，旨在重组现代化大学，以提高大学的素质，提高毕业生的竞争力。

因此，1995 年政府启动了"211"计划，落实"九五"计划，旨在提升高等教育、加快经济进步、促进科技文化的发展，全面加强大学制度能力，促进人力资源开发。通过提高教育质量、促进研究、高效管理和制度化治理，选择 21 世纪的一批大学和重点学科。

1998 年，中央政府启动了"985 项目"，号召中国需要一些世界级的大学。在第一阶段选拔了九所大学，目的是将其转化为中国大学的标杆和参照；2004 年推出第二阶段，大学的数量达到 40 所。值得关注的是，作为这些大学现代化的一部分，研究与开发在世界一流大学的战略眼光中起着关键作用。

因此，由于以下三大贡献，中国的大学正在成为国家创新体系的重要组成部分：一是培养从本科到博士学位的专业人力资源；二是因为在大学中心和实验室进行的科学研究活动与国家研究计划和具体选定领域的战略有关；三是由于技术园区的发展、技术转移和创业活动，可以指导和联系研究与商业和市场的关系。

## 昌平区背景

昌平区位于北京市西北部，在长城以南的军都山下，是首都发展旅游、高等教育和科技的卫星城市。昌平区占地面积约 1343 平方公里，其中 60% 由山区覆盖，40% 为平原，是北京的母亲河温榆河的发源地。同时，还有作为世界文化遗产的明十三陵和居庸关长城。

昌平区交通便利，道路网发达，距离北京市中心和首都机场仅有一个小时的车程。经过的高速公路交通干线京藏、京承、京包、六环高速、101 国道等，轨

THE SOURCE
OF INNOVATION
IN CHINA
中国创新模式
Highly
Innovative Systems

道交通包括京包线、大秦线、地铁 5 线、13 号线、昌平线等。昌平最大的独特之处在于其生态与科技，目前，能源技术和生物医药产业作为昌平区两大"朝阳产业"已在全球范围内积累了影响力。

昌平区是中关村国家创新示范区空间布局调整的重要组成部分。根据《北京市城市总体规划（2004—2020）》，昌平区是首都开发区以北的重要区域，作为城市开发区，也是 11 个新兴城市之一。工业和城市发展为中心成为昌平区越来越重要的职能，昌平区承担起了在北京建设高新技术产业基地、指导旅游服务和高等教育发展等重要任务。因此，昌平区域创新体系建设不仅对于昌平区自身经济发展而言，而且对北京市国家创新中心建设而言，具有深远的意义。

（1）区域创新体系建设是昌平区深化改革，推进产业结构优化升级的重要保证。

（2）区域创新体系建设是培育、提高和保持昌平区竞争优势，抓住北京市经济发展中科技发展战略的高峰的重要手段。

（3）区域创新体系建设是实现昌平区经济跨越式发展的动力。

（4）区域创新体系建设是构建北京市国家创新中心的重要支撑。

### 在昌平区建设合理的创新体系

为构建合理的创新体系，昌平区政府自《北京昌平区国民经济和社会发展第十二个五年规划纲要》发布以来，积极与企业、科研机构进行了沟通，出台相关政策，鼓励企业和研究机构参与区域创新体系建设。

2013 年 2 月，政府出台《昌平区科技创新支撑政策公告》。公告中有几点重要内容：首先，政府为昌平区提供科技创新配套，资金规模每年 8000 万元。为了支持企业和研究机构的研发项目，政府实行了 20% 的实际投资补贴；其次，政府削减审批制度，提高服务效率；再次，政府出台了一系列关于鼓励引进创新人才的宣传，以创造创新的环境；最后，还建立了基于政府–大学–研究合作的高效互动平台，深化了机构互动水平，推进了昌平区特定行业的良性发展，满足了产业发展的需要，提高了科学和技术创新水平。

THE SOURCE
OF INNOVATION
IN CHINA

Highly
Innovative Systems
第 2 章

中国创新的三驾马车：产品创新、流程创新和战略创新

在政府积极推进下，企业逐步参与创新体系建设。2012 年新引进企业达 372 家，注册资金达到 180.5 亿元，分别增长 75.8% 和 95.8%。新引进中国移动终端公司、神华物资总公司和昆仑能源公司等，累计上市企业达 19 家。昌平区六个科技园区吸纳了 107 家创新型企业，大大发挥了科技创新潜力。

同时，随着创新环境的改善，研究机构的潜在优势逐渐突显。专利申请和专利授权在全国十个郊区居第一，而 2012 年还处在全国第五位。专利申请和拨款分别达到 5845 项和 3149 项，比 2011 年增长了 32.1% 和 45%。这表明研究机构在创新体系建设中发挥了重要作用。

虽然昌平区在创新体系建设过程中取得了长足的进步，但为了达到更高的要求，还有很长的路要走。熊彼特曾说过，创新是经济发展的根本现象。因此，区域创新体系的建设在未来将变得越来越重要。

## 结论

建立内生创新体系是中国面临的巨大挑战之一。虽然有强大的国家政策加强中国企业的创新能力，但巩固内生创新体系还有很长的路要走。

由于中国领土的复杂和庞大，要知道国家创新体系的情况，有必要从地方的角度来看待创新。虽然中国是一个具有国家创新政策的单一国家，但政策的具体化取决于地方政府在特定空间内建设或促进创新环境的能力。因此，如果要分析国家创新政策在某些行业的执行趋势，就必须从地方的角度出发。从这个意义上讲，昌平区就是在国家创新政策的支撑下，地方政府支持自主创新体系建设的例子。

那么在很大程度上，《2006—2020 年国家中长期可持续技术发展规划》中关于国家创新体系的设想很可能会取决于具体的地方机构，就像昌平区的例子一样。到目前为止，北京地区正在实施的一种模式是将地方当局的意愿与具体的创新环境相结合，使公司能够获得更多的利润。因此，产生良性循环，吸引更多的公司，使其创新能力有所突破，才能为员工和他们所建立的社区创造更多的利润。

具体来说，昌平区结合国家基金和赠款支持科技活动，符合私营企业的利

THE SOURCE
OF INNOVATION
IN CHINA
中国创新模式

Highly
Innovative Systems

益。可以说，当地政府是企业经济活动与国家科技政策之间的桥梁：首先，政府资助选择能源技术和生物医药等战略行业，是因为在全球范围内具有巨大的需求，而且这两个行业处于知识的前沿；其次，当地政府将人才与商业需求相结合，促进了世界级基础设施存在的创新系统中的各种行为者之间的相互作用；最后，使创新公司能够安心在该区六个科学园区有选择性地进行孵化。

值得注意的是，昌平区创新领域正在发生的一切都是在中长期的良好的公共政策中开始的。公众利用和加强了北京地区的优势。到目前为止，昌平区的数据令人欣慰，表明当地方政府如果能积极、有效地去利用国家创新政策时，就有可能建立与国家创新政策相关的创新环境。如果昌平区的情况是这样，中国不同地区对这些做法进行仿效，那么我们可以认为中国是有可能建立一个内生的中期国家创新体系的。

THE SOURCE
OF INNOVATION
IN CHINA
第 2 章

Highly
Innovative Systems

中国创新的三驾马车：产品创新、流程创新和战略创新

**案例 2-2** 华为公司：通信行业中的一头雄狮

张盈盈、西尔维娅·罗尔夫（Sylvia Rohlfer）

## 简介

华为有限公司（以下简称华为公司）是中国跨国网络和电信设备及服务公司，2012 年被《经济学人》杂志评为超越爱立信公司的世界上最大的电信设备制造商。作为"也许是中国在全球最成功的公司"，华为公司获得了相当多的国际荣誉和奖项。2008 年 12 月，《商业周刊》杂志将华为公司列入"世界最有影响力的公司"榜单，一年后，华为公司创始人任正非被评为 2009 年"中国最有影响力人物"之一。仅仅在一年前，任正非在《中国企业家》[①]杂志评选的 25 位"2008 年度最有影响力的企业领导者"中获得了"终身成就奖"。华为公司的创新能力尤其得到了国际上的尊重。2010 年，《快公司》（*Fast Company*）杂志将华为公司评为世界第五大创新型公司。2012 年，华为公司在全球增长、创新和领导社区获得了 Frost & Sullivan 颁发的"全球优秀电信云解决方案供应商年度奖"，这是全球电信云市场唯一的奖项。两年前，《经济学人》授予华为公司"2010 企业创新奖"；2012 年 5 月，华为公司在 2012 年 LTE 世界峰会上获得"最佳 LTE 商业性能"和"最佳 LTE 核心网元"奖，这是华为公司连续第三年获奖；2012 年 11 月，在BBTM 大会 2012 年度峰会上，华为公司荣获"VGS 最佳使用交通管理改善客户体验奖"；这是华为公司在 2011 年与俄罗斯第二大运营商 MegaFon 一同获得"交通管理最具创新能力服务奖"后，第二次获得此项殊荣。

这些奖项和荣誉表明，华为公司自 1987 年成立以来，已经成为快速发展和不断变化的通信技术行业的知名厂商。事实上，福斯特（Forster）认为，华为公司将成为世界第一大电信制造商。因此，华为公司否定了普遍持有的假设，即中国企业只能是技术的复印机，而不是在技术创新方面的全球领导者之一。华为公

---

① 《中国企业家》杂志是中国最著名的杂志之一，聚焦于中国企业家。更多信息请访问：http://www.iceo.com.cn。

THE SOURCE
OF INNOVATION
IN CHINA
中国创新模式

Highly
Innovative Systems

司在世界市场快速增长和出现的动力是什么？它能继续以目前的速度增长吗？

在这次对华为公司的调研中，我们将探寻导致"惊人的快速"增长和竞争能力的因素——推动创新、组织文化、标准化和所有制结构、创始人任正非、华为公司的国际视野。首先，我们来看看华为公司的卑微出身和目前的经济实力。

### 华为公司的起源和现在的财务实力

1987 年 10 月，43 岁的任正非在中国深圳成立华为公司。1988 年，华为公司成为有限公司，仅有 14 名员工。从那时起，它逐渐成长为一家成功的跨国公司，拥有 15 万名员工，产品和解决方案部署在 140 多个国家，服务于全球三分之一以上的人口。

2012 年，华为公司实现销售收入 353.5 亿美元，同比增长 12.2%，2012 财年净利润 24.7 亿美元，运营业绩稳步增长（见表 2-3）。

表 2-3　　　　　　　华为公司的财务亮点（2008—2012 年）

单位：百万美元

|  | 2008 年 | 2009 年 | 2010 年 | 2011 年 | 2012 年 | 2013 年 |
|---|---|---|---|---|---|---|
| 收入 | 123 080 | 146 607 | 182 548 | 203 929 | 220 198 | 35 353 |
| 营业利润 | 17 076 | 22 241 | 30 676 | 18 582 | 19 957 | 3204 |
| 营业毛利 | 13.9% | 15.2% | 16.8% | 9.1% | 9.1% | 9.1% |
| 净利润 | 7891 | 19 001 | 24 716 | 11 647 | 15 380 | 2469 |

\* 按 2012 年 12 月 21 日的收盘价折算为美元，1.00 美元 =6.2285 元人民币

资料来源：华为公司 2008—2012 年年报。

华为公司在不到三十年的时间内能达到这个水平，这些数字令人印象深刻。这种惊人的增长引发了一个问题："这家相对年轻的中国公司是如何在竞争激烈的信息通信技术领域成为全球电信解决方案供应商？"接下来，我们将重点介绍其创新方面的原因，回顾其发展历程。

THE SOURCE
OF INNOVATION
IN CHINA
第 2 章

Highly
Innovative Systems
中国创新的三驾马车：产品创新、流程创新和战略创新

## 不断创新的发展历程

作为领先的电信解决方案提供商，华为公司主要的增长战略重点是研究和开发。这与以低劳动力成本作为竞争优势基础的其他中国企业典型形象完全相反。华为公司致力于投资研发和创造有竞争力的产品和解决方案，到 2012 年，除中国外，华为公司在德国、瑞典、美国、法国、意大利、俄罗斯和印度等国共设有 16 个研发中心。此外，华为公司还有 20 多个领先电信运营商的联合创新中心。

根据华为公司的规定，华为公司每年至少拿出 10% 的年收入投入到研发中。2012 年，华为公司年度研发费用拨备 48.33 亿美元，占公司年度收入的 13.7%，同比增长 2.1%，并且，在过去十年中，用于研发的费用超过 208.72 亿美元。在其 15 万员工中，有 7 万人从事研发工作，占全球员工总数的 45% 以上。据华为公司 2012 年年报，截至 2012 年 12 月 31 日，华为公司在中国的专利申请量为 41 348 件，在中国境外的申请量为 14 494 件。在这些申请中，最终授予的有 30 240 项专利。

尽管如此，华为公司的创新坚持以客户为中心，而不是基本的技术创新。创始人任正非坚持认为，创新是华为公司增长和生存的关键。然而，由于创新需要以客户和市场为导向，所以简单的产品或效率的提升对于公司来说，比（难度高的）完整创新更为有用。这在当今高透明度和高速度的社会尤其如此。因此，研发人员需要并且应该了解以前的研究，使用它们作为基础来创建创新的工作。为此，华为公司成立了 "2012 实验室"，作为公司的创新、研究和平台技术开发部门。这些行为的重点是不断投资于 ICT 领域的关键技术、架构和标准，致力于为用户创造更好的体验。此外，华为公司坚持与行业、学术界和研究机构的合作伙伴进行密切合作。华为公司与领先运营商共建立了 28 个联合创新中心，将最新技术转化为客户的竞争优势和业务成功。

20 世纪 90 年代后期，在中国市场建立品牌后，任正非认为，他的第二个挑战是将华为公司与世界级西方跨国公司的研发对标，并和中国其他企业进行战略合作。具体来说，他的目标是在 10 年之内与国际标准达成一致，这在华为公司国际发展愿景的讲话中可以看出。他预见，他需要三年才能赶上运营和管理，五年时间赶上营销，十年时间赶上研究与技术（见图 2-1）。

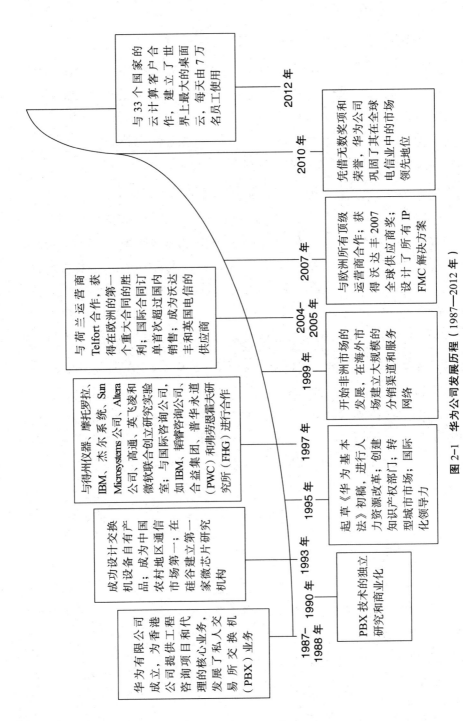

图 2-1　华为公司发展历程（1987—2012 年）

资料来源：Own elaboration based on Cheng and Liu（2007），www.huawei.com，and Huawei Annual Reports.

THE SOURCE
OF INNOVATION
IN CHINA
第 2 章

Highly
Innovative Systems
中国创新的三驾马车：产品创新、流程创新和战略创新

截至 2012 年，华为公司服务于全球 50 强电信运营商中的 45 家，以及全球人口的三分之一。它在电信网络、全球服务和设备方面建立了端到端的优势，在线路、无线和 IP 技术方面具有综合优势，并在全 IP 融合时代和云计算领域处于领先地位。维持低成本对于能够提供便宜的价格和合理的利润是很重要的，华为公司在保持这种快速增长方面的竞争优势在于其强大的创新能力，加上对客户需求的强烈关注。

## 华为公司的企业文化

华为公司令人印象深刻的增长路径与强大的企业文化息息相关。事实上，评论家倾向于将华为公司的管理文化和战略与军队进行比较，并将其营销体系描述为"现代军队"的战争机器。但事后看来，华为公司文化发展至少可以分为两个阶段："狼"性时代与全球力量时代。

### "狼文化"时代

多年来，在初期市场扩张之后，华为公司内部和中国主流媒体经常使用"狼文化"来描述华为公司在与强大的跨国公司和国际合资企业的竞争中征服市场的方式。狼过的是集体生活，通常一群狼分成七组，分别承担狼群繁荣发展的一部分责任。因此，狼的理解和协作是成功的决定性因素，它们总是通过集体力量实现自己的目标。狼非常耐心，不会因为其他事情忽略它们的目标；狼十分高效，因为它们具有敏锐的观察力、目标具体、默契、好奇心、耐心、对细节的关注和毅力。实施"狼文化"使公司更加敏锐地了解市场趋势和机遇，加强了团队合作的作用，增强了华为公司的竞争力和克服困难的最终能力。

"狼文化"由《IT 经理世界》提出，《IT 经理世界》是一家介绍中国本土公司经营方式的中国杂志。《IT 经理世界》将"狼文化"与"狮文化"（西方跨国公司）和"豹文化"（中西合资企业）进行了比较。在中国经济发展时期，本土中国企业与西方跨国公司和合资企业在当地市场上竞争并没有什么优势，这种情况可能与狼和狮子或豹子在丛林中的战斗类似：在竞争激烈的竞争中，狮子和豹子可能会受到狼的威胁，尽管狮和豹在身体上可能比较强壮。

THE SOURCE
OF INNOVATION
IN CHINA
中国创新模式

Highly
Innovative Systems

任正非指出，一群狼拥有强大的生存能力，渴望胜利，主动奉献，时刻把它们的目标放在心中，它们可以不惜任何代价，用任何手段，全力以赴以集体的方式进行全面攻击，直到狮子和豹子疲惫不堪。因此，华为公司首席执行官以"狼文化"来形容华为公司的行为指导方针，逐渐被大家熟知。

### 文化变革：成为全球竞争者

但是，任正非几乎没有系统地谈到"狼文化"，华为公司高级顾问、中国人民大学教授吴春波评价说："任正非不怎么提'狼文化'；事实上，华为公司有些反对'狼文化'的理论。"

有学者认为，华为公司不仅涉及"狼文化"，还涉及对战斗精神和攻击方法的学习。即便可以将华为公司销售业务和国际扩张方式形容为"狼文化"，但是以"狼文化"一词难以概括出华为公司的企业文化。随着华为公司逐渐成为全球性跨国公司，华为公司的演变可能会使公司更接近狮文化。华为公司需要将自己变成一头狮子———个全球竞争者。因此，华为公司内部已经努力将自己的"狼"风格改造成为创新型全球竞争者的形象，以符合其愿景和全球市场领导者的地位。

事实上，"狼文化"这种带有中国特色的术语受到了西方评论家的欢迎，因为华为公司保持战略不公开，其中很多行为在西方眼里难以理解。华为公司的前高级出口经理指出，华为公司战略中最重要的一个策略可能就是缺乏战略和营销的具体模式，这使得对华为公司战略的分析十分困难。华为公司的市场策略虽然没有明显的模式，但华为人都坚信，形成经验、构成公司的最重要因素是华为公司无与伦比的精神和文化韧性：

资源是会枯竭的，唯有文化才会生生不息。一切工业产品都是人类智慧创造的。华为公司没有可以依存的自然资源，唯有在人的头脑中挖掘出大油田、大森林、大煤矿……精神是可以转化为物质的，物质文明有利于巩固精神文明。我们坚持以精神文明促进物质文明的方针。这里的文化，不仅包含了知识、技术、管理、情操……也包含了一切促进生产力发展的无形因素。

换句话说，"狼文化"可能促进了华为公司早期的发展和成功，而随后的全

THE SOURCE
OF INNOVATION
IN CHINA
第 2 章

Highly
Innovative Systems
中国创新的三驾马车：产品创新、流程创新和战略创新

球化发展应该更多地归功于其核心价值体系、程序和系统的标准化、所有权和治理结构以及强大的领导力、明确的价值观和以开放心态学习的个性。

### 华为公司核心价值体系：《华为基本法》

公司成立 10 年后，任正非充分意识到他和华为公司经历的创业阶段即将结束，需要重新制定战略。他觉得公司需要进行重新定位。这种模糊的想法被传达给 CEO 办公室，并进一步发展。《华为基本法》最终草案共 103 条，于 1997 年 3 月 27 日完成，经过三年八次草案，由吴春波教授和中国人民大学同仁共同参与编纂完成。

如今，华为公司基于《华为基本法》建立了系统性的应用价值体系。《华为基本法》中阐述了管理和文化的精髓，总结了所有员工和管理者需要遵守的核心价值观。在起草过程中，有关学者认识到，华为公司应当摆脱由于经济增长而引起的混乱状态。为此，必须澄清三个问题：一是，为什么华为公司会取得成功？二是，维持华为公司成功的因素有哪些？三是，华为公司在未来取得更大的成功需要什么因素？

这三个问题即"我是谁""我在哪里""我要去哪里"，成为起草《华为基本法》的线索。整个起草过程显然是一个漫长的过程，吴教授说道：

> 我们不能在最重要的事情上失败。这三年的起草是一个灌输身份和信念认同的过程。过去三年来，经过不懈的努力，每一位工作人员都彻底地咀嚼和赞同这个基本法。如果在三个月内就把这个东西做出来了，恐怕结果就会不一样。

《华为基本法》草案的大部分条款都是以"我们想"开始的，通过以生存为目标来影响市场策略。关于竞争的一些例子包括："100∶1 的人潮战术""不惜成本 / 不敢花钱的经理不是好经理""震惊客户拿到合同""价格战——杀死对手"以及"狭路相逢勇者胜"这些不仅仅是口号，而且为华为公司的持续发展提供了日常行为、决策和战略决策的指导。

THE SOURCE
OF INNOVATION
IN CHINA
中国创新模式

Highly
Innovative Systems

《华为基本法》被认为是中国民营企业文化发展的里程碑。尽管华为公司以其强大的组织文化而闻名于世，但是任正非发现管理者和员工之间的共识并不一定符合他的想法。《华为基本法》有助于整合企业文化。高层管理人员、管理团队和员工之间就如何思考和做事达成了价值取向的一致性。

组织文化是组织的核心部分，在《华为基本法》确立的继任原则中也显而易见。华为公司的快速增长不仅为公司的管理人员和员工提供了一次学习机会，也为他们与公司一起发展创造了机会。《华为基本法》第102条规定，华为公司的接班人是在集体奋斗中从员工和各级干部中自然产生的领袖。即使这样的规定使得继任过程看上去比较机械，它也传达了领导人必须来自华为公司自身的信息，因此从文化上与公司是良好联结的。因此，潜在候选人必须与现任领导人任正非在工作上有过重叠，形成一种集体管理。

此外需要注意的是，以客户为中心不仅是华为公司的关键品牌属性之一，以客户为中心的策略在其与世界各地的运营商形成长期合作伙伴的关系上是非常重要的：

我们坚定不移地关注客户，与他们合作，并实现自己的目标和需求。我们依靠深刻的客户见解和持续的反馈来指导我们的优先事项，并影响我们的工作方式。

通过品牌承诺"构建更美好的全联接世界"，华为公司将核心价值观根植于企业的各个环节和内部驱动力，为客户提供有效的服务："顾客至上、奉献精神、持续改进、开放、主动、诚信、团队协作。"

### 程序和系统的标准化

1996年，华为公司认识到需要吸收其他跨国公司的管理制度，即纳入西方管理风格和方法。为了在"狼时代"期间在中国市场上取得成功，集中力量打击跨国公司，《华为基本法》有助于在现阶段统一企业的价值观。这是建立西方管理风格和方法所需的共同基础，对于国际增长战略的成功至关重要。

THE SOURCE
OF INNOVATION
IN CHINA
Highly
Innovative Systems
第 2 章
中国创新的三驾马车：产品创新、流程创新和战略创新

此后，华为公司不断将西方管理经验带入其管理、架构和体系。例如，1998年实施了 IBM 公司综合物流管理，2004 年实施了集中化结构模式。另一个重要变化是采用人力资源管理系统，该系统是与全球受尊重的人力资源公司 HAYES 集团从 1997 年开始合作开发的，它包括工作设计、奖励制度、评估、绩效管理、员工资格以及选择和保留人才做法的基本模型。这些重组工作意味着该组织基于流程，而不是以前的功能结构进行运作。同时，也使得国际化的营销体系能够适应国际市场上的客户需求，对当地客户有利。

在与 IBM 公司的合作中，华为公司建立了整合式研发流程。为避免传统文化对西部管理体系的顺利实施的阻碍，任正非推动了"先僵化，后优化，再固化"的口号。虽然将西化体系融入华为公司传统企业文化并不容易，这种整合式开发体系对华为公司研发创新竞争力的提升有很大贡献。

## 华为公司的所有权

另一个较为知名的重要的组织方面是华为公司的所有权结构。多年来，华为公司一直是自身员工所拥有的一家私营公司，但华为公司的团队对于为什么公司尚未上市一事闪烁其词。华为公司首席财务官、任正非的女儿孟晚舟最近才透露，她的父亲任正非拥有该公司 1.4% 的股份，其余股份由 75 000 名员工分享（wearehuawei.com/the-myths/）。

根据华为公司的人力资源政策，华为公司的永久员工都有权拥有公司股份，具体取决于他们的工作绩效、职务、能力以及未来的发展潜力。这种所有权模式在激励员工的积极行为、平衡管理者和员工之间的利益、缓解短期利润与长期竞争力之间的冲突方面发挥关键作用。据孟晚舟所说，华为公司今天的成功应该归功于"员工所有"模式，因为它将员工的个人利益与公司的长期前景相结合。她驳斥了评论员的怀疑，即认为"员工所有"是一种非法筹款活动，是对员工的刺激。

但是，如何将这种参与分配到不同级别的管理人员和员工中呢？华为公司不是上市公司，因此不需要披露准确的所有权信息。

THE SOURCE
OF INNOVATION
IN CHINA
中国创新模式

Highly
Innovative Systems

### 任正非：对组织的领导和影响

作为华为公司的创始人，任正非不但影响了华为公司，还影响了中国商人和世界通信行业。

任正非是出了名的不喜欢媒体，几乎不与中国或国际媒体进行合作。虽然他在公开场合通常不怎么被提及，尽管拥有无数荣誉，但他仍保持谦虚的心态，并为其他人提出建议：

> 不要把外界和媒体说的事情太当真，继续努力就好。我和你一样，不会让那些东西压倒我。我也和你一样，我会活泼、轻松，但也有不好的回忆，并为公司的未来而努力。

作为首席执行官和一名真正的领导者，任正非是这样评价自己的：

> 我基本上是一个技术、管理和财务都只懂一半的人，一直在学习和练习。因此，只有通过适度团结一群人，我们才能通过集体管理来推动公司的发展。我是一个普通人，如果我真的有任何影响，那就只限于华为公司。

任正非的演讲发表在几乎每一个版本的华为公司通讯《华为人》上。在他的演讲中，他专注于对公司来说具有重要战略意义的话题，如对于员工的愿景、激励或员工需要关注的问题。他最著名的文章之一——《华为的冬天》，被许多中国ICT产业内外的CEO推荐。在其他场合中，任正非曾经反复提出，当华为公司还是一家小公司时，个人"英雄"可以创造历史。然而，随着时间的推移，华为公司已经变成了一家规模可观的专业公司。在这个过程中，组织选择淡化英雄的角色，尤其是领导者和创始企业家的角色。任正非认为，大公司是建立在专业化、系统化的基础之上，关注操作效率和降低管理成本。

任正非最近一次在国际上露面时，没有透露退休的计划，但华为公司一直在尝试首席执行官的轮换，在这期间，几位高管每六个月进行轮换，轮流做CEO。此外，任正非还谈到了下一步该做什么："我的人生愿望是开一家咖啡店，或是开一家餐馆，然后拥有自己的农场。"

THE SOURCE
OF INNOVATION
IN CHINA
第 2 章

Highly
Innovative Systems

中国创新的三驾马车：产品创新、流程创新和战略创新

不过，他的影响力也不是没有遭受过批评。《泰晤士报》在其 2013 年 "最有影响力人士" 排名中将他描述为 "世界上最具争议性的商人"，提到美国曾经采取行动，阻止其他美国公司购买华为公司设备。据任正非的诋毁者说，他是一个潜在的致命的安全威胁，其设备可以由中国的军事和情报部门操纵，破坏通信、窃取秘密。华为公司在 2013 年 5 月的新闻稿中已经否认了这一点，尽管评论人士坚持认为，任正非的秘密人士以不透明的方式管理华为公司，并很少出现在公众场合，没有给任正非带来很大帮助。

### 在世界舞台上运营，提供最好的本地产品

当华为公司掌握 "全球化" 品牌属性时，任正非告诉他的团队要有开放的勇气，与西方人积极竞争，并在竞争中学管理。据他介绍，只有通过瞄准世界上最好的人才能够生存下去，只有不断地管理改革流程才能赶上行业领导者。而且，任正非经常会提醒到，华为公司的管理层太年轻了，而且在轻松的时间里经历了加速增长，这意味着华为公司及其管理层在风险意识和危机管理等领域薄弱。因此，任正非强调危机意识的重要性。面对成功与荣誉，任正非能够做到：

只有三分钟快乐。十年中，我一直每天在考虑可能的失败，对成功和荣誉视而不见。我没有任何荣誉感或自豪感，而是危机感。

在他的领导下，华为公司正在抓住机遇和市场优势，增加市场份额，投资巩固和扩大华为公司创新的差异。否则，鉴于 ICT 行业的激烈竞争，这种暂时性的竞争优势可能会立即消失。另外，如果在短时间内没有建成强大的国际团队，华为公司可能会在中国市场达到成熟饱和的阶段后失败，任正非这样警告说：

即使今天的华为技术是世界上最好的，但在华为的国际化进程初期并非如此。国际客户并不信任华为的高科技产品，华为甚至没有机会进入供应商名单。虽然在国际市场上几乎没有任何销售，但华为不断投资于这些市场。虽然处在困难时期，但华为根据《华为基本法》的规定，不断投入 10% 以上的销售收入进行研发。

THE SOURCE
OF INNOVATION
IN CHINA
中国创新模式

Highly
Innovative Systems

此外，华为公司的国际成功部分取决于其强大的客户关系。华为公司被描述为拥有"一流的营销水平、二流的服务和三流的产品"。当华为公司在国际技术标准方面不具有竞争力时，这个弱点常常被华为公司对于细节和客户需求的高度关注所抵消，而华为公司通过引入不同的利益相关者来应对此需求。这种营销实力帮助华为公司管理团队不断利用市场机遇，有助于积累重要的金融资本，投入更多的资金进行研发，以改善自身的产品、技术的质量和性价比，这个良性循环成为华为公司持续改进的催化剂。

## 结语

华为公司建立了卓越的市场地位，证明中国可以在最前沿的行业与西方竞争。与其他大多数中国企业不同，华为公司在没有公共资助或政府参与的情况下，仍将继续成为一家私营公司。它的成长路径是中国本土公司卓越的榜样，尽管这不够典型，因为大多数中国企业在本国以外的地区未能发展成为真正的全球竞争者。毫无疑问，任正非对于华为公司的领导是华为公司企业文化发展、将其愿景和使命传达到华为公司的企业战略和可持续发展的关键之一，整个过程伴随着其对创新和客户导向的坚定信念。

华为公司还有很多问题要以自己的方式去分析与解决。即使其生产和研究成本与其他跨国竞争对手达到同等水平，华为公司取得下一步成功的关键还有哪些特点呢？在强大的中国总部和具体的组织文化的指导下，它们如何保持客户关系管理？即使华为公司达到顶尖的市场地位，企业文化的持续学习仍将持续下去，那么与任正非领导华为公司的方式相比，下一代管理团队的表现如何？华为公司该如何通过不断的文化再造，维持其全球化的地位？

THE SOURCE
OF INNOVATION
IN CHINA
第 2 章

Highly
Innovative Systems
中国创新的三驾马车：产品创新、流程创新和战略创新

| 案例 2-3 | 海底捞：创新商业模式之加强企业价值观建设 |

武亚军、唱小溪

## 介绍

海底捞是中国一家著名的火锅直营连锁品牌，1994 年成立于四川省简阳市，目前在全国主要城市如北京、上海、西安和郑州等地拥有超过 60 多家餐厅。在 2010 年，其营业额接近 10 亿人民币。海底捞的创始人和现任总裁确立了海底捞在传统服务领域采取的服务差异化战略，使标准化和简便服务成为惯例。公司始终秉承"服务至上、顾客至上"的理念，以创新为核心，改变传统的标准化、单一化的服务，提倡个性化的特色服务，将用心服务作为基本经营理念，致力于为顾客提供"贴心、温心和舒心"的服务；在管理上，倡导双手改变命运的价值观，为员工创建公平、公正的工作环境，实施人性化和亲情化的管理模式，提升员工价值。

## 服务创造价值

海底捞虽然是一家火锅店，它最突出的特色却不是餐饮，而是服务。如果是在吃饭时间，几乎每家海底捞都是一样的情形：等位区里人声鼎沸，等待的人数几乎与就餐的相同。等待，原本是一个痛苦的过程，海底捞却把这变成了一种愉悦：手持号码等待就餐的顾客一边观望屏幕上打出的座位信息，一边接过免费的水果、饮料和零食；如果是一大帮朋友在等待，服务员还会主动送上扑克牌、跳棋之类的桌面游戏供大家打发时间；或者趁等位的时间到餐厅上网区浏览网页；还可以来个免费的美甲、擦皮鞋。待客人坐定点餐的时候，围裙、热毛巾已经一一奉送到眼前了。服务员还会细心地为长发的女士递上皮筋和发夹，以免头发垂落到食物里；戴眼镜的客人则会得到擦镜布，以免热气模糊镜片；服务员看到你把手机放在台面上，会不声不响地拿来小塑料袋装好，以防油腻……顾客在就餐过程中也会享受到细心的服务。如果你点的菜太多，服务员会善意地提醒你已经够吃；随行的人数较少，他们还会建议你点半份。餐后，服务员马上送上口香糖，一路上所有服务员都会向你微笑道别……这就是海底捞的粉丝们所享受的

THE SOURCE
OF INNOVATION
IN CHINA
中国创新模式

Highly
Innovative Systems

"花便宜的钱买到星级服务"的全过程。对于粉丝们来说，这样贴身又贴心的"超级服务"会让他们流连忘返，一次又一次不自觉地走进这家餐厅。

## 标准化配送中心

海底捞的后台生产则按照标准化和科学管理来组织。海底捞在北京、上海、西安和郑州建成四个集中的配送中心，为各地的门店服务。每个配送中心都有一整套现代化的清洗、加工、检验、冷藏或冷冻设备，通过标准化的生产链条，每天向附近城区的分店输送菜品。为这些配送中心提供规划、建设、管理咨询服务的是麦当劳全球物流合作伙伴美国夏晖公司。

为了尽可能降低库存，配送中心每天的原料进货量及生产量，经过各个门店报送需求后，由计划部经过严格的数据分析后确定并下达采购及生产任务。配送中心的投资和日常运营费用都不菲，但专业化的后台加工配送保证了各个门店菜品的标准化的品质和数量，并把门店后厨的工作量降到最低，保证能以最快的速度上菜。同时，门店的后厨面积也得以被压缩到最小，赢得了最大的产生营业额的摆台面积。

除了配送中心，海底捞在门店也配置了各种现代化设备，最大程度地减少员工的工作量。火锅的底料是通过机器来盛装的，员工只要按一下按钮就行；客人要加菜，服务员只要在餐厅的触摸屏上操作一下，订单就下到后厨了。所有这些做法，目的只有一个，使员工能有更多的精力让客户满意。

最终的秘密在于翻台率。在餐饮业的成本结构里，直接的食物成本往往不占大头，房租、水电气、工资等固定费用才是大头，在人员和租用面积都固定的门店里，服务员的优质服务带来的超额翻台率就意味着利润。同时，满意的员工会积极主动地工作和节约，将在许多餐饮企业里很头痛的浪费和损耗等隐性成本降到最低。

将成本尽量后移，实现规模化管理和效益；将生产与服务剥离，分别实现标准化和人性化管理，从而有可能达到各自的最优。

THE SOURCE
OF INNOVATION
IN CHINA
第 2 章

Highly
Innovative Systems
中国创新的三驾马车：产品创新、流程创新和战略创新

## 人力资源管理

海底捞的员工基本来自农村，具有大学毕业生文凭以上学历的人才不多。公司很少从社会招聘，大部分是现有员工介绍来的亲戚朋友。海底捞为员工租住的房子全部是正式住宅小区的两居室或三居室，且都会配备空调；规定从小区步行到工作地点不能超过 20 分钟；还有专人负责保洁、为员工拆洗床单；公寓还配备了上网用的电脑；如果夫妻都是海底捞的员工，则考虑给单独房间……因此，员工的住宿费用往往比其他餐饮企业高出不少。

为了激励员工的工作积极性，公司每个月会给大堂经理及店长以上管理人员、优秀员工的父母寄几百元钱赡养费，他们因此也会一再叮嘱自己的孩子在海底捞好好干。此外，公司出资千万在四川省简阳市建了一所寄宿学校，让员工的孩子免费上学。公司还设立了专项基金，每年会拨 100 万用于治疗员工和直系亲属的重大疾病。虽然这样的福利和员工激励制度让海底捞的利润率缩水，但领导人觉得这些钱花得值当。

加入海底捞的员工流动率在头三个月以内会比较高。三个月到一年之间有所降低，等过了一年就比较稳定，能做到店经理就非常稳定了。海底捞员工的薪酬水平在行业内属于中端偏上，但因有很完善的晋升机制，层层提拔，这才是最吸引他们的。绝大多数管理人员包括店长、经理都是从内部提拔上来的。从一线员工到管理层，海底捞在内部设立了非常多的岗位层级，其待遇和薪酬也会有所差异。

海底捞员工的入职培训很简单，只有 3 天。主要讲一些基本的生活常识和火锅服务常识。真正的培训是在进入门店之后的实习中，每个新员工都会有一个师傅传帮带。"新员工要达到海底捞优秀员工的水平，一般需要两到三个月的时间。"高管袁华强解释。体会海底捞的价值观和人性化的服务理念，学会处理不同问题的方法，比起那些固定的服务动作规范困难多了。

为了保证这种价值观和氛围不被稀释，培养后续储备干部是海底捞对中高层管理人员的一个重要考核指标。海底捞现在包括袁华强在内的 7 人核心管理团队，都是跟了创始人张勇近 10 年的人。这也使得海底捞的扩张根本不可能快。现在新

THE SOURCE
OF INNOVATION
IN CHINA
中国创新模式

Highly
Innovative Systems

开店的核心人员，至少要在老店里有三五年的经验。而一般的服务员工，也会保证有 80% 是从老店里调来的。

在海底捞，与业内通行的以营业额和利润来考核店长不同，顾客满意度与员工满意度这两项指标基本决定了海底捞对一个店长的评价，即使这两项指标没有量化的标准，而主要是由上级管理人员判断。另外，公司还经常会请一些神秘顾客去店里实地体验来评估顾客满意度。

### 信任与平等

作为公司的创始人，张勇在极力推行一种信任平等的价值观。比如，海底捞一些门店发现酒水的管理不够完善，晚上盘点时发现时多时少。有人提议应该加大对相关员工的惩罚力度。高管觉得这事可能是客人要酒，服务员太忙，忘了；后来客人再要的时候，服务员为了避免客人不满，就来不及在系统里下单，直接从吧台提酒了。如果不问原因，一律加大惩罚力度，那么对员工来说，很简单，为了不被惩罚，就照章办事，让客人等着呗。"不要因为这点小事情把员工的积极性给挫伤了，一个服务员的积极性比一瓶五粮液值钱多了！"高管层相信这种事大多是员工偶然疏忽造成的。最后确定的处理办法还是具体事情要具体分析处理。基于一切以为客户服务为重和对员工的信任，海底捞给一线服务员的授权很大，包括可以为客户免单的权力。每个员工都有一张卡，员工在店里的所有服务行为，都需要刷卡，记录在案。这种信任，一旦发现被滥用，则不会再有第二次机会。

鼓励每位基层员工参与创新，是海底捞信任平等的价值观里的重要组成部分。公司总经理办公会为此专门下了文件，员工提出的每项创新建议都会有专门的记录和片区经理的意见及总经理评价。因为这项工作，诞生了诸如"鱼滑""虾滑"等专门的制作模具，这些已被公司广泛推广。此外，对于创新，公司有专门的经济奖励，鼓励每一位员工进行创新。

### "双手改变命运"

"双手改变命运"是海底捞的一个核心价值观。在创业初期，创始人张勇发现，餐饮是一个完全竞争的行业，消费者体验至关重要，而顾客满意度是由员工

THE SOURCE
OF INNOVATION
IN CHINA
第 2 章

Highly
Innovative Systems

中国创新的三驾马车：产品创新、流程创新和战略创新

来保证和实现的；海底捞的员工大多数人来自农村、学历也不高，但他们一样渴望得到一份有前途的工作，希望和城市居民一样舒适体面地生活，他们愿意为追逐梦想而努力，用双手改变命运。因此，在四川小县城出身、具有平等意识和自认为"比较善"的创始人张勇，在海底捞确立了"双手改变命运"的核心理念，他想传达的是，只要遵循勤奋、敬业、诚信的信条，员工的双手是可以改变一些东西的。在创始人张勇看来，通过海底捞这个平台，是能够帮助他们去实现这个梦想的。只要个人肯努力，学历、背景都不是问题，他们身边榜样的今天，就是他们的明天。因此，只要海底捞的员工接受这个理念，并且有良好的待遇，同时也能体会到信任和平等，就会认可企业，就会发自内心地对顾客付出。

事实上，海底捞核心价值观的确立有一系列的制度体系来配套和支持。比如，海底捞一般不从外部聘请管理人员，并不是说外面的管理人员不好，而是从外面聘人，把好的职位都留给外面的人，说的和做的就不一样了。因此，海底捞员工的职业发展路径是从基层一级一级往上走，这便成为公司人力资源管理的基本政策。

在海底捞的公司目标里，"将海底捞开向全国"只排到第 3 位，而"创造一个公平、公正的工作环境""致力于双手改变命运的价值观在海底捞变成现实"则排在前两位。海底捞已经婉拒过几家著名的想要投资的风投，创始人张勇对此的解释是：扩张得太快，海底捞就不是海底捞了。对一家公司而言，这显然已不再是纯粹的商业目标，而将其对员工和社会的责任甚至理想放在了更高的位置。随着新开店面不断增加，如何保障根本的理念能够始终如一、不打折扣地坚持下去，恐怕是海底捞在成长过程中的最大变数。

Highly
Innovative
Systems

第 3 章 中国文化价值观是促进
还是阻碍创新

THE SOURCE
OF INNOVATION
IN CHINA
第 3 章

Highly
Innovative Systems
中国文化价值观是促进还是阻碍创新

第 2 章中，我们指出了中国创新的一些清晰事实，从发明专利注册和组织中的产品、流程、效率创新这两大方面来看中国的创新。我们在第 1 章指出"中国也会进行创新"后，读者也许会问，这究竟是一种普遍现象还是一个特例呢？因为有可能创新只有少数的优秀中国企业在进行，例如，可能只有在第 1 章中提及的中兴和华为公司两家企业在创新，毕竟在专利注册前 20 名的企业中，偏偏只列举了这两家企业。就算我们继续列举中国企业 500 强中其他企业创新的例子，还是会有人质疑其他企业的情况，因为中国的市场和人口数量实在太大。

这种怀疑的声音尤其强烈，因为自 20 世纪以来，中国就获得了"世界工厂"的称号，擅长模仿，不擅长创新。中国文化通常也被认为是不鼓励创新行为的，而且会阻碍创新。有学者甚至从七个不同角度分析了中国人不擅长创新的原因。如果有人问，与西方人相比，中国人和亚洲人是否更加具有创造性，多数人肯定会说，中国人和亚洲人不如西方人有创造性，甚至连中国人或者亚洲人自己都这样认为。而在比较中国人与印度人的创造力孰高孰低时，就如第 1 章开头中李光耀被问到的问题一样，更多人会认为印度人更具有创造性，甚至是中国人自己都会有这样的答案。

这种基本观念在一定程度上是由一些畅销书所提出或者得到加强的，如新加坡学者黄奕光（Ng Aik Kwang）所著的《为什么亚洲人不像西方人那么有创造力》（*Why Asians are Less Creative than Westerners*）。虽然黄奕光认为，

THE SOURCE
OF INNOVATION
IN CHINA
中国创新模式

Highly
Innovative Systems

只要在正确的环境中，亚洲人也可以与西方人一样有创造力，但是这本书的基本观点是，由于亚洲的文化背景，亚洲人不如西方人有创造力。这种文化背景具体指的是压抑创新行为的儒家思想遗留；相反地，自由的个人主义思想文化则会促进西方人的创新。因此，作为儒家思想起源地的中国，自然就符合缺乏创新潜力的论调了。

这种将中国文化和创新相联系的论调看似合理，但是从许多方面来讲，它的内部结构都是值得怀疑的。一方面，如果儒家文化传统不能促进创新，而创新又是商业和经济发展的关键所在，那么中国为什么可以在儒家文化主导的很长一段历史时间内都保持经济繁荣呢？为什么一些当代历史学者如霍夫斯泰德（Hofstede）和邦德（Bond）又会认为，儒家文化根基对"亚洲四小龙"的经济发展具有推动作用呢？

另一方面，一些人质疑是否采用了正确的方法来衡量文化。文化是一个十分复杂的概念，包含多个层级和维度。有学者认为，文化和文化研究应该随着时间的发展而演变。因此，在文化研究中，应该强调文化的动态视角。

在研究创新与文化时的这种演变视角，与那些拒绝采用文化因素将中西方创造力差异一概而论的要求不谋而合。此外，这些与创造力有关的跨文化差异"不应当被一般地、简单地、不加反思地看待"。从动态角度来看，文化会发生演变，而群体会通过学习，适应正在演变的文化。

因此，在当下日新月异、复杂的全球商业环境中，认为传统中国文化会阻碍中国人创新之路的这种简单思想，在现在的创新氛围中是不准确的。我们必须要采取一种新的方法，探索在转型的中国经济之中创新与文化的关系。本章就是为这个目的展开论述的，以便呈现出在创新过程中的动态文化视角。首先，我们将理清文化与创新的概念，以及中国文化的演变与创新过程。然

70

THE SOURCE
OF INNOVATION
IN CHINA
第 3 章

Highly
Innovative Systems
中国文化价值观是促进还是阻碍创新

后，我们会通过例证，就中国文化究竟是阻碍还是促进创新进行具体论述。

## 文化与创新

在西方管理理论中，跨义化管理领域正在兴起和成长，尤其是对于跨文化管理在国际商务中的应用。"文化"一词在不同的学科具有不同的定义，学术界也存在大量运用不同方法和视角对文化进行的定义。学者们没有一个统一的定义，并且想要在文化定义上达成一个共识，是一件很困难的事情。文化研究在过去几十年有了较大发展，帮助人们更好地理解人的行为和社会现象。但是，理解文化本身并非易事，因为"文化利用并改变生活，实现更高秩序的综合"。因此，文化研究中所包含的复杂性也就不足为奇了。

我们以克罗伯（Kroeber）和克拉克茨（Kluckhohn）的拓展性研究为例，来说明文化定义的差异，这两位学者在对文化的概念进行综述时，整理了数百条定义。为了阐明这个概念，他们将其分为不同的类别：记述性定义——"列举内容"；历史性定义——"社会遗产或传统"；规范性定义——"规则或方式"；心理性定义——"文化作为一种解决问题的手段"；结构性定义——"文化的模式或组织"；起源性定义——"文化作为一个产品和器物"。

尽管有学者做了诸多努力，文化仍然是管理研究的一个复杂问题，因为它具有不同的水平和层次。不过，一般都认可文化是一个整体的、柔性的、社会构建的、难以改变的、历史决定的、与人类学相关的概念。在这个复杂的概念当中，与目前管理和组织研究最相关的，是在国家和组织层面的文化。自从文化被纳入组织研究领域以来，组织层面的文化就很自然地被认为具有相关性，但是国家层面的文化是被霍夫斯泰德的标志性作品所提出和推动的。在跨文化研究的不同层级中，国家层面的文化差异被认为是"最显著的"。

THE SOURCE
OF INNOVATION
IN CHINA
中国创新模式

Highly
Innovative Systems

在国家文化和组织文化的关系方面，文化研究从普遍性的方法演变为相对性的，再演变为复杂的（如图 3-1 所示）。例如，有学者区分了国际商务中文化的动态视角和静态视角，并在国际比较中将商业文化和一般社会文化做了区分；并撰写了关于组织文化适应的文章，使企业学习如何在一个文化距离远的国家做生意。其早期文章也表明，一般社会文化相似的群体，也可能在企业管理上产生巨大差异。

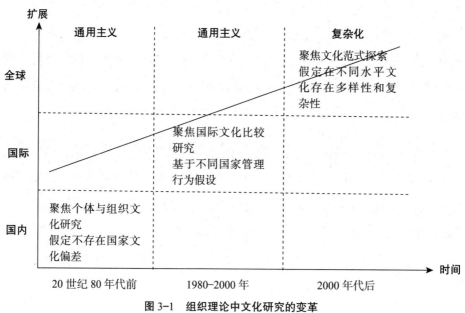

图 3-1　组织理论中文化研究的变革

一般社会文化和企业文化的差异与组织学者的商业研究是相关的。这种分类与组织文化和国家文化的分类不同，因为后者是一种依据水平和维度的分类。国家文化和组织文化经常是相互作用的关系；一般社会文化与企业文化经常是同时出现的，虽然两者不一定完全分离。虽然一般社会文化与企业文化之间也有相互作用，但是从一般社会文化与企业文化角度来探讨文化现象更加可控和容易辨识。

THE SOURCE
OF INNOVATION
IN CHINA
第 3 章

Highly
Innovative Systems
中国文化价值观是促进还是阻碍创新

组织研究经常被认为是组织情境下的人和群体共享的价值观和规范的集合，也控制着他们与其他人，还有组织外的利益相关者相处的方式。这与霍夫斯泰德对文化的定义有异曲同工之妙："使一个群体与其他群体相区别开的集体思维方式……影响一群人对环境反应方式的普遍特征的交互集合。"在这个一般性的定义中，如果人们在一个群体里的存在和表现方式与其他群体有明显不同，那这些人就是来自不同文化的人。与霍夫斯泰德的定义相似，文化也被定义为一系列共同的内心假设，通过界定不同情况下的正确行为，引导组织中的理解和行动。

文化研究和定义的复杂性会产生无穷无尽的讨论，许多学者对创新理论的发展都做出了重要贡献。我们在第 2 章中做过部分总结，关于创新有不同的分类方式。熊彼特认为，创新是某种新事物在商业或产业中的应用——可以是新的产品、流程、生产方法；新的市场或供应源，商业或金融组织的新形式。创新是组织对于新想法或新行为的创造或接受，是对外部环境变化的反应，以影响或重塑环境。组织创新有利于适应外部环境和内部环境的变化，因此能够增加组织的收入，进而促进企业整体财务业绩的增长。所以，组织应该战略性地增强自身在产品、流程和战略方面的创新性。

因为文化和创新都是全球知识时代企业业绩的关键要素，它们二者之间的交互关系在不同的学术作品中都受到了广泛关注。文化被视为创新的关键要素，在创新过程的不同阶段都会对创造力产生影响。文化会影响创新，因为文化塑造的不仅仅是应对新事物、个人自主性和集体行为的模式，同时还有面对风险和机遇的理解和行为。但是，文化也被列为创新的十大杀手之首。因此，人们常常用与文化有关的概念来解释创新受阻的原因。而另一方面，创新导向的文化会促进持续的创新行为和创新结果。所以，文化成为企业成功创新能力的决定性因素。

THE SOURCE
· OF INNOVATION
IN CHINA
中国创新模式

Highly
Innovative Systems

考虑到创新导向的组织文化对于企业绩效而言至关重要，有学者提出了知识创造的一个人文主义方法，以推进人本主义的创新文化。把创新视作知识管理的一部分——准确地说，是知识创造的一部分——我们可以认为知识管理是在企业的方方面面都建立一种学习的文化。与控制导向的文化不同，学习和发展的文化会促进知识的交换和分享，并且战略性地影响企业层面人力资源的发展，进而影响结果。

一般而言，文化通过以下四种途径影响知识管理：一是知识发展；二是调节个人知识与组织知识的关系；三是建立决定知识用途的社会交互；四是建立部分知识创造和运用流程。此外，稳定的组织文化会鼓励员工实现共同目标，更有组织知识主权意识和更高水平的组织知识分享。

许多研究集中讨论不同文化与知识创造之间的关系。例如，有学者发现，知识创造与合作、信任和学习的文化存在正相关关系，因此其总结道，形成特定文化会对知识管理有效性有重要作用。因为知识创造是一个连续的过程，通过"人类对话和实践的交流"产生，以信任、友谊和凝聚力为特征的人际关系与知识创造也存在相关关系。与这个结果一致，奥利柯沃斯基（Orlikowski）和卡什（Gash）同样认为，家族文化对于知识分享和知识创造都扮演着重要作用。相似地，在拉佩尔（Ruppel）和哈林顿（Harrington）的探索中，具有高凝聚力的家族文化与内部知识分享网络的实施具有直接正向的相关关系，但是强调竞争的市场导向文化则对内部网络实施没有支持作用。

另一方面，有学者发现由于对动态、变化市场的快速反应是企业组织创新能力的核心，开放和支持的文化形成了组织知识结构的重要组成部分。从这个意义上来说，将学习过程中的知识迁移和扩散可分为组织间知识迁移过程和组织内知识迁移过程两个阶段。在这两个阶段具有不同的关键成功因素：信任是第一个阶段的主要影响因素，而组织内知识迁移阶段的重点应该是系统。

THE SOURCE
OF INNOVATION
IN CHINA
第3章
Highly
Innovative Systems
中国文化价值观是促进还是阻碍创新

多数研究都认可文化与知识管理的重要关系，包括文化与创新的关系，并将文化视为创新成功的先决条件。但是，关于文化如何能够或者哪一种类型的文化能够对创新绩效（或者说是所谓的创新文化）有更大的影响的问题，学者之间尚未达成共识。我们将这个问题转化为一个我们之前讨论过的问题，即哪些文化要素对创新有正向影响，以及中国人是否都普遍拥有这些文化要素。

关于文化与创新的问题，目前多数此类研究都把文化当作组织文化来研究，只有少数文章聚焦于国家及区域文化。少数研究讨论了东方与西方创造力的不同层面和共通之处；也有学者所提出的文化与创造力过程模型对东西方的情形进行了比较；有的学者则从历史测量学角度，研究了东西方文明的创造力问题。

这些将东西方文化与创新关系进行比较的开创性研究，没有确定的研究结果。但是它们提出将文化视为简单的、静态的和普遍性的，并不适用于研究其与创新的关系。因此在这条线下面必须进行进一步的研究，以产生更深的知识和理解。这与我们在本章开头提到的构想不谋而合。在接下来的部分，我们将尝试去展开论述一些推动该领域研究的关键要素。在具体讨论中国文化对于创新的作用之前，从文化的动态视角来看，我们需要首先详细了解一下在中国文化演进过程当中，有哪些是与创新相关的。

## 中国文化的演进与创新

一般认为，中国文化对于创新能力和创新行为具有阻碍作用；大多数人包括中国人自己，都认为中国人不如西方人有创新精神。因此，或许从文化本质上来说，中国人就更加擅长在今天的全球化经济下进行模仿而不是创新。但是，这种假设在中国发明的悠久历史面前，会立即被推翻。

THE SOURCE
OF INNOVATION
IN CHINA
中国创新模式

Highly
Innovative Systems

根据著名科学家和汉学家李约瑟（Joseph Needham，1900—1995）的研究，中国为世界带来了四大发明——指南针、造纸术、印刷术和火药。在系列丛书《中国的科学与文明》中，李约瑟和他的国际团队研究了古代中国的科学、技术和文化。自1954年首次出版以来，这套丛书就受到了广泛好评，至今总共出版了27部。著名的"李约瑟难题"就是说，为何在古代科学技术领先的中国，会被西方国家超越？在中国的五千年文明中，并不缺乏对人类文明产生重大影响的发明。为什么这个曾经的帝国、这个"世界中心"——这是对"中国"一词的来源的一种解释——会在科学技术上落后于西方，尤其是在工业革命之后落后了呢？

1954年，李约瑟书籍的第一卷出版时，几乎所有的发明都被视为起源于西方，如铸铁、犁铧、马镫、火药、指南针、钟式擒纵机构等。虽然李约瑟对于揭示中国古代科学技术知识做出了重要贡献，但他也遭受了一些批评，尤其是李约瑟难题。席文（Sivin）认为，李约瑟难题作为一种反事实假设，并不能带来任何有用的答案，"就和你的名字为什么不会出现在今天报纸的第三版上面一样"。

人类历史上的任何一个要素都是有起有落的，中国也不例外。在许多个世纪中，中国作为全球最大的经济体，处在顶峰的位置；然后，中国沿着自然的生命周期，下降到了最低点。在中国近现代史上，从第一次鸦片战争（1840—1842年）开始，中国经历了被侵略和国内战争，并没有适合经济发展的环境，更不用提发明创造的环境了。在1978年中国开放外国投资之前，中国都被西方视为没有经济潜力，更不会将中国与创新联系起来。因此，简单地将中国目前技术发明的情况与西方相比，然后得出中国由于文化和制度因素缺乏创新能力的结论，根本就是站不住脚的。

这样说的原因十分简单：中国与西方发达经济体的一般环境状况还存在

THE SOURCE
OF INNOVATION
IN CHINA
第 3 章

Highly
Innovative Systems
中国文化价值观是促进还是阻碍创新

较大差距。我们不能期望四十年前，中国在没有计算机研究实验室的时候就发明电脑；我们也不能期望十年前，中国仍然处在积累电信知识的阶段时就发明智能手机。在这个经济转型的过程当中，转移知识的获取和积累为将来的创新能力提供了基础。所以，我们可以期望中国在下一代的高科技发明中有更积极的参与；一些中国企业已经被列为世界上最具创新能力的企业之一。

中国正在迎头赶上，逐渐转变。以 20 世纪六七十年代日本的经济发展情况为例，当时大部分日本产品的附加值都比较低，当时的西方也没有想到，现在的日本高科技企业会成为世界领先者。不少学者也提到了中国台湾的 IT 企业在向世界生产网络学习的过程中，逐渐提升创新能力的情况，在过去的 30 年间，实现了从价值链上的原始设备制造商（Original Equipment Manufacturer），到原始设计制造商（Original Design Manufacturer），再到原始品牌制造商（Original Brand Manufacturer）的转变。

与此相似，目前中国技术和中国企业不太受到信任，需要十几、二十年的时间才能让一大批中国企业在自身的行业中成为全球领先者。尽管无法预测准确的时间，但是这种趋势是可见的，只需用时间来证明。我们从中国的历史中可以看到，中国人具备创新能力，我们希望通过揭示中国历史中文化的演进过程，详细地分析中国文化是否是创新的阻碍，以及文化究竟是如何促进或者阻碍创新的。

从动态角度来看，中国传统哲学和文化经历了一个逐渐演化的过程。春秋（公元前 722—公元前 476 年）和战国（公元前 476—公元前 221 年）时期，"三教九流"就已经存在，为不同的行事方式争论不休，这一时期常被称为"百家争鸣"。因此，对不同的思想提出挑战和批判性思维是中国传统文化一直以来就具备的一个重要组成部分。

THE SOURCE
OF INNOVATION
IN CHINA
中国创新模式

Highly
Innovative Systems

一般来讲，对中国传统文化产生深远影响的是儒、释、道。儒家思想对中国社会规则的产生起到了尤为重要的作用。在儒学向新儒学演变的过程中，儒家学者融合了道教和释教，破除以往的迷信内容，将儒家思想更新为更加理性和普世的形式。

起源于孔子（公元前551—公元前479年）的伦理和哲学观，儒家思想在汉代（公元前206—公元220年）是制定的正统思想，在发展过程中伴随着超自然和宇宙论的元素。汉朝之后，大多数朝代将儒家思想和儒家价值体系作为统治思想，取代了法家思想的地位。其他一些佛教和道教的精神和学说也并入儒家思想当中，成为当时中国社会精神生活的主流。

新儒家思想出现于唐代（公元618—907年），吸收了一些佛教和道教的元素。在皇帝统治下的官员选拔体系在新儒家思想的基础之上，形成于宋代（960—1279年），以通过科举考试的形式来教育士族阶层的官员。中国社会新儒学主义的建立同时改变了原本就经常被混合使用的三大思想（儒家思想、道教和佛教）。1905年科举制的废除，标志着儒家思想作为统治地位思想的结束。近代中国加速了文化演变的进程，试图通过文化更新改善社会。在近年来儒家思想损害中国社会创新能力的批评之声出现之前，在20世纪10年代中期和20世纪20年代出现的新文化运动就对儒家文化对中国的削弱作用进行了批评，因为半个世纪以来西方对中国的侵略暴露了中国统治阶级的无能。在新文化运动时期，孙中山先生借鉴美国总统林肯的"民有、民治、民享"，提出"三民主义"，包括民族、民权和民生，并在后来中华民国的建立中沿用此思想。

但有趣的是，一些近来的管理研究学者对儒家思想持有完全不同的看法。他们认为，儒家思想中的特定文化元素也许是当时"亚洲四小龙"乃至其他一些新兴经济力量的来源。相似地，儒家思想在今天的中国社会也得到了许多支持，不过再也没能回到历史上的辉煌时期。

THE SOURCE
OF INNOVATION
IN CHINA
第 3 章

Highly
Innovative Systems
中国文化价值观是促进还是阻碍创新

尽管中国多个朝代都在儒家规则统治之下，文字技能取代科学成为社会发展的关键所在，在这些时期仍然出现了重大的科技创新。例如，在唐代新儒学主义复兴时期，1103年出现了关于营造范式的记录，被认为是现存最古老的记录工程结构的中国建筑技术专著。这只是表明儒家思想并不是损害中国技术与创新的原因的例子之一。很有可能是其他潜在因素更加直接地对中国创新能力产生作用，或者与文化要素产生了交互作用；又或者是调节或者中介了文化与创新的关系。

人们通常从一个静态的观点来研究文化。也就是说，例如，大多数对于儒家思想的批评都是关于组织中严格的层级，以及企业结构和上下级关系中的服从。这样来看，多数文化中的要素对创新行为具有阻碍作用。但是，从动态的文化观点来看，文化是会通过学习的方式随着时间发生改变的。中国语言和文化中所蕴含的普遍学习能力常常被忽略，但是它确实是促进中国创新进程的一个重要潜在因素。

在儒家思想创始人孔子最初的观念中，最核心的要素之一就是教与学。儒家思想的基本假设是，人是可以通过个人和集体的努力，尤其是自我教化和自我创造，被教育、提升、完美化的。另一个解释来自道家的文化根基——阴阳哲理。阴阳哲理鼓励矛盾管理中的平衡，试图寻找与"现有的世界非黑即白"相反的观点，这种观念促进了商业和社会中创意想法的提出。

1976年之后，中国开始向外国的竞争和富裕商业模式开放，中国人逐渐习惯了西方的商品、文化、技术和商业模式等。在随后的三十年中，中国一直在从西方引进技术和文化，以期从现代商业和社会的方方面面追赶西方国家，弥补过去一个世纪中落下的地方。同时，由于1966—1976年这十年给中国传统文化带来了一个真空地带，之后的文化进程不是以一个渐进平缓的方式发展，而是以大量多元化的资源和维度对中国社会进行了"轰炸"。

THE SOURCE
OF INNOVATION
IN CHINA
中国创新模式
············ Highly
Innovative Systems

由于这一阶段所有的传统都被破坏，中国社会很大程度上重拾了通过自我批评、自我学习和自我提高获得多样性的传统，就如"百家争鸣"时代一样。与西方的文化进行混合之后，中国社会重新处在了多种思想共存的时代。在这样的背景下，再加上前文提及的东亚地区经济增长的因素，儒家思想与包括阴阳和其他宗教在内的传统思想一起，在中国重新获得了支持。

从中国文化演进过程的概述来看，采用文化的动态角度，我们至少可以得出以下结论：中国文化不是一成不变的，它经历了变化，而且具有多样性，尤其是在今天的中国社会；中国现象更适合以一个动态的角度而非静态的角度来看；文化演进的过程是一个自我更新的过程，这与创新和知识创造的过程相似。

在接下来的部分，我们想指出文化对创新的矛盾影响，以及展示新的文化要素以便于进一步阐释。

## 中国文化阻碍与促进创新的因素

关于中国文化阻碍创新的问题，重庆锦江酒店的例子（见案例 3-1）就说明了一个外国管理团队在具有中国特色商业模式的中国国企中可能遇到的不同障碍。在这家中国国企向国际化合资企业转型的过程中，不同的文化要素使得引进西方管理模式的问题更加复杂。

中国经济开放时期，引进西方管理体系是一个管理创新的过程，其中包括了知识迁移、管理和创造的复杂过程。但是，至少有两个文化相关的因素与最终的创新结果有关：一是国有企业现有组织结构的阻碍，以及中国传统文化和计划经济体制下商业模式的特征；二是西方管理团队对于这一管理创新过程的忽视。

THE SOURCE
OF INNOVATION
IN CHINA
第 3 章
Highly
Innovative Systems
中国文化价值观是促进还是阻碍创新

另一方面，关系是计划经济下重庆锦江酒店作为国企在内部和外部管理的通用做法。内部模式具体指的是招聘这一类的人事政策；外部模式指的是通过与旅行社和其他中介维持联系来吸引客户的商业模式。在这个案例中，第一种关系通过保护性的网络产生了徇私行为，限制了潜在创造力观点的出现，因为组织不提供变革的激励，员工也不愿意改变；第二种关系在一定程度上对企业的财务表现有一定的积极作用，但是，过于依赖某一种业务来源阻碍了客户的多样化，增加了风险，这一点在西方管理团队试图与旅行社协商折扣时就显示出来了。

从这个意义上来说，在中国计划经济时代的中国传统文化，由关系和层级所体现，对于管理绩效具有双重影响。其一是由于其雇佣关系而未能鼓励前瞻性行为以促进绩效的负向影响；另外是现有的关系可以为业务带来收入。但是，虽然后一种影响是正向的，当有人试图把新的东西引进组织时，它同时会对管理创新具有负面的影响。因此，关于关系对于创新的影响究竟是积极的还是消极的这个问题，仍然存在争议。尽管在这个例子中，关系的影响是负向的，但是我们可以推断，如果正确地运用关系，那它就会对管理创新产生正向的影响，就如同其对于业务绩效的影响一样。

在重庆锦江酒店的案例中，传统文化中的层级要素也表现出了双重影响。我们在上文中已经提到了部分消极作用。但是另一方面，除了政府要求这家企业提升绩效的情况以外，基本上就不会有变化。政府可以这样提出要求，不仅仅是因为中国转型经济特定情况下的制度力量，还因为国企的所有人就是国家。当中央政府告知地方政府要确保锦江酒店提高效益时，这家企业的现代化过程才开始。虽然地方政府一直在监督重庆锦江酒店的效益，但是在收到这个具体的命令之前，它们并没有采取任何行动。在这个层级结构中，我们看不到对于改变和创新的讨论和争论，而只能看到尊重和服从，就像与

THE SOURCE
OF INNOVATION
IN CHINA
中国创新模式

Highly
Innovative Systems

任何一个传统儒家文化中的企业一样。但是，这种现象也不全是积极的：当冯女士，这位有能力的管理者，当西方上司对她不够尊重并由此对其协商风格而感到不满意时，她选择了离开，而不是留下来继续进行争论和斗争。

在重庆锦江酒店案例中，我们能明显看出中国传统文化对创新行为的阻碍作用，但是，还有几点我们必须要思考，尤其是对于导致绩效变化的原因究竟是文化还是计划经济的某些特质，又或者是两者之间的交互，或者是正确的管理过程。

中国正在经历从计划经济向市场经济的转型。确实也有人认为，现在的中国其实更像是一个市场经济体。在改革之前，重庆锦江酒店保留了计划经济体制下国企的一些特点，这些特点与中国传统文化中的某些特点交织在一起。中国的大多数非战略性行业都对市场经济完全开放，而较少有政府的干预，这些行业也由民营企业占据主导。

事实上，在重庆锦江酒店的例子中，我们可以看出计划经济下的创造力。在一个大经济环境中，一些员工不看好重庆锦江酒店未来的经济表现，于是将这种稳定而轻松的工作环境当作一个平台，在外面接私活赚取额外的收入。这就是一些具有创造力和能力的员工在现有的市场和组织结构下构建他们工作—生活模式的方法。因此，当西方管理团队掌握对重庆锦江酒店的控制权，要求员工更加努力工作、增加工作时间但是不提高工资时，很多这些具有创造力和能力的员工选择了辞职，开始自己创业。所以，很明显地，在这个计划经济体制下是产生了创造力，但与传统中国文化无关。

在这个案例中，从组织角度来看，在计划经济体制下，在传统文化影响下的中国国企的管理方式确实不能促进创新行为的产生，而只有服从。具有能力的个人为自身利益着想，会有创造性地寻求这个体制外的其他机会，而

THE SOURCE
OF INNOVATION
IN CHINA
第3章

Highly
Innovative Systems
中国文化价值观是促进还是阻碍创新

其他人为了舒适的生活就只是简单地听从上级的命令。虽然重庆锦江酒店的业务发展稳健，但是财务结果并不好，其中一个最主要的原因就是通过关系雇用进来的员工冗余。

但是，当应用典型的西方管理风格通过纯粹的财务分析视角看问题时，忽略关系和其他文化因素，并不能促进管理创新的成功实施。由于不注重关系，从裁员和与经销商协商更多折扣开始，这些组织变革并没有带来任何成本的减少（这是由于外派员工的高成本导致的，尽管数量不多），但是却丧失了之前的很多生意。虽然为了提高个人能力进行了很多技术培训，整体的组织能力并没有显著提高，仍然有能力空白需要填补。

结果是非常明显的。虽然这家国企希望通过引进西方管理专业知识，带来更多的商业资源，提升企业绩效，但是西方管理团队需要整个组织结构，首先检查员工质量，以使整个企业达到五星级酒店的标准。一旦利益冲突加剧，合资企业就会面临失败，虽然整个过程是以一个典型的中国方式来进行，没有冲突。有趣的是，这家国企的中国股东们偏向短期取向，而西方管理团队则偏向一个偏中期和长期的取向。这与中国文化中长期取向的内容不相符。因此，就中国商业文化而言，它所具有的另一个特征就是实用主义。考虑到现存的文化冲突、绩效的不确定性以及不确定的盈利能力所要求的更多资金，商业风险被认为是高的，回报被认为是低的。因此，在做决定时，最主要的文化因素是实用主义，而不是长期取向。

与此不同的是，长期取向对我们之前提到的成功中国企业，如海底捞和华为公司，确实是有影响的。这两家企业投入了大量时间和资源发展组织的创新能力，不仅仅是在技术方面，而且在商业创新方面。人力资源一直被视为企业在发展能力时需要关注的知识资产，其中包括社会网络；这是关系的另一个层面，我们将在第4章中会进一步讨论。

THE SOURCE
OF INNOVATION
IN CHINA
中国创新模式

Highly
Innovative Systems

一般社会文化与商业文化的这种矛盾之处在海尔集团的案例中也能窥见（见案例 3-2）。海尔集团的 CEO 张瑞敏成功地将一家濒临破产的国企转变为一家世界领先的电子设备供应商，他说："在海尔的商业文化中，时间就是金钱。"在管理业务的过程中，矛盾是会经常出现的，这使日常管理变得更加困难。虽然某些特定的中国文化传统凌驾于西方文化要素之上，这是一个普遍的社会现象，但在管理规律方面会有一些相似之处。

如之前所述，许多人认为中国传统文化中的某些元素会阻碍创新；但是这些元素可能会对创新和创新行为产生促进作用。我们采用中国的阴阳原则来看这种双重影响，其中表 3-1 就列举了经常被提及的对创新具有双重影响的一些中国文化的层面。我们是用国家文化研究中最常引用和提及的四个维度来举例说明文化对创新影响的双重性。我们同时把关系加入这个表格中，作为之前提到的例子的延伸。

表 3-1　　　　　　　　　　中国文化对创新的双重影响

| 文化维度 | 文化阻碍创新 | 文化促进创新 |
| --- | --- | --- |
| 关系 | 任人唯亲，阻碍个体创新动机的产生 | 构建的网络会减少成本，可能会对创新有促进作用 |
| 低不确定性规避 | 保守，不鼓励变化 | 谦逊、忍耐和模棱两可，为学习和创造力提供了空间 |
| 高权力距离 | 高度的层级阻碍个人创意发展 | 执行创新政策时的领导效率 |
| 集体主义 | 行为趋同，阻碍多元化、独特性、引人注目和创新的能力 | 在社会网络和企业内的合作创新 |
| 长期取向 | 不以结果为导向，不能提高创新应用的效率 | 持续的研究和创新发展 |

中国文化被视为具有低不确定性规避、高权力距离、集体主义以及长期

THE SOURCE
OF INNOVATION
IN CHINA

第 3 章

Highly
Innovative Systems
中国文化价值观是促进还是阻碍创新

取向。在社会科学对文化的测量通常是通过行为，以为行为是可观测的，进
而是可测量的。例如，低不确定性规避就是一种可观测的行为，其中潜在的
文化价值观可能是保守，不鼓励改变，而遵循一定的规律。但是，这个行为
下的另外一个文化价值观就可能是谦逊、模棱两可和忍耐。在这种文化推理
中，一个谦逊的人可能只是认为有学习的空间，因此没有必要去争论，把它
当作一个反省的机会；或者觉得另一方说得不对，但是忍耐的美德使他选择
不采取正面冲突的方式，而等待时间证明一切。在后一种情况中，低不确定
性规避的态度是一种模棱两可的体现，为学习和创造新的知识提供了自我调
整的空间和时间。假如真的是这样，这种情况就会促进创新，在新知识创造
的过程中会产生新的想法。

中国的高权力距离反映了对权威的尊重，这种权威来源于年龄、权力、
社会地位和其他因素。一般来讲，高权力距离阻碍创新行为，因为它会压抑
个体的创造力。但是，在中国的具体情境下，高权力距离在一定程度上有利于
帮助有战略远见的领导者迅速推进创新政策的实施。在华为公司（案例 2-2）
和海尔集团（案例 3-2）的案例中，这些变革型的领导者在企业发展的阶段
中都指出了质量和创新的重要性，并且建立了具体的政策和实施方案。其他
没有这种洞察力的员工虽然不清楚这些政策对企业未来发展究竟有什么作用，
但是对于领导者的信心促使他们履行自己的职责，最终使这些政策获得了成
功。在海尔的例子中，许多创新行为都是从观念的改变开始的，从领导者为
先转变为顾客为先。这种情况不仅仅发生在中国，在其他高层级的文化中也
会见到：海尔集团在 2011 年并购日本三洋的白色家电之后，为了创造更大的
价值，引进了服从顾客的双赢模式，摒弃了之前日本企业中根深蒂固的以资
历为基础的薪酬体系。

从海尔-三洋的例子中，我们可以看到商业文化和一般文化的分离。一家

THE SOURCE
OF INNOVATION
IN CHINA
中国创新模式

Highly
Innovative Systems

企业若想成功，就不能总是一味地遵循传统文化，而要用聪明的管理方式打破它。集体主义被认为是另一个阻碍创新行为的中国文化要素。其逻辑是，在一个集体主义的文化当中，行为会趋同，而这种趋同会对创新产生阻碍作用，因为没有人想要变得与其他人不一样。因此，就没有分歧或者多样性，缺乏创造力产生的氛围。但是，在今天的松散联结的合作文化当中，集体足以能促进国际团队合作和企业家精神，巩固外部战略联盟和研发合作。今天的创新很少是基于个人的成绩，而是基于团队和组织的，这就使得集体主义会对创新绩效产生积极作用。张瑞敏在海尔所发生的几个重大事件都是关于团结员工，共同努力克服市场困难、技术创新和组织变动的。与之相似，海信集团（见案例3-3）的领导人周厚建为了建立纪律，促使大家共同努力，解雇了许多管理者和员工。

在最初，霍夫斯泰德的研究将长期取向作为文化的一个维度就是受到儒家思想的启发。虽然在最近的研究中，由于与其他维度相关性比较高，这个术语发生了改变，我们在这里仍然使用了这个维度，因为大多数文化比较研究使用了这一维度。作为一把双刃剑，长期取向偏好对研发的可持续投资，就像华为公司的领导者奠定了渐进式研发活动的基调；但是它同时会阻碍为了提升企业绩效利用和推广创新的实用性商业知识的产生。这就是重庆锦江酒店的西方管理人员引进管理创新的情形。他们无法在国企中推行创新性的管理体系，因此在说服投资人在这场变革中注入更多资金时遇到了困难。

以上所述的文化双重影响表明，中国传统文化不一定就会阻碍创新，而是取决于领导者如何通过管理文化要素，使它们促进商业目的的达成。那么问题就来了：中国文化是创新的促进因素吗？在我们研究的案例中，我们可以观察到中国领导者的矛盾管理能力，他们擅长平衡长期发展与短期效果，能够通过创新获取利润，同时为长期发展打好基础。

THE SOURCE
OF INNOVATION
IN CHINA
第 3 章

Highly
Innovative Systems
中国文化价值观是促进还是阻碍创新

大多数中国第一代企业家都经历过，或者至少都了解过 1966—1976 年及之后的时代，都具有一种矛盾的商业意识形态——市场驱动经济。在经历过这一时期之后，管理者学会了忍受和管理矛盾、模糊性和混合模式：从西方引进的文化与继承的传统中国文化相对，社会主义意识形态与资本主义市场经济相对。在这样的环境下，创造力和创新是存活下去并且繁荣发展的关键所在，因为没有之前的模式可以遵守。不仅产品创新是，流程和战略创新也是高绩效的中国企业的日常工作。这些活动嵌入在巨大的学习和自我创新能力之中，使这些鼓舞人心的领导者在混乱的市场和转型的经济中找到自己的出路。

这些企业的领导者不仅仅是他们企业中领先的知识工作者，也是思考者，通过有创造力的想法去反思、学习和自我更新。如果将创新视为通过引进新的方法、思想和产品来改变已有的东西，那么矛盾型管理就为引进其他道路提供了可能性，尤其是当线性的和演绎的逻辑无法实现这种目标的时候。从中国传统哲学中衍生的归纳管理思维也对灵活的类比推理具有促进作用。

包括任正非、张瑞敏和周厚建在内的这些变革型领导者，是他们这一代人的一种特色。他们中的不少人都有过中断正规的学校教育的经历，但是他们脑海中深深植入的学习文化促使他们在脱离学校期间保持自我学习。在张瑞敏的说法中，那段时间发生的事情促使他们更深入地思考人性和社会，所以这一代人获得了对于生命和失败的不同观点，学会了在困难面前不放弃。海尔集团成功的精髓之一就是在企业做大的同时保持小。持续的差异化是张瑞敏的日常战略问题，基础是产品创新、市场能力提升，以及产生大量现金流以进行符合市场需求的创新。

在张瑞敏的看法中，中国企业与主要外国企业的差距并不是技术差距，而是管理人才上的差距。为了使业务有效进行，海尔努力营造出一个拥抱持续进步、相信变革会带来胜利的企业文化。从文化的动态视角来看，要寻找中国式学习和适应的根源，我们至少可以列举出与创新过程和结果有关的以下要素（详见表3-2）。

表 3-2 增强创新能力的动态创新文化

| 文化维度 | 文化促进创新 | 儒家思想根源 |
|---|---|---|
| 自我培养 | 要求自己遵循创新道路，虽然不一定会成功 | 修身，齐家，治国，平天下 |
| 终身学习 | 学习具有终身性的价值，通过新学习的知识可能会产生创新 | 敏而好学，不耻下问 |
| 容忍错误 | 犯错是获得创新结果的学习过程的一部分；容忍错误为发展创意想法提供了空间 | 古之君了，其过也，如日月之食，民皆见之；及其更也，民皆仰之。今之君子，岂徒顺之，又从为之辞 |
| 中庸 | 平衡不同的极端，在创新过程中对不同选择保持耐心和容忍，这种灵活性为创意开启了更多选择 | 竹色君子德。君子如竹，争风逐露，却心中有节 |

在归纳儒家思想对领导力的影响方面，有学者列举除了儒家文化的几个美德。其中的大多数不仅仅关于测量可观测行为的问卷，这些问卷是从西方文化参照点与其相应的范式为出发点设计出的，而包含了促使领导者进行自我培养、终身学习、容忍错误、调和矛盾的元素。这些就是组织通过领导和学习，战略性发展人力资源的动态要素最终会形成一个更加有创造力、有创新力、有发展能力的组织文化，这在华为公司、海尔集团和海信集团的案例中可以明显地看出。

在所有这些元素中，学习是联接文化和创新的关键所在，它是知识的产生者和传播者。一些中国谚语也体现了终身学习和教育，如"三人行必有我师""学而时习之，不亦说乎""黑发不知勤学早，白首方悔读书迟"。这些谚

THE SOURCE
OF INNOVATION
IN CHINA
第 3 章

Highly
Innovative Systems
中国文化价值观是促进还是阻碍创新

语也不仅仅是关于学习本身，还有学习的方法："举一反三"就是中国人运用
的培训方法。这也解释了第 1 章中我们提到的在西门子中国研发中心的中国
研究者提出了三种解决方案，而不是简单地提出一种方案的原因。在人类的
历史长河中，这种长久以来的学习精神、学习能力和学习灵活性促进了创新，
使得长期发明成为可能。

除了传统文化对中国人创新能力的影响之外，中国社会今天的混合文化
也给理解中国文化和创新的现有现象增添了复杂性。随着文化在这种动态多
变的转型经济下发展，定义一个单一的中国文化将变得越来越困难，因为多元
化无处不在。今天中国社会的一些特征可以被认为是与传统文化相对的多变的
中国文化的一个例子——开放、自由、商业导向、个人主义（详见表 3-3）。

表 3-3　　　　　　　　　　　　文化在中国新商业环境下的演进

| 传统文化要素 | 新文化要素 | 文化促进创新 |
| --- | --- | --- |
| 思想闭锁 | 开放 | 对不同观念保持开放态度 |
| 保守 | 自由 | 鼓励向西方学习 |
| 重文轻商 | 商业导向 | 企业家精神，差异化动机 |
| 集体主义 | 个人主义 | 试图进行个人化、独特和与众不同 |

上面所提到的新文化在经历了过去 30 年的混合文化阶段之后，已经被建
立起来了。与之前提到的传统文化不同，中国社会的集体主义文化是思想开
明的，而不是一味守旧的。一些学者指出，中国在过去的一个朝代中衰落的
主要原因，就是封闭和傲慢。在第一次鸦片战争之前，外国商人和贸易者在
特定的港口与清朝的官员和商人做生意，官方的外交关系是围绕着朝贡制度
进行的，将中国的皇帝视为天子；外国统治者被要求献出贡品，承认皇廷的
至高无上地位。最终英国商人发现鸦片贸易是弥补他们之前贸易逆差的一个

THE SOURCE
OF INNOVATION
IN CHINA
中国创新模式

Highly
Innovative Systems

绝佳方式，最终导致清朝由于大量白银流失产生了货币问题：清朝政府想通过禁止鸦片贸易来缓解财政危机，最终引发了第二次鸦片战争。

今天，开放的中国社会乐于学习，可以自由地从西方引进各种知识，不管是关于技术、科学、管理体系，还是其他艺术形式。与从前更加关注文学研究的传统不同，今天商业驱动的中国社会有一个更加多元的形象，对经济发展有着特别的关注。虽然中国社会还有许多问题亟待解决，例如腐败问题，我们可以确定的是，它已经不是过去那个封闭、以自我为中心的社会了。不论如何，新出现的文化和经济增长，包括城市化，都使得中国人变得越来越个人主义，这是许多学者都赞同的观点。在今天的中国社会出现了文化代沟，在没有进一步研究的情况下，很难形成一个有代表性的中国年轻一代的模型。

总而言之，本章解析了文化与创新的关系，聚焦中国文化的动态变化过程，尤其是在近代社会的情况。上述文化的双重影响，以及中国社会新发展出来的文化，驱使着中国人在世界竞争环境下变得更加有创新能力。因此，基于中国文化本身并不一定会阻碍创新表现，因此中国人可以进行创新的命题，研究必须聚焦于文化因素如何促进更多的创新，以及在什么情况下创新活动能被更好地激发。

THE SOURCE
OF INNOVATION
IN CHINA
第 3 章

Highly
Innovative Systems
中国文化价值观是促进还是阻碍创新

## 案例 3-1　重庆锦江酒店<sup>①</sup> 的文化忽视

斯蒂芬·格兰杰（Stephen Grainger）

坐落在中国西部城市重庆的锦江酒店（JJH）是一家当年由苏联专家设计的四星级酒店，也是一家国企。它最初建于 20 世纪 60 年代初，也是一家历史悠久的国企，在市场经济时代之前在当地享有高端宾馆的美誉。

长期以来，能够成为锦江酒店的员工大都与酒店管理层、董事或当地政府高级官员有关系，或者由于关系，从其他国有企业和政府部门调任。锦江酒店是当时重庆最好的酒店之一，有良好的就业保障，新入职锦江酒店的员工会因在那里获得了岗位而感到非常自豪。

因为酒店位于中国西部，远离中央政府，中国市场经济对该地区的影响相对滞后。随着中国沿海地区的出口压力和外来影响力的大幅增加，上海、广州、深圳等城市发生的变化比内陆地区更快。

2005 年，重庆锦江酒店总经理蔡勇博士在任已经 26 年多了，他和他的高级管理人员的管理实践也沿用了计划经济时代那种完全不关注市场营销、会计、成本效益和扩大酒店业务的管理模式。员工的工作和工资都很稳定，与当地的其他工作相比，他们的工作条件和福利更好。每月支付给服务员的就有 700 元，部门经理 1800 元，加上轻松的工作安排、人员多、提供制服、健康保险、免费膳食和住宿酒店，这意味着员工对于工作的满意度相当高。在入住旺季以外的时间，锦江酒店对员工的要求比较宽松，许多员工在上班时间都可以阅读报纸、喝茶和闲聊，甚至因私离开酒店。

虽然市场经济在该地区正在缓慢发展，但锦江酒店管理层并没有真正了解到这一变化。他们安于现有的工作环境，当被问到有可能发生的变化时，他们有点固执，没有真正准备承认或接受新的工作做法，或对酒店的收入下降表示担忧。

---

① 为保护当事人，本案例所涉及的所有人、日期和组织的名称都已更改。

THE SOURCE
OF INNOVATION
IN CHINA
中国创新模式

Highly
Innovative Systems

对他们来说，锦江酒店的计划经济管理风格和流程都没有变化，产生利润和提高质量服务水平都不是当务之急。

　　随后，重庆市政府收到了中央政府有关国有企业必须盈利的通知，否则在两年内将企业进行关闭、出售或者私有化。当地的官员一直在关注锦江酒店的表现，担心酒店的潜力还没有挖掘出来。因此，领导层于2006年初决定，锦江酒店需要进行改革和现代化升级。他们开始寻找国际酒店管理公司或国际管理公司，他们认为这是锦江酒店进行现代化升级的正确选择，并遏制其利润下降的趋势，充分发挥其潜力。经过全面研究，他们确定了具有国际声誉、品牌和资质的国际酒店集团（International Hotel Group，IHG）接管锦江酒店的管理，并开始将锦江酒店发展成为五星级酒店的运营。

　　2006年12月，锦江酒店的共同股东重庆市政府、长江烟草与IHG谈判完成，签署了一份共识备忘录。随后IHG管理团队签订了3年合同，约定从2007年9月1日起，IHG管理团队开始负责酒店的运营。IHG的目标有：重新培训员工，提供更高标准的服务；监督五星级酒店建设；形成与五星级国际酒店相匹配的职业规范。在IHG接管总经理职位之前，当时的总经理蔡勇博士将迁往附近的大楼，作为IHG与酒店董事会沟通的渠道。

## 2007年7月

　　IHG团队负责人迈克·特斯洛（Mike Teslow）于7月从纽约抵达重庆，开始为锦江酒店从中国传统经营的国有企业转变为现代五星级酒店做准备。

　　到了8月，特斯洛发现，要想完成原有的目标，就必须对酒店的组织文化进行重大改革，并且这些变化可能十分具有挑战性。他知道，在任何环境中，已然根深蒂固的组织实践都难以改变，而在锦江酒店，"关系"已经成为过去的组织实践中非常突出的一部分。他也意识到，由于过去计划经济时代的影响，锦江酒店的组织文化表现为员工和营销人员提供的客户服务质量一般，且没有追求更大利润的想法。特斯洛希望将这些弱点转化为一种新的锦江酒店文化，强调问责制和优质服务，以提升员工的活力和积极性。他和他的管理层的首要任务就是确定现

THE SOURCE
OF INNOVATION
IN CHINA
第 3 章

Highly
Innovative Systems
中国文化价值观是促进还是阻碍创新

有的有效与快速学习的员工，这些人与 IHG 所希望的卓越标准相匹配。他很快就意识到，现有的许多工作人员已经在那里工作了相当长的一段时间，一些甚至长达 30 年。由于他们长期受到计划经济管理的影响，许多人的专业素质有限，工作效率低下，95% 的员工英语的会话水平不高。将这 685 名依靠家庭关系的员工和原有的轻松管理风格，转化为职业化、有活力的员工和结构化的国际组织文化，将是一个巨人的挑战。

在 IHG 团队来到中国之前，锦江酒店的中国管理委员会成员突然从 4 名扩大到 20 名，增加了 16 位来自共同所有者长江烟草和地方政府的新任代表。他们想要监测 IHG 的进程和方法。

IHG、长江烟草和重庆政府签订的合同规定，IHG 将接管锦江酒店的管理，但 IHG 仍然对其全球声誉保持谨慎态度，并在合同中明确表示 IHG 的名字不会正式出现在酒店中，直到酒店服务质量取得重大改善、五星级酒店的建设完成。一旦锦江酒店达到 IHG 的国际经营标准，IHG 将重新对锦江酒店进行命名。

IHG 计划到 2007 年 12 月将酒店的旧区关闭并准备拆除。为锦江酒店的客人开放的酒店将是 1992 年完成的酒店更加现代化、更昂贵的区域。这意味着要大量减少提供服务的客房数量，而且不需要很多员工来运营酒店剩余部分。IHG 管理层知道，必须将员工人数进行缩减，因为锦江酒店员工人数超过 675 人。当时没有一名中国员工经历过裁员，也没有人知道裁员意味着什么。IHG 接管后，他们估计只需 350 名员工来为锦江酒店减少后的房间提供服务。现有员工的近一半将会变得冗余，同时 IHG 将带领 12 名外派专业人员来管理前台、家政、食品饮料、营销、人力资源和供应链。当时机成熟时，他们打算扩大他们的国际团队，增加 2 名法国糕点厨师、1 名荷兰执行厨师，以及来自英美的食品和饮料经理。

当时，特斯洛有信心在 18 个月内让 IHG 团队对现有中国员工的服务技能和专业精神进行提升，使他们达到全球五星级标准。为了开始这个过程，特斯洛宣布，从 10 月初开始，所有员工要进行三个月的重新培训，在此期间，IHG 的高级管理人员将记录所有员工的表现，以寻找那些真正有正确态度和能力的员工。

在特斯洛和他的团队到达之前，酒店的关系网络和人际联系在锦江酒店发挥

THE SOURCE
OF INNOVATION
IN CHINA
中国创新模式

Highly
Innovative Systems

了重要作用。在 IHG 团队接手之后，这些关系网络就变得无能为力了。锦江的共同所有者长江烟草和政府不再对招聘过程进行任何控制，同时合同中指出，长江烟草将为建立新厅和冗员筹措资金。必要时，长江烟草将安排有重要关系的人在其他地方重新就业。年轻的锦江酒店员工对于在国际酒店工作的前景感到兴奋，因为他们希望有机会提高自己的技术水平，并根据他们自身的长处而不是个人关系进行评判和考核。与此形成鲜明对照的是，年龄大的工作人员担心自己的工作安全，因为他们的重要关系不再具有任何作用。

特斯洛认识到，锦江酒店的裙带历史将是 IHG 在选择最优秀员工留在酒店时遇到的障碍之一，因为这会使那些不合适的人变得冗余。超过 34 个家庭有 3 个以上的家庭成员在酒店工作。供应和运输部门的员工是由两个家庭的人组成，厨房里有 70 多名厨师，年轻的厨师工作时间较长，而年长的厨师几乎不用干活。这些老厨师要求受到尊重，因此通常在工作时间内可以聊天、玩牌和读报。IHG 面临着必须改变一些根深蒂固的非生产性工作行为的挑战。

## 2007 年 9 月

IHG 的 12 名国际管理团队成员抵达，与特斯洛会合，并接管了账户、前台、家政、食品饮料、营销、人力资源和供应部门的管理。员工的工作标准立刻被提高了，新的经理开始与锦江酒店员工合作，评估他们在压力下的表现，并确定哪些人可以被保留在他们的团队中。未能符合新的更高标准的员工将被要求在 2008 年 1 月底离职。

在该团队到来后不久，在他们和英洋旅行社之间发生了一件大事，英洋旅行社是一家政府旅行社，是锦江酒店重要的住宿和宴会客户供应商之一。英洋旅行社的经理想要为从首尔来的一个韩国旅游团预订一次 28 人的宴会，并要求他们支付与他们通常支付的相同的折扣价。刚抵达的 IHG 餐饮经理托马斯·约翰森（Thomas Johansen）告诉英洋旅行社经理，因他们的报价"折扣价格太低"而拒绝接受。不顾英洋旅行社是一个长久而值得信赖的客户，他在电话中向经理表示，他"要他们支付全价"。了解了这个情况后，在锦江工作多年的餐饮部长冯女士建议约翰森说，如果他拒绝了英洋旅行社的报价（并且她认为这一价格是公平的），

THE SOURCE
OF INNOVATION
IN CHINA
第 3 章

Highly
Innovative Systems
中国文化价值观是促进还是阻碍创新

可能会影响今后来自英洋旅行社的其他订单。约翰森顽固地拒绝提供更低的价格。三天之后，为了报复，英洋旅行社取消了他们在锦江酒店预订的未来所有住宿和宴会。当时，IHG 管理层并不知道，这次的业务损失对于锦江酒店参与当地日益激烈的新兴酒店竞争会带来什么不良后果，两家新的五星级酒店即将在该地区开放，另外两家正在建设中。

随着 IHG 管理团队逐渐加强对酒店的控制，锦江员工很快意识到，他们不得不更加努力工作。16 名通过强有力的关系在酒店获得职位的员工，由于不适应新的纪律和更加严明的工作环境，在 IHG 团队控制之后不久，利用他们的关系网络离开了锦江酒店。

IHG 对于这些自愿离职的人员感到高兴，因为这在一定程度上减轻了人员冗余的情况；但也带来了不利影响，对酒店与当地政府官员和旅行社长期建立的关系造成了损害。锦江酒店中国管理团队工作时间最长的员工之一冯女士，最终决定离开。IHG 并没有意识到，她同时带走了大量有保障的旅行社的联系和预订，从那一刻开始，这对锦江酒店的收入产生了不利影响。在看到约翰森极其傲慢的管理风格及不尊重其他人的情形之后，她转到附近一家四星级政府酒店。IHG 管理层并不知道他们将遭受的损失，同时也不在乎他们手上关系最多的人已经离职，去了竞争对手那里。

## 2007 年 10 月

10 月 1 日，所有员工现有的长期合同被替换为仅在未来四个月内保证其职位的短期合同。10 月至 12 月底，锦江酒店员工的大部分时间将集中在培训上，随后 IHG 经理将对员工的态度、能力和看法进行评估，接下来是一个月的试用期。此外，酒店现有的所有中国主管和管理人员都会工作 8 小时，因此在工作时间内无法再进行私人经营活动。新 IHG 团队的到来和管理开始对锦江酒店的工作环境、文化和长期服务的员工产生重大影响，这些人曾经闲坐一天在厨房或员工宿舍吸烟读报，而现在他们每一刻都在忙碌。当他们可以暂时休息抽一根香烟安静一下的时候，他们也是与另一名关系比较好的员工在地下室或酒店的空房间里进行放松，仍然心情紧张地张望着可能正在寻找他们的 IHG 经理。

THE SOURCE
OF INNOVATION
IN CHINA
中国创新模式

Highly
Innovative Systems

## 2007 年 12 月

为进一步缩减酒店员工人数，酒店为服务年限在五年以下的员工提供每年 1000 元的自愿退休金。IHG 管理团队认为，削减年轻员工是一个比较合适的选择，因为仅仅需要为他们支付几年的服务费用，远远低于长期服务人员的支出，有些员工的服务期甚至长达 30 年。IHG 管理层重新确认，在未来一段时间内不会招聘新员工。有 19 名年轻员工接受了这一裁员条件，离开了酒店。

虽然现在是在 IHG 的管理之下，锦江酒店在许多方面依然保留中国特色，但被新管理团队明令禁止的一些有问题的旧做法，已经开始重新秘密地进行。员工有时候仍然可以隐藏在空房间或"损坏"的客房中睡觉、玩牌或看电视。不过，现在出现了这种情况时，会有一个秘密的观察和警告系统，可以提醒附近的 IHG 经理。作为国际酒店专业人士，IHG 经理拒绝允许任何此类行为，并立即解雇任何被抓住的人。

接近月底，另外一些有重要关系的酒店中国高管提出退休或离职，因为有消息传出，即将进行又一波的裁员工作。长江烟草的总监和政府成员仍在审查 IHG 的表现，一些不利的谣言开始从不满的员工和旅行社那里泄露出来。

## 2008 年 1 月

来自营销和前台部门的 8 名有才华、勤奋的年轻员工于 1 月份知会酒店，他们已经接受其他地方的工作机会，其中有些是竞争对手的酒店。几个人提到他们想要寻找不需要关系的新工作环境。随着几家国际酒店即将在附近开放，年轻的专业酒店员工需求正在增加。

在锦江酒店，IHG 管理层要求使用新的高工作标准，而老年员工受教育程度有限，很难实现更快、更高的工作节奏，其中的许多人很难达到五星级服务的标准，与不懂中文的国际管理者沟通也很困难。

用餐也对员工产生了很大影响。在 IHG 团队到来之前，员工去自助餐厅吃早餐、午餐或晚餐时至少会和一个同部门的朋友一起，而新的繁忙时间安排意味着现在大多数员工单独吃饭，或与其他部门的人员吃饭。现在，自助餐厅冷清的气

THE SOURCE
OF INNOVATION
IN CHINA
第 3 章

Highly
Innovative Systems
中国文化价值观是促进还是阻碍创新

氛与 IHG 来之前形成了鲜明对比，当时他们在用餐时与同伴们会进行热情的讨论和交流。这是老年员工难以理解的又一变化。

## 2008 年 2 月

入住酒店的客人数量继续下滑，只有两间餐厅开放，餐饮业务的发展非常缓慢。由于约翰森在前一年 9 月份的那一通重要电话，当时他拒绝与英洋旅行社的主任讨论折扣优惠价格，英洋旅行社（和其他相关代理商）已经停止了宴会或住宿的预订。随着酒店旧部分的拆迁，旧区的餐厅也已经关闭了。这也是很重要的信息，因为仍然有客户到锦江酒店进行宴会的重庆其他旅行社开始寻找其他酒店，因为他们的客户，特别是当地的中国企业客户，不喜欢在现代的酒店用餐，因为新的餐厅保持开放，缺乏隐私。因此锦江酒店几乎没有业务，连续 9 天，IHG 经理是唯一在酒店蓝鸟餐厅吃饭的人。

随着三个月的培训和长达一个月评估计划完成，计划的裁员方案开始实施。特斯洛及其 IHG 团队的目标是从 2 月初开始，每周裁掉约 50 名工人。特斯洛建议他的工作人员说，尽可能安静地进行裁员，每个部门每周裁掉少数员工即可。2 月 1 日，来自 5 个部门的 18 名工作人员在下班时收到了他们的辞退补偿金。他们没有收到任何事先通知，因为 IHG 管理层担心任何类型的预先通知可能导致一些愤怒的员工在离开之前损坏或窃取设备。在收到最后的补偿金后，员工被告知要直接前往洗衣房，手里拿着制服，上交在工作中使用的所有钥匙，离开大楼，不再报告工作。他们没有机会与他们的部门工作伙伴或管理人员讨论被辞退的相关事项。

IHG 没有给出任何官方解释，说明为什么裁掉那些员工，也没有感谢他们多年来的服务。在被裁员工最后一次递交他们的锦江酒店制服和钥匙等工作材料时，他们表达了自己的不满。留下的中国管理人员和员工都感到沮丧，因为其中被裁了的许多人都曾经努力工作，而现在在同事和尊敬的朋友面前以这样丢脸的方式离开。在同事离开告别时，许多人都哭了。中国管理人员认为，如果让他们负责裁员，他们会以不同的方式处理。这些裁员是 IHG 管理者以市场为导向的行动，他们以业务方式追求企业目标。然而，这是中国西部的重庆，不是纽约、伦敦或巴黎，在这些地方，裁员的处理方式与中国传统的处理工人和保护面子的方式显

97

THE SOURCE
OF INNOVATION
IN CHINA
中国创新模式

Highly
Innovative Systems

然形成鲜明对比。决策的依据不是关系的质量而是数字，这是不是中国西部地区了解全球企业文化的第一课呢？在 IHG 的规划中，他们没有考虑当地的家庭、政府和关系网络成员如何反应。

整个 2 月份，裁员都在继续进行。几乎每天有悲伤、惊喜、眼泪和愤怒，这从被裁的人收到他们的最后补偿金时可以看出。随着裁员继续进行，组织文化和工作氛围变得非常不确定。员工对管理锦江酒店的员工不再信任，他们的忠诚度下降，一些服务多年的勤奋工作的人员不再担心裁员。在收到补偿金后，有人评论说，他们不想再犹豫了，因为锦江酒店曾经友善和支持的气氛已经不复存在了。那些剩下的员工现在都戴着两副面具：在 IHG 经理面前的假笑和在朋友、家人和同事面前担心的皱眉。

当地社区对"这些外国人管理他们著名的老酒店"并不满意，因此入住率继续下降。2018 年 3 月初的一个晚上，甚至只有两位付费客户住在有 250 间客房的酒店。到 4 月初，当地政府和长江烟草董事担心酒店没有足够的资金用于支付营业费用或工资。所有高级旅游团体预订都已到期，而未来的预订未被确认。该区域的旅游业现在已经看到或者体验到了 IHG 的管理风格，他们认为 IHG 的未来并不乐观。

到了 4 月中旬，酒店年轻工作人员被裁的比例很高，因为这样可以不必支付那么高额的补偿金，而大多数老年工作人员仍然留在酒店。特斯洛承认，每一天都是艰难的，并且变得更加艰难，但在实现 IHG 的原有目标方面仍然取得了一些进展。

5 月下旬，特斯洛预计会把董事会一些成员列到裁员的最后名单中，其中包括 29 名工龄很长但不适应 IHG 模式的酒店老员工，但之前由于他们与中国董事会或政府成员保持密切联系，因此保住了他们在酒店的职位。当被问及这个即将召开的董事会会议时，特斯洛坚决表示，他"准备对名单进行一些微小的改变，但 IHG 也不想最终收留一些年长无用的雇员"。

从财务表现上来看，锦江酒店的入住率非常低，但是却以国际标准支付 18 位在财务、营销、家政、餐饮、人力资源、接待和供应部门的 IHG 经理的工资。政府和长江烟草总监对于不得不"支付在我们空荡荡的酒店工作的外方管理者过高的薪水"感到不满。利益相关者聘请 IHG 团队提高锦江酒店服务质量和入住质

THE SOURCE
OF INNOVATION
IN CHINA
第 3 章
Highly
Innovative Systems
中国文化价值观是促进还是阻碍创新

量的原始目标已经褪色，来自酒店董事会成员不满的声音越来越大。

过去 10 年积累的锦江酒店现金储备现在已经用尽，员工之间开始传播谣言，说酒店没有钱支付下个月员工的工资。

虽然所有留下的员工都被通知他们的工作是安全的，但工作场所仍然弥漫着沮丧的空气。随着不利于 IHG 的传闻在当地的传播，锦江酒店的入住率降至 6%，而附近的其他竞争对手的入住率却高达 70%。

## 2008 年 6 月

当 IHG 的前台和餐饮经理在 5 月底试图领取工资时，他们被告知无法支付。随着酒店的储备金用尽，长江烟草公司不得不为锦江酒店的账户注入额外资金，以确保酒店正常运营、支付员工工资。长江烟草董事会也没有闲着，在对酒店业务进行全面评估后，他们得出的结论是，如果要完成所有计划的建设和转型，他们需要花费超过 1 亿元人民币。这笔费用包括建设一座新的五星级酒店，支付剩余的 350 名员工的工资，超过 200 名员工的集体裁员支出，以及 18 名外籍 IHG 管理人员的薪金和费用。更糟糕的是，这是在锦江酒店的收入水平很低的时候发生的。长江烟草与当地政府意识到自己的计划陷入困境，决策不善、文化疏忽造成了大量和不必要的费用。

长江烟草公司所需支付的建设和服务费持续增长，供应商甚至开始了诉讼程序，要求为其出色的货物和服务支付报酬。6 月 16 日，长江烟草的财务总监注资锦江酒店 100 万元人民币，一周内用于支付营业费用、应付账款和基本四星级酒店运营费用，如空调和电费。锦江酒店需要采取积极的行动节省资金，酒店的三名乘客电梯中的两辆被停用，酒店的空调在晚上被关闭，部分员工开始弹性上班。

随着第一次注入额外的资金，长江烟草决定停止 IHG 计划的所有开发项目。这导致了许多问题，例如取消新电脑的订购、停止现有建筑物的装饰、取消两辆方便客人往返机场的新客车的订单，以及将大量的油炸桶保存在厨房，而不是进行设备升级。员工害怕发不了工资，也传闻说所有员工都会减薪。虽然现在很少有付费客户，但锦江酒店所有员工的工作量都增加了，根据新的 IHG 结构，现在

THE SOURCE
OF INNOVATION
IN CHINA
中国创新模式

Highly
Innovative Systems

由一个人完成之前中国组织结构雇用三名工作人员所能完成的工作量。

6 月下旬，长江烟草的主席和政府官员举行了危机会议，讨论锦江酒店的未来。他们相信自己原来邀请 IHG 管理锦江酒店是正确的决定，不过政府和烟草公司都希望更早看到客户数量的改善。

一些政府官员从以前的考察中了解到 IHG，并且预计酒店仅凭借声誉就会吸引大批充满国内和国际客人。经过九个月的意想不到的灾难，包括金融危机、代理商和市场的背叛，当地政府和长江烟草已经无法忍耐了，开始采取行动与 IHG 结束合同。

在离开中国参加欧洲 IHG 总经理年会之前，特斯洛会见了长江烟草董事会主席，要求为锦江酒店 2008 年下半年及以后的改善计划提供资金。

特斯洛已经开展了一项长期计划，希望将锦江酒店发展成为一家优质的五星级酒店，但费用变得太大了。相比之下，长江烟草公司不切实际地希望，锦江酒店可以更快地获得成功，达到自给自足。它们没有想到要面对必须提供大量额外资金来维持基本运作的情况，而且不愿意长时间为酒店的业务注入更多的钱。当 IHG 的管理层在裁员过程中开始对员工不尊重时，他们变得更加担忧了。

当时的锦江酒店董事会由长江烟草和当地政府人员把持，等待特斯洛离开重庆参加欧洲年度 IHG 总经理会议，然后取消对 20 名长期员工的裁员。

## 2008 年 7 月

7 月，欧洲 IHG 董事会收到重庆政府的通知，意图终止合同。

特斯洛从欧洲返回，继续在锦江酒店完成合同终止，双方达成管理终止协议，偿还 IHG 的巨额债务。所有外籍经理离职后不久就在世界各地的 IHG 酒店连锁店担任新职位。

IHG 离开后，前任中国总经理蔡勇博士被再次任命为锦江酒店的业务负责人，随即入住率水平明显提升。截至 10 月底，65 名被裁的员工已恢复原职，酒店入住率已上升至 36%。锦江酒店避免了一次变革的打击，但有人想知道，引进管理创新如何与传统企业文化很好地配合？

THE SOURCE
OF INNOVATION
IN CHINA
第 3 章

Highly
Innovative Systems
中国文化价值观是促进还是阻碍创新

| 案例 3-2 | 海尔的创新 |
|---|---|

宋赫民、唱小溪

## 简介

海尔集团（Haier Group）是一家来自中国的消费电子产品和家用电器跨国公司，总部坐落于山东省青岛市。海尔集团设计、研发、生产和销售各类电子电器产品，包括空调、手机、电脑、微波炉、洗衣机、冰箱以及彩电，一应俱全。

作为"世界电器制造业的领导者"，海尔获得了许多国际性荣誉和奖项。举几个例子来说，波士顿咨询公司在 2006 年 8 月发布了新全球挑战者报告，海尔被选为"全球 100 强新型企业"之一。同年，在世界品牌实验室、《世界经理人》杂志社以及《蒙代尔》杂志社共同组织的 2006 年世界 CEO 年会上，海尔集团 CEO 张瑞敏被授予"2006 年中国经济年度风云人物"的称号。不到一年后的 2007 年 7 月，海尔集团被《商业周刊》誉为"亚洲最受尊敬的企业"。2008 年 6 月，纽约咨询机构声誉研究所将海尔集团列为"全球 600 强最具声誉公司"第 13 名，并发布在福布斯网站上。一年之后，也就是 2009 年，在德意志银行旗下睿富全球排名与北京名牌评估有限公司共同推出和发布的"中国最有价值品牌"上，海尔连续 8 年荣获第一名。而 2010 年，世界知名市场调查机构欧睿国际信息咨询公司（世界消费者市场战略领导者）发布了关于世界家用电器市场的最新调查结果。结果显示，海尔品牌在世界主流电器市场占有 6.1% 的市场份额，从而再次成为全球家电第一品牌。海尔冰箱、洗衣机和酒柜的市场份额均名列第一。到 2011 年，由美国管理会计师协会（IMA）赞助的 2011 年中国管理会计学习行动峰会暨奥马尔颁奖典礼在北京举办。海尔集团凭借其"人单合一"双赢模式，荣获"2011 年管理会计行动学习企业奖"。2012 年，洛桑国际管理学院（IMD）将"IMD 管理思想领导奖"授予海尔集团 CEO 张瑞敏，以表彰他对现代管理技巧和实践方面所做出的贡献。2013 年，在波士顿咨询公司发布的"50 强最具有创新力的全球企业报告"中，海尔集团排名第八，在消费品零售行业排名第一。

THE SOURCE
OF INNOVATION
IN CHINA
中国创新模式

Highly
Innovative Systems

海尔集团所取得的令人惊叹的成就引起了更多学术领域和各大企业的研究兴趣。海尔集团为什么能实现如此令人瞩目的成就？海尔在全球市场的快速发展是何原因？在这次对于海尔集团的研究中，我们将探索使海尔集团取得现在这样成就的因素：海尔的战略创新以及"人单合一"模式的应用。首先，我们来回顾一下海尔的起源以及发展现状。

## 海尔的起源以及发展现状

海尔的前身青岛电冰箱公司成立于 1984 年。那时中国已经实施了开放政策，越来越多的外国企业开始在中国寻求合作伙伴。利勃海尔集团就是其中的一家德国企业，与青岛电冰箱公司签订了合资经营合同，并为青岛电冰箱公司提供技术和设备。在过去的 29 年时间里，凭借 CEO 张瑞敏的监督管理以及公司内部的创新精神，海尔不仅从破产的边缘绝处逢生，更是把海尔这一品牌变成了全球家电第一品牌。

2013 年，海尔集团的全球销售收入和利润分别达到 1803 亿元人民币（约合295 亿美元）和 108 亿元人民币（约合 17.6 亿美元）。根据欧睿国际信息咨询公司的统计数据，海尔已经成为了全球家电第一品牌。而在波士顿咨询公司发布的 2012年世界 50 强最具创新力企业榜单中，海尔是前十当中唯一一家中国企业，而且在消费品零售行业排名第一。

海尔集团奇迹般的发展让人们不禁想问："海尔是如何从破产边缘、无偿还能力的国有企业变成世界第一家电品牌的呢？"接下来，我们将回顾海尔两个创新的方面。

## 海尔的战略创新

自 1984 年以来，海尔集团一直都充满着开拓创新精神，并经历了四个战略阶段。在海尔集团的发展历程中，品牌建设发展阶段、多元化发展阶段、国际化发展和全球化品牌发展阶段是极其重要的四个时期。到 2012 年，海尔集团宣布进入第五个发展阶段——由董事长兼 CEO 张瑞敏领导的网络化战略发展阶段。2013年，由于受到网络的影响冲击，传统经济模式正在经历巨变。海尔号召"为满足

THE SOURCE
OF INNOVATION
IN CHINA
第 3 章

Highly
Innovative Systems
中国文化价值观是促进还是阻碍创新

顾客的个人化需求而生产产品"将会是未来的重点。

### 品牌建设战略发展阶段（1984—1991 年）

20 世纪 80 年代，中国正在实行改革开放政策，包括海尔在内的很多企业均从国外引进了先进的技术和设备。由于家电供不应求，很多企业都努力扩大生产规模。但海尔并没有和其他企业一样只追求数量而不重视质量，反而是以质为先。家电市场最终成为供过于求的局面时，海尔充分利用了超越竞争对手的产品质量，在市场中占得先机。在这一阶段，海尔致力于生产冰箱，在管理上开发便捷的成功模式，并着力发展技术、人员、资本和企业文化。

### 多元化战略发展阶段（1991—1998 年）：海尔文化激活"休克鱼"

20 世纪 90 年代，国家政策鼓励企业兼并重组，一些企业兼并重组后无法持续下去，或认为应做专业化而不应进行多元化。海尔抓住这一机遇，以"海尔文化激活休克鱼"思路先后兼并了国内 18 家企业，使企业在多元化经营与规模扩张方面，进入了一个更广阔的发展空间。当时，家电市场竞争激烈，质量已经成为用户的基本需求，海尔在国内率先推出星级服务体系，当家电企业纷纷打价格战时，海尔凭借差异化的服务赢得竞争优势。

这一阶段，海尔开始实行 OEC（Overall Every Control and Clear）管理法，即每人每天对每件事进行全方位的控制和清理，目的是"日事日毕，日清日高"。这一管理方法也成为海尔创新的基石。

### 国际化战略发展阶段（1998—2005 年）：走出国门，出口创牌

20 世纪 90 年代末，中国加入 WTO，很多企业响应中央号召走出去，但出去之后非常困难，又退回来继续做贴牌。海尔抓住加入 WTO 的机遇走出去，不只为创汇，以"先难后易"的思路，首先进入发达国家创名牌，再以高屋建瓴之势进入发展中国家，逐渐在海外建立起设计、制造、营销的"三位一体"本土化模式。这一阶段，海尔推行"市场链"管理，以计算机信息系统为基础，以订单信息流为中心，带动物流和资金流的运行，实现业务流程再造。这一管理创新加速了企业内部的信息流通，激励员工使其价值取向与用户需求相一致。

THE SOURCE
OF INNOVATION
IN CHINA
中国创新模式
Highly
Innovative Systems

全球化品牌战略发展阶段（2005—2012年）：整合全球资源创全球化品牌

互联网时代带来营销的碎片化，传统企业的"生产—库存—销售"模式不能满足用户个性化的需求，企业必须从"以企业为中心卖产品"转变为"以用户为中心卖服务"，即用户驱动的"即需即供"模式。互联网也带来全球经济的一体化，国际化和全球化之间是逻辑递进关系。"国际化"是以企业自身的资源去创造国际品牌，而"全球化"是将全球的资源为我所用，创造本土化主流品牌，是质的不同。因此，海尔抓住互联网时代的机遇，整合全球的研发、制造、营销资源，创全球化品牌。在这一阶段，海尔探索的互联网时代创造顾客的商业模式就是"人单合一"双赢模式。

网络化战略发展阶段（2012—2019年）：网络化的市场，网络化的企业

海尔抓住第三次工业革命的机遇，以"没有成功的企业，只有时代的企业"的观念，适应个性化生产的需求，实施网络化战略。其基础和运行体现在网络化上，主要是网络化的市场和网络化的企业两部分。网络化的市场里，用户网络化、营销体系也网络化，许多事物都变成网络化了，企业也必须变成网络化。网络化的企业可归纳为三个"无"：企业无边界，即平台型团队，按单聚散；管理无领导，即动态优化的人单自推动；供应链无尺度，即大规模定制，按需设计，按需制造，按需配送。

## "人单合一"双赢模式

传统企业的组织结构一般都是一个正三角形。领导层居于顶部，工人在底部，两者之间还有大量的中层人员。这种形式的组织结构适合于传统经济，但在互联网时代，这种结构已经不能满足用户的需求了。因此，海尔将原本的正三角改成了倒三角：用户位于顶部，而领导层在底部。如陈欧阳所说，对于用户积极的反馈能够帮助一个组织了解并合理评估自身的行为模式，以便能更好地展开和促进日常工作的改变，这些改变对于一个成功的组织转型都是十分必要的。

正三角形的组织结构非常稳定，但并无生气。而倒三角的结构不仅生气勃

THE SOURCE
OF INNOVATION
IN CHINA
第 3 章

Highly
Innovative Systems
中国文化价值观是促进还是阻碍创新

勃，还能在全流程中保持稳定。自主经营体建立围绕着用户需求，能够使每个人都充满能量。海尔把 8000 多人变成了大约 2000 个自主经营体。海尔一直称这种模式为"人单合一"双赢模式。

"人"指的是员工，而"单"并不是狭义的订单，而是指用户需求。"人单合一"即让员工与用户融为一体，而"双赢"则体现为员工在为用户创造价值的过程中实现自身价值。"人单合一"双赢模式的实质是："我的用户我创造，我的增值我分享。也就是说，员工有权根据市场的变化自主决策，员工有权根据为用户创造的价值自己决定收入。"海尔的"人单合一"双赢模式是为适应互联网时代挑战而进行的创新。这种模式使曾经服从上级指令的员工变成以满足用户的需求为己任，因此每名员工都可以在为用户创造价值的过程中决定其自身的价值。

2011 年，海尔并购日本三洋白电，通过引入"人单合一"双赢模式，使团队从原来的"唯尊是从"变为"唯用户是从"。日本企业里根深蒂固的年功序列制被打破，谁能为用户创造更大价值，谁的价值就更大。

### 结论

海尔集团根据不同的市场状况，在不同的发展阶段选择了不同的创新战略。海尔的创新战略是掌控科技和研发能力的基础。在注重创新战略的同时，海尔集团并没有忽视管理创新和客户需求，实行了"人单合一"双赢模式。

还有许多有关海尔集团在自己的道路上不断发展的问题。例如，海尔集团是如何通过不断的战略创新和管理创新，尤其是在最近大数据的背景下保持竞争力的？海尔集团在面临越来越多的竞争者是将如何应对的？海尔"人单合一"双赢模式的应用能够永远起作用吗？如果不再起作用，那么海尔集团在未来将会做出怎样的改变？

THE SOURCE
OF INNOVATION
IN CHINA
中国创新模式

Highly
Innovative Systems

　　海信集团：为创新而生

田牧、玛丽娅·帕斯·萨马多·桑切斯（Maria Paz Salmador Sanchez）

## 介绍

　　海信集团作为"也许是中国最成功的公司"，获得了相当多的国际荣誉和奖项。2007 年 10 月，中国国家统计局"中国 500 强最具竞争力企业"评选中，海信集团排名第一。海信集团连续多年荣获"中国最受尊敬企业"称号。2009 年，海信集团在中国电子信息企业百强排名第四。根据人民网 2011 年 9 月的报道，海信电视荣获"亚洲质量奖"，成为第一家赢得此殊荣的中国企业。2010 年，海信集团董事长周厚建获得《IT 经理世界》杂志颁发的"技术领袖"奖。仅一年之后，2011 年 12 月，周厚建获得美国佐治亚州桑尼·珀杜（Sonny Perdue）州长颁发的"政府嘉奖"，成为获得此殊荣的第一位中国企业家。政府嘉奖是佐治亚州的最高荣誉，仅向最优秀的组织和企业提供，海信集团的创新能力得到国际尊重可见一斑。2010 年，海信集团在 2010 年中国消费电子市场中期报告中荣获"最佳市场表现奖""功能创新最佳组合奖""最佳工业设计创新奖"。2013 年，海信集团连续三年荣获罗素顶级供应商奖。2014 年，在 2014 年一级方程式澳大利亚大奖赛的新闻发布会上，海信集团被评选为竞赛活动的官方电视供应商。

　　这些奖项和荣誉表明，海信集团自 1969 年成立以来，已发展成为快速发展和不断变化的家电行业知名品牌。过去，人们认为中国企业只能是技术复印机，而不是世界技术创新领导者之一。但现在，海信集团颠覆了普遍认为的假设。海信集团在世界市场快速增长和出现的动力是什么？它能继续以目前的速度增长吗？

　　在这次对于海信集团的探索中，我们将研究导致海信集团惊人快速的增长和竞争能力的因素。首先，我们转向海信集团的卑微出身和现在的经济实力。

### 海信集团的起源和现在的财务实力

　　青岛是中国非常著名的品牌城市，而海信是青岛的品牌之一。海信集团是中国的一个大型专业电子信息产业单位。"海信"这个名字意味着海信集团一贯重视

THE SOURCE
OF INNOVATION
IN CHINA
第 3 章

Highly
Innovative Systems
中国文化价值观是促进还是阻碍创新

的海洋般广阔的视野和信誉。英文名称 Hisense 由"高"（Hi）和"感"（Sense）组成，这意味着海信集团不断追求高科技、高品质和高品位。

事实上，海信集团已经历了 35 年的发展。海信集团成立于 1969 年 9 月或 12 月，由青岛市政府组织，当时是青岛无线电二厂，随后开始逐渐成长。小工厂的第一款产品是以"红灯笼"为品牌出售的收音机，后来又通过山东省国防办公室订购黑白电视机的契机获得了制造有关电视机的专业知识。

1979 年，电信部会议号召民用电子产业进行更大的发展。随后，青岛二号无线电工厂与其他当地电子制造商合并，开始以山东省青岛通用电视厂名义生产电视机。最初，彩色电视机的制造是通过从日本松下购买生产线完成的。同时，海信集团的技术并购对象包括日立、朗讯、松下、NEC、三洋、东芝以及高通。

现在，海信集团已成为一家专业从事电子、家用电器、通信、IT、房地产、贸易发展等业务的大型高科技企业。多年来，海信集团致力于"开发高新技术，生产优质产品，提供一流服务，建立世界知名品牌"的战略。同时，集团重点关注产业结构调整，技术创新和资本运作。海信集团先后建立了以消费电子、电信、电脑为主的 3C 产业结构，其主要产品有电视机、空调、电脑、移动通信设备、软件和互联网设备。海信集团取得如此长足进步的原因是坚持走创新发展的道路。海信品牌于 1999 年 1 月 5 日被国家工商行政管理局认定为中国著名商标。

2013 年，海信集团实现销售收入 932 亿美元，同比增长 15%，净利润达到 66 亿美元，其经营业绩稳步增长（详见表 3-4）。

表 3-4　　　　　　　　海信集团的财务亮点（2011—2013 年）

单位：人民币 10 亿元

| | 2011 年 | 2012 年 | 2013 年 |
|---|---|---|---|
| 收入 | 71.6 | 81.0 | 93.2 |
| 营业毛利率 | 16.74% | 21.8% | 27% |
| 净利润 | 4.285 | 5.2 | 6.6 |

来源：根据海信集团 2011—2013 年年报整理。

THE SOURCE
OF INNOVATION
IN CHINA
中国创新模式

Highly
Innovative Systems

这些数字令人印象深刻，因为海信集团仅在成立不到 40 年的时间内达到了这个水平。接下来，我们将重点放在创新方面，来审视其发展的战略。

## 海信集团的企业文化

海信集团令人印象深刻的增长速度与强大的企业文化有关。海信集团人意识到，基于技术创新可以实现利润增长。所以海信集团人认为，如果不增加技术创新的长期投资，只能获得小的利润，甚至损失。市场竞争是一场永无止境的战斗，产品是最强大的武器，赢得这场战斗的有效途径就是加强对迅速变化的市场应对能力。在海信集团，"质量"是管理效率的重要指标。如果质量未达标，质量部经理或总经理就会受到处罚，可能遭受降级甚至开除的处分。

海信集团最重视的标准是创造完美的产品、服务和生活，并造福社会。海信集团具有高度的社会责任感和奉献精神，致力于服务社区。长期以来，海信人认为，只有通过服务社区才能促进企业发展壮大。"服务"不仅反映了海信集团与消费者之间的关系，也反映了海信集团与其员工以及总部及其子公司之间的关系。"创造完美，服务社会"是海信集团的行为守则。

海信人始终坚持海信属于每一位员工，这意味着公司的成长或失败与每位员工密切相关。当企业蓬勃发展时，员工受益；当它崩溃时，每个人都受苦。一家公司的兴衰扛在每个人的肩上。因此，在今天激烈的竞争中，海信员工必须团结协作才能改善公司，最终永远处于不败之地。

## 不断创新的战略

海信人一直非常重视创新。他们清楚地知道，创新在竞争中占据主导地位。海信集团不断投入大量资金进行研发，重组研发管理体系，包括组织框架、激励机制、项目管理和团队合作。海信集团的这种战略促进了重大技术创新。海信集团采取了以下三项措施，帮助公司获得竞争优势。

### 建立创新技术体系

海信研发中心总部位于美丽的沿海城市青岛，占地 63 亩，建筑面积 6 万多平

THE SOURCE
OF INNOVATION
IN CHINA
第 3 章

Highly
Innovative Systems
中国文化价值观是促进还是阻碍创新

方米，将生产、学习与研究相结合，同时研发中心也是山东大学海信研究所——大型企业与重点大学之间全面合作的载体。2004 年，海信成为中国第一批国家创新体系试点企业研发中心之一。

海信研发中心建立了相对理想的研发平台体系，包括应用基础研究中心（数字多媒体技术重点实验室）、产品开发中心、公共研发支持平台（测试中心、试点中心、数据信息中心、技术培训和学术交流中心）和博士后科研站。该中心配备了数字显示器、智能多媒体、数字电视、光学投影、智能家电、移动通信、智能交通、互联网安全、计算机和光电通信。此外，该中心也是海信电脑、通信和消费电子产业的技术研发中心，负责海信集团核心和前端技术的研发工作，开发新产品，优化产品和调整产品结构。

该中心聘用了 2000 多名全职技术开发人员，其中一半具有中级或高级技术职称。有近 50 名资深专家和博士生、300 多名研究生，其中 90% 在 40 岁以下。

海信集团始终把研发投入放在首位，研发投入每年占产品销售额的 5% 以上。建立了全国第一个基于内联网的无纸化开发系统，拥有 2000 多台在线微型计算机和 50 多台计算机辅助设计（CAD）站。已建成家用电器、空调、通信技术、数字显示技术、计算机、互联网技术、智能研究和工艺设计实验室、功能测试室和电路 CAD 机房，达到国家或国际先进水平的实验室环境标准。实验室配备数百套设备，其中许多设备符合国际先进水平。这些设备能够满足创新发展、实验和测试的需求，用于实验和测试各种产品，如电视机、空调、计算机、冰箱、互联网和通信产品。

该中心通过信息共享和资源综合利用为研究人员提供国际一级的开发和测试环境。这为海信集团技术创新打下了坚实的基础，使海信集团在技术上保持同业的顶级水平。该中心每年从事数十个国家级项目，至今已申请了 2000 多项专利。2006 年，该集团完成研发 537 项新产品和技术，其中三分之二具有国际先进水平。

海信集团旨在打造世界一流的研发中心，近年来通过不断改进研发创新体系建设，来实现这个目标。广东舜德海信研发中心于 2001 年被认证为国家级企业技

THE SOURCE
OF INNOVATION
IN CHINA
中国创新模式

Highly
Innovative Systems

术中心，2002 年成立博士后科学工作站，同时也是 863 计划下的国家级技术创新基地和工业基地。2002 年至 2006 年，科龙舜德技术中心获得科技进步奖 70 项，其中省部级 25 项。共进行了 863 项计划科学项目，其中国家级 16 项，省部级 39 项；重点新产品 71 项，其中国家级 16 项，省部级 39 项。截至 2006 年底，该中心共申请专利 1536 项。

### 创新人才管理模式

市场竞争归根到底是人才竞争，企业经营管理归根到底是人才问题。技术创新需要以人才招聘和培养为基础，海信集团坚持以人为本的原则，在选、用、育、留的人力资源机制下，海信集团形成了以报酬、职业前景和愉快的学习气氛吸引人才的文化，也形成了良好的人力资源开发和管理体系。海信集团为研究人员和开发人员提供了良好的条件，每年培训费用接近 1000 万元人民币。

此外，海信集团还整合了整个集团的海外资源，拥有由高潜力年轻人组成的国内外顶尖营销队伍，所有人均具有学士或以上学历。其中大部分毕业于国内外知名高校，主修国际贸易、外语、物流、图形设计和营销管理。此外，每个人都有丰富的销售和营销经验。

海信集团不但引进了大量的人才，更着力培养人才。海信集团与山东大学、中国海洋大学签署了长期培训合同，选择一部分管理人员每年进行学习培训。此外，海信集团每年还安排了部分研究人员出国留学。根据公司发展情况，海信集团还成立了海信大学培育人才，以应对激烈的市场竞争，培养具有先进创新意识的人才。根据人力资源管理状况，海信集团改变了公司与员工的关系，使员工成为合作者。"属于每一位员工的企业"不仅是文化导向和宣传，而且也是让员工知道如果今天不努力会有什么样的具体后果，明天他们将不得不全力去找新的工作。

同时，海信集团也建立了有效的辅导计划，帮助新员工适应海信集团。当新员工刚刚进入公司时，部门领导会将其分配给有经验的员工带。导师的角色是提供有用的知识和建议，包括介绍公司周围的生活环境，并帮助他克服可能出现的任何困难。除了为新员工提供指导计划之外，海信集团的每个部门都会指派一群

THE SOURCE
OF INNOVATION
IN CHINA
第 3 章

Highly
Innovative Systems
中国文化价值观是促进还是阻碍创新

资深和有经验的员工，担任员工的辅导员。作为来自知名大学的研究者或退休的专家教授，他们利用自己在高科技行业的丰富工作经验，推己及人，当员工在其生活或工作中遇到问题时提供解决方案。海信集团为所有员工提供双重职业发展道路，其中包括管理路径和技术／专业路径，员工可以根据各自的特点和职业兴趣选择合适自己的职业发展目标。

海信集团充分利用分配杠杆保留人才，如采取"短期股票"的方式来增加员工的实际利益。在技术中心，海信集团实行一系列激励政策，如更高的工资，与产品利益相关的个人收入，学术领导者实行年薪制，享受住房等方面的特殊待遇。对于拥有技术专长和管理专长的人员，海信集团将向其提供公司股票，使其成为股东，将技术专家和管理专家与公司的利益紧密结合。这一政策对于激发员工的创造力非常有用，已成为海信集团成功发展的最佳保证。

### 实施在线营销策略

海信作为中国知名家电品牌，不断为客户提供新产品。它还以自己的高科技优势创新营销模式，以弥补传统营销模式的不足，取得了显著成效。电视购物模式自 2006 年正式实施以来，电视购物的销量每年都上涨了约 80%。

在电视购物领域，海信集团与湖南卫视（欢乐购）、浙江传媒集团、江苏传媒集团等近 10 家省级电视家居购物公司进行了合作。海信集团也积极响应家电下乡政策，让边远农村消费者有机会享受国家政策的好处。

根据年轻一代网络购物的偏好，海信集团增加了网络购物的预算拨款，建立了网上商城，开通了在线交易平台，拓宽了营销渠道，为新的营销策略的制定奠定了基础。

### 多品牌战略

荣声和科龙是改革开放进程中建立的两个民族品牌，知名度和声誉较高。现在，海信集团已经兼并了这两个品牌，增加了海信集团在白电产业的实力，平衡了华北地区的市场布局，进一步提升了其在国内和国际市场的竞争力。海信集团成为中国唯一一家在北方和南方市场均有较高业绩的家用电器制造商。海信集团

111

THE SOURCE
OF INNOVATION
IN CHINA
中国创新模式

Highly
Innovative Systems

很有可能整合白色家电业务，包括空调和冰箱，并将有关资产转向空调和冰箱相关领域。

### 科龙

科龙的标识 Kelon 代表想象力、科技感和无限触觉。第一个字母"K"被确定为这个词的重点，"海信橙"的应用使得这个词看起来更有活力，象征着进步和创新的不断增长的活力。"科龙蓝"代表了公司稳步发展的步伐。

### 容声

容声的品牌名称意味着高品质、实用的功能和知名度。容声的英文图标看起来很简单，左上角的闪闪发光的明星设计为商标增添了辉煌和活力，这也凸显了容声关心客户的商业态度，表现出可靠性、技术改造和质量，将无限活力注入品牌之中。中英双语商标中都可以感受到节奏感。

## 技术战略

海信集团的快速发展与其实施的技术战略密切相关。海信集团每次进入新领域时，首先会通过设立研究机构和人才储备研究机构，以实现技术进步。随后研究机构将会分拆成一家新公司。基于技术，海信集团将研究机构作为培育和提升核心竞争优势的平台，来实现建立新产业的目标。这有助于海信集团掌握核心技术，降低投资风险，优化产业结构，发挥协同效应，提升竞争优势，确保企业长期健康发展。

此外，海信集团始终坚持原创性。在创新设计中，原创性被视为最重要的因素。企业竞争力的核心是基于自主知识产权的核心技术。为了形成这样的优势，抵御市场风险，企业必须拥有自主知识产权，增强核心技术的独创性。

最后，海信集团坚持科技为人类服务的原则（"科技为人类服务"）。人性应该是科学技术的核心。在技术应用方面，海信集团在改善民生的同时，克服了科技与人性的分化。海信集团以现代科技为人类提供服务。

THE SOURCE
OF INNOVATION
IN CHINA
第 3 章

Highly
Innovative Systems
中国文化价值观是促进还是阻碍创新

## 创新成就

在不断创新的基础上，海信集团取得了很多成就。截至目前，海信集团已在国内外建立了 20 多家子公司。在欧洲，海信集团通过在意大利、英国、西班牙、匈牙利和比利时设立分支机构，扩大了营销网络。海信集团德国于 2010 年成为海信集团欧洲总部。在美国，海信集团积极探索关键客户，并已形成了牢固的关系。在澳大利亚，海信集团实现了本地化管理，通过以有竞争力的价格和最优质的服务提供优质的产品，同时与主要零售渠道合作，取得了很大的成就。2008 年 7 月，海信集团获得了澳大利亚主要体育场的命名权，成为第一家拥有海外地点命名权的中国企业。在亚洲，海信集团在马来西亚设立分公司，探索东南亚市场。在北非，海信集团比任何其他中国电子公司都更成功。在南非，海信电视已经占有 10% 的市场份额。同时，海信集团在全球各地展出产品。

2011 年，海信集团销售收入为人民币 766 亿元，居中国电子信息百强企业第六。"海信"已成为全国知名品牌。1999 年，海信荣获"中国名牌"称号，并于 2001 年首次获得"国家质量管理奖"。海信电视、空调、计算机和手机等产品都是国家知名品牌。同时，海信电视、空调、计算机、冰箱等商品都是国家免检产品。此外，海信集团首先获得了出口豁免检验的权利。海信集团拥有国家级技术中心和一线博士后科研工作站。此外，该集团一直在中国电子行业发挥主导作用，海信集团每年承担数十个国家级项目。所有这些都是由于其高效的技术创新机制。

同时，海信集团在全国拥有 200 家销售公司和 10 000 多家服务网点 该集团向欧洲、非洲、东南亚和美洲的约 100 个国家和地区出口产品。海信集团的一万多名员工将继续努力，实现"建立国际知名品牌"的目标。

### 周厚建：对组织的领导和影响

周厚建是海信集团董事长，1957 年出生于山东青岛，是一个有七个姐姐、在家庭中最小的也是唯一的儿子。作为青岛的理科状元，周厚建 1978 年进入山东大学电子系学习，毕业后被分配到青岛电视厂担任技术人员，逐步晋升为主管和厂长助理，35 岁当上了厂长。周厚建解雇了 20 名从公司偷走原材料的员工，合

THE SOURCE
OF INNOVATION
IN CHINA
中国创新模式
Highly
Innovative Systems

并了监督岗位，培养了具有潜力的员工，增加了研发人员的薪酬。通过这些举措，周厚建建立了他的领导声望，为未来的发展奠定了良好的基础。他以青岛电视厂为基础，1994 年成立了海信集团，现在是中国最大的家电制造商之一，在全球100 多个国家设有分销商。

周厚建认为，研发创新是企业成功的核心。1996 年，中国彩电业经历了激烈的价格战。周厚建宣布，海信集团不会参与这样的混战；相反，周厚建采取"高技术、高品质、高服务、全球品牌"的战略，保持竞争力。当中国电视制造商的数量从 50 多家急剧下降至 10 家左右时，海信集团不但幸存下来，而且取得了显著的增长。到 1998 年，其销售额已达人民币 100 亿元，净利润超过 12 亿元，位居中国前 100 强电子产品企业第七位。由于他所取得的突出成就，政府授予周厚建"全国五一劳动奖章"，这是对中国工业界人士的最高嘉奖。

同时，周厚建也关心一些战略性和发展性问题，如资本运作、结构调整和企业所有制改革等。2000 年，在三星集团的帮助下，周厚建在执行总体生产力维护（TPM）的同时，仍然保持了良好的发展态势。2005 年 6 月，海信集团在北京公布了"Hiview 芯片"，这是一项基于国际领先水平的数字视频处理芯片，标志着中国芯片的诞生，结束了中国制造彩色电视机使用进口芯片的历史。周厚建强调技术创新和结构优化，海信集团建立了 3C 主导产业（消费电子产品、通信和计算机），其中包括电视、空调、冰箱、软件开发和网络设备等行业。在美国、日本、澳大利亚、巴西、意大利、印度尼西亚等设有贸易公司或办事处，并在南非建立了当地生产基地。到 2013 年，海信集团的销售收入达到人民币 932 亿元，拥有 20 多家子公司和全球销售网络，已成长为中国最具影响力的电子集团之一。周厚建的梦想是让他的公司成为中国的索尼。周厚建获得了诸多奖项，如 2010 年的"技术领军奖"和 2011 年美国佐治亚州的"政府嘉奖"。

## 总结

海信集团坚持不懈创新，发展迅速、生存空间广阔，创造了国际知名品牌。激烈的市场竞争说明了一个道理：如果企业没有自主创新，就不可避免地陷入同质化的泥潭。海信集团的经验表明，创新是企业生存、发展和国际化的唯一途径。

THE SOURCE
OF INNOVATION
IN CHINA

Highly
Innovative
Systems

第 4 章 **基于网络的中国创新**

THE SOURCE
OF INNOVATION
IN CHINA
第 4 章

Highly
Innovative Systems
基于网络的中国创新

因为传统的中国哲学可能会促进创新，这种松散耦合的网络文化也可能会使组织管理中的社会网络方法过程变得更加流畅。我们在第 3 章中已经讨论过，关系文化是中国社会十分普遍的文化，它侧重于人与人之间的关系，与社会经济活动相关。我们认为，这些个人化的关系为组织间基于网络的创新活动提供了微观行为基础。

一方面，西方利益相关者理论与社会网络理论的建立，对内外部利益群体纳入企业活动并进行合作的现象进行了阐释。另一方面，在数字信息时代，基于网络的创新正在逐渐成为一种重要的创新模式。在本章中，我们采取这种企业网络方法，来分析中国社会网络体系运行的不同类型，其中包括了企业的价值链活动。我们认为，中国基于网络的创新和实践具有多重机制的特征，分别由体系、市场和文化行为驱动。最常见的中国文化行为——关系和面子，相互交织，建立起了一个松散联结的关系网络。这种网络可能建立在中国传统的家族制度之上，或者建立在现代化的、以技术为基础的互联网之上。我们将基于网络的创新分为不同的类型，时间跨度涵盖了从计划经济时代到转型经济时代，再到今天的互联网时代。通过展现不同时间段在不同层级的基于网络的创新，我们对其构造特征和发展实践进行了分析。

在这些基于网络的创新的不同的类型当中，我们给出了具体的案例。例如，在计划经济时代，中国几乎被西方社会所隔绝，因此没有外国投资或者国际技术的转移。在这样的情况下，中国在"两弹一星"计划上取得了突出

THE SOURCE
OF INNOVATION
IN CHINA
中国创新模式

Highly
Innovative Systems

的技术创新成就，并产生了一些应用于军事防御和产业基础设施上的创新。这些高度相关的创新由制度因素所驱动，依赖的是社会主义"集中人力物力办大事"的优势。由高度集中的资源所驱动，形成强合作的网络，中国转化为全国性的基于网络的创新模式。

改革开放之后，向市场经济的转变建立了一种在自下而上的政府力量、制度力量和自下而上的市场力量之间的混合状态。因此，在这一阶段，网络式创新模式在不同的地区、行业和组织里存在的方式各有不同，但它们相似的地方是制度—市场的双重驱动力量，同时由政府"看得见的手"和市场"看不见的手"支配。

在今天的信息时代，数字创新和技术创新进程越来越快，技术生命周期也大大缩短。基于移动互联网技术的高科技企业创造了新行业的代表企业，如阿里巴巴、腾讯和百度。作为创新网络的中心，这些企业代表了不同的基本商业平台，即阿里巴巴是基于电子商务，腾讯是基于即时通信，百度是基于搜索引擎。通过领导和建设强关系网络，这些新兴的跨国巨头都凭借着网络式创新及其平台所提供的多种功能进行扩张和成长。

本章的基础是有关网络式创新的命题，首先展示了这一领域的基本理论，然后是网络式创新的三种类型，以及中国的经济变革。

## 社会网络和创新

许多学者认为，社会网络与企业创新存在正相关关系。由于知识再造过程中的复杂性和动态性，任何一家公司掌握所有创新所必要的知识和能力都是十分困难的。一些学者检验了创新的网络本质所带来的影响，如网络结构

THE SOURCE
OF INNOVATION
IN CHINA
第 4 章

Highly
Innovative Systems
基于网络的中国创新

和组成；另一些学者聚焦于组织建立网络的过程，如业务编排机制。但是，网络创新的一个固有挑战在于，组织必须具有从外部网络吸收知识的能力。因此，将外部网络与内部结构和工作体系相结合，是建立创新整体蓝图的一个重要部分。

由于在群体和组织内的知识和资源是有限的、同质化的，与外部资源的联系是获取新思考方式的必经之路。南比桑（Nambisan）和索尼（Sawhney）认为，企业正在逐渐从以企业为中心的创新向以网络为中心的创新转变。宏观经济学分析提出了国家 / 区域创新系统（national / regional innovation system，NIS/RIS）的概念，即组织建立起与行业伙伴、金融机构、教育研究机构、咨询公司和政府组织的一种相互网络，以有效实现知识外溢、技术渗透以及组织和行业的创新。

与宏观经济学家的观点相似，组织领域的研究者将社会资本视为知识资本的一个重要组成部分，肯定了社会资本在开发和转移知识以及组织内和组织间的创新绩效的重要作用。同时，基于资源 / 能力的角度，战略领域研究者强调了与外部知识来源形成正式联盟与合作，对于在技术开发和商业化的过程中引入关键学习和创新能力的重要性。之前的研究主要聚焦于网络结构或构成对于组织创新的影响，探索了创新编排的特定机制，如管理知识流动、网络稳定性、创新一致性、杠杆作用，以及网络的适宜性。

与外部网络的合作能带来资源分享，也就是专项技术的转移和企业间资产的转移；以及知识外溢的途径，使得新的洞见和信息能够在企业之间流动。社会网络的异质性，通过获得各种创新资源，帮助企业克服了内部资源的限制，这是战略要素市场所不能获取的。例如，与教育研究机构、咨询公司与其他知识密集型机构的横向联系，使得组织能够获取代表最前沿的研究和最佳实践的资源。

THE SOURCE
OF INNOVATION
IN CHINA
中国创新模式

Highly
Innovative Systems

　　尤其是在动态的环境中，战略同盟提高了资源交换和转移的效率，发展了一套为技术更新和探索创新而持续吸收默认的、基于惯例的知识的机制。另外，与供应商和顾客的纵向联系，如研发、生产和市场营销活动，会在市场引进新产品或服务的过程中变得更加有效。为了获得更大的产品需求，供应商经常愿意创造知识的溢出效应，帮助下游组织节省研发成本、提高产品质量，而这对下游企业的创新绩效有直接的贡献。此外，纵向联系会带来市场上机会和威胁的有用信息，能够帮助企业识别客户需求，正确定位产品或服务，收获创新的商业成果。因此，向外延伸的社会网络不仅可以促进创新的获取和发展，而且可以增加企业成果将创新进行商业化的可能性。

　　在中国经济社会处于急剧转变的时期，中国的网络式创新范式包含了多种运营机制：由政府部门驱动，由市场驱动，嵌入关系性的社会文化行为，等等。这些维度相互交织、相互混合，共同影响创新结果。因此，创新网络的中国特色具有更加典型的元素：多重驱动力和多重维度。

　　由于当今中国社会的现实是市场经济的基础，中国的国家创新战略开始更加重视企业的角色。在这个过程中，市场在促进不同利益相关方的关系上扮演了更加重要的角色。但是，由于历史路径依赖的缘故，中国政府机构在很长一段时间内保持着对资源的控制和配置权。虽然政府决心将国有企业的所有权和管理活动相分离，这种现象在某种程度上仍然会继续。因此，政府驱动的创新网络与市场驱动的创新网络共同存在，共同影响着中国创新企业。在下面的内容中，我们将从计划经济时代视角延伸开去，到转型时期，再到现在的互联网时代，介绍并讨论中国的网络式创新在不同时期及不同层次的构成、特征与操作实践。

THE SOURCE
OF INNOVATION
IN CHINA
第 4 章

Highly
Innovative Systems
基于网络的中国创新

## 计划经济时期中国政府主导的创新网络

中国在经济和社会转型发展的过程中，在创新发展的制度建设和实践上也经历着逐步转型变革的过程。总体来说，如何协调自上而下的政府治理与自下而上的市场机制是整个中国经济体制转型的核心命题之一，这两种力量也是驱动中国经济组织进行创新的重要力量。

在 1949 年至改革开放之前的计划经济时期，中国的创新主要建立在"集中力量办大事"的优势上，以政府高度中心化的行政力量来整合各类资源，形成基于强合作网络的重大项目集中攻关实现关键性的创新，即所谓创新的"举国体制"。

在当时以军事及重工业优先的国家战略下，这种高度整合的网络化项目平台通常集中于一些重大的军事技术或重工业技术攻关，加之当时西方世界对中国在核心技术上的封锁策略，反而使得这种合作攻关式的创新具备了更多的自主探索性和广泛的资源整合性。

最为典型的例子如中国的"两弹一星"工程。在经济困难的 20 世纪 60 年代，中国成功研制出"两弹一星"，并在此后的年代里使之不断发展，成为世界上拥有相关领域先进技术和装备的少数国家之一。

"两弹一星"的研制成功在国内外产生了巨大而深远的影响。数据显示，从原子弹到氢弹研制成功，中国仅用 2 年零 8 个月，美国历时 7 年零 4 个月，苏联耗费 4 年，英国花了 4 年零 7 个月，法国用去 8 年零 6 个月。无论是核弹、导弹、两弹结合还是卫星发射，中国的研制速度都比较快，基于举国体制形成高度集中的网络化合作攻关，成为一种重要的原因。

121

THE SOURCE
OF INNOVATION
IN CHINA
中国创新模式

Highly
Innovative Systems

　　"两弹一星"的研制既是科学研究，也是大规模的合作型工程实践，其中任何一项的研制机构都错综复杂。在当时封闭的环境下，为了实现这种突破性的重大创新，中国在国内、国际上都充分发动社会网络来整合相关资源，卓著的例子如在核心的专家人才资源上，当时在美学业有成、科研优秀的钱学森等关键人才也是在那个时期通过各种渠道被吸纳回国，成为当时创新的支柱性力量。在国内的项目实施上，同样是充分调动跨部门、跨机构的资源集中攻关，形成强网络化的项目平台。

　　以首枚原子弹的研制机构为例。首枚原子弹研制的平台机构可分为领导与协调模块、核心研制模块和各种辅助研制模块三大块。有的单位因在研制的不同阶段参加了不同的工作，有些是核心性的、有些是辅助性的。据统计，仅在自 1962 年开始实施的两年规划的攻关会战中，全国先后有来自 26 个部（院）、20 个省（市）及自治区的 900 多家工厂、科研机构和大专院校参加了此项研制工作。

　　时至今日，这种从军事、国防科技角度进行的"会战式"和强合作创新虽然已不如当时那么显著和鲜明，但是这种创新的举国体制仍然在一定程度上产生着影响，正如我们在第 2 章中提到的国家 / 区域创新体系。

## 经济转型时期制度-市场双重驱动的创新网络

　　改革开放以来，中国经济体制一方面逐步向市场化转型，另一方面政府在经济中的宏观调控和制度安排中依然也扮演着重要的作用。所谓建设"有中国特色的社会主义市场经济"，其核心特征是一种将政府驱动的制度性力量和市场自由竞争相结合的体制。这种"大政府＋大市场"的模式特征同样也体现在经济主体进行网络式创新的过程之中。

THE SOURCE
OF INNOVATION
IN CHINA
第 4 章

Highly
Innovative Systems
基于网络的中国创新

与以上计划经济时期由政府完全主导驱动形成的合作创新网络不同，经济转型期中的创新网络具备了由政府制度和市场竞争双元驱动的典型特征，其具体主要涉及两种形态：其一是以国有中央企业为主体，通过有力整合市场化经济主体资源（甚至国际化产业资源）而形成的创新网络；其二是由政府政策驱动，引入市场化主体资源形成的区域性的创新网络系统或产业集群。

第一种模式是以国有中央企业为核心平台，整合国内、国际市场主体资源而形成的创新网络，这种方式其实在某种程度上说，是以上计划时期创新的举国体制在转型期的一种延续和发展。从延续的角度，这些中央企业其实是国家掌握产业经济的重要载体，都在所谓关系国计民生、国家安全的基础性、战略性产业（电力、石油、通信、航空航天、重型机械、军工产业等）中以巨型产业集团的形式进行某种程度的垄断性经营，并充分发挥制度和政策的集中优势以较快步伐实现产业的发展和创新升级。从发展的角度，当今的这些垄断性国企在进行核心技术的创新和应用时，又得以通过更加广泛的市场化机制在国内和国际范围内实现资源的整合配置。因此，这种合作网络一旦有效运行，则可能兼备政府政策的利好性和运营层面市场化杠杆的灵活性。

在当前这些国有战略性产业中，很多重大创新的实现大多体现出以上的模式特征。比如近年来中国的高速铁路及高速列车等产业，从2003年以来，中国的高速铁路建设快速推进，截至2012年9月，中国的高铁里程已经达到6894公里，中国已经成为世界上高速铁路运营里程最长、多项技术最好的国家。高铁研发以政府部门战略立项为驱动，以南车集团、北车集团等中央企业为核心主体，汇集了大批研发机构和人才，6年跨越了三个台阶：第一个台阶，通过引进消化吸收再创新，掌握了时速200~250公里高速列车制造技术，标志着中国高速列车技术跻身世界先进行列；第二个台阶，在掌握时

THE SOURCE
OF INNOVATION
IN CHINA
中国创新模式

Highly
Innovative Systems

速 200~250 公里高速列车技术的基础上，自主研制生产了时速 350 公里高速列车，标志着中国高速列车技术达到世界领先水平；第三个台阶，中国铁路以时速 350 公里高速列车技术平台为基础，成功研制生产出新一代高速列车 CRH380 型高速动车组，标志着世界高速列车技术发展到新水平。参加高速铁路研发生产的国内一流重点高校达 25 所，一流科研院所 11 所，国家级实验室和工程研究中心 51 家，63 名院士、500 余名教授、200 余名研究员和上万工程技术人员。

在开发建设过程中也体现出鲜明的特点：高速铁路建设的主要特点：一是统一组织，中国高速铁路建设由铁道部统一规划、统一标准、统一管理、统一验收，由建设单位负责项目实施；二是铁路与地方共建，充分发挥铁道部的专业优势、组织优势和地方政府在征地拆迁、沟通协调等方面的综合优势；三是广泛合作。注重加强与世界各国铁路的交流与合作，充分利用国际、国内市场和资源。通过开放铁路建设市场，在方案竞选、设计咨询、工程监理、产品制造等方面引入国际力量参与竞争，一批具有先进技术、雄厚实力的国外企业和制造厂商进入中国高速铁路市场，形成特色的高速铁路建设组织体系。

在软件数字领域，如"北斗卫星导航"重大创新项目，实现北斗空间段由 5 颗 GEO 卫星和 30 颗 NGEO 卫星组成，2009 年左右完成中国及周边地区覆盖，随后建成全球卫星导航系统。定位精度小于 10 米，在中国及周边区域还提供 RDSS 服务能力。对用户提供两种服务，一种为免费公开服务，一种为授权服务，通过信号与信息加密实现授权服务。

其整个创新过程的组织实施由总装备部北斗办具体负责，北斗办依托航天研发中心为总研制牵头单位，把控所有出口。参与单位包括航天科技、航天科工；国防科大、北航、北理工等院校；其他研究院所，包括中电 54 所、

THE SOURCE
OF INNOVATION
IN CHINA
第4章

Highly
Innovative Systems
基于网络的中国创新

20 所等。同时面向市场吸引结合多种类型的企业参与，包括私营企业，例如北斗星通、东方泰斗等。2012 年 9 月，工信部软件与集成电路促进中心（CSIP）、江苏北斗产业研究院、广州润芯、西南集成、泰斗微电子、东方联星、国腾电子、安徽四创、华力创通、国防科大、北斗星通、赛格导航、南京 6902、北方信控、凯立德、高德软件共 16 家企事业单位还发起成立了北斗产业化应用联盟（以下简称联盟）这一网络和合作平台，以此大力培育量大面广的行业应用和消费类应用市场，强化自主创新成果的转化应用。

这种由体制内机构（主要以中央国企、相关政府部门）从战略层面驱动，同时在运营层面广泛吸纳市场化主体参与的创新网络，几乎在所有中央企业行业的创新中都有所实践，成为中国主要战略性行业进行自主创新的重要模式。如以国家电网集团为主体推进的超高压电网、智能电网的创新，不仅整合电力体系内的各种产业和科研资源，而且广泛与产业上下游的各类市场化企业主体形成合作网络、产业集群，来推动重大创新的实现和高效转化。中国航空工业集团的大飞机研制项目，不仅高度整合国内相关科研资源，而且开放性地与美国通用集团、欧洲罗罗公司等都在不同的层面和领域进行着广泛的网络化合作。

大唐电信科技是电信行业另一个制度-市场双重驱动的创新网络的例子。在通信行业，中国拥有自主知识产权的 3G 标准（TD-SCDMA）及 4G 标准的开发企业大唐电信科技集团，也是在国家工信部、科技部等有关部门的领导和支持下，将市场化导向与产业发展使命融为一身，走出一条攻关核心技术、确立高端标准、实现产业转化的自主创新之路。2000 年以来，由大唐电信科技集团代表中国提出的 TD-SCDMA 标准，被国际电联组织正式接纳确认为第三代移动通信的国际标准，为我国在 3G 时代争取标准主导权、把握战略制高点奠定了极为关键的核心技术基础。作为高科技中央企业，其自主创新与

THE SOURCE
OF INNOVATION
IN CHINA
中国创新模式

Highly
Innovative Systems

有效转化的过程体现出典型的特征，即以核心技术创新为基点、以产业转化创新为主线、以产业整体协同升级为导向，系统整合技术创新优势、资源禀赋优势以及制度协同优势等多重优势。

将政府力量与市场力量双重结合进行网络化创新的第二种典型模式，则是区域化产学研结合形成的区域创新系统或产业集群。

区域创新系统自 1992 年由 Cooke 提出以来，它通常指一组由彼此互动的公私利益群体，正式机构和其他组织构成，这些组织根据组织和制度安排运作，并形成有利于知识的产生、使用和传播的关系。中国的区域创新系统与一般意义上的概念没有实质的差别，政府机构在推动区域创新网络的建设上也发挥着设计和推动的重要作用，同时参与主体之间通过市场化的战略合作机制形成互动网络。其实现形式主要为通过加强"产-学-研"的横向合作网络，或通过经济开发区、科技园、产业集群等方式形成纵向合作网络，产生协同创新的聚集效应。

从区域的角度建立现代化的工业园区，是中国政府推进改革开放政策，也是强化招商引资、促进经济的重要方式。特别是一些国家级经济技术开发区的建设，它们大都位于各省、市、自治区的省会等中心城市，在沿海开放城市和其他开放城市划定小块的区域，集中力量建设完善的基础设施，创建符合国际水准的投资环境，通过吸收利用外资，形成以高新技术产业为主的现代工业结构，成为所在城市及周围地区发展对外经济贸易的重点区域。

1984 年到 1986 年，经过中华人民共和国国务院批准，首先设立了 14 个国家级经济开发区。2010 年，国家对于开发区的政策迅速放开，一年内批准数十个地区级开发区享有国家级开发区的政策。截至目前，中国的国家级经济技术开发区数量已经增至 132 个。2013 年 8 月起中国政府正式批准建设的

THE SOURCE
OF INNOVATION
IN CHINA
第 4 章

Highly
Innovative Systems
基于网络的中国创新

"中国（上海）自由贸易试验区"，虽然其主要定位在于通过各种配套经济政策的开放和支持，强化对外贸易或离岸服务的层次，但作为中国经济进一步自由化、开放化改革的实验田，也将成为一种新兴的区域创新网络。

同时，在这些区域化的经济技术网络中，还有各种聚焦高新技术密集或智力密集型产业的企业集群。典型的如北京的产业集群建设，目前北京已形成三类初具规模的企业集群：以中关村科技园区为依托的高科技企业集群、以北京经济技术开发区为载体的现代制造业企业集群、以金融街金融产业和CBD 生产性服务业为代表的现代服务业企业集群。此外，随着文化创意产业的崛起和发展，诸如新的文化创意企业集群也正在迅速形成。这些企业／产业集群已经成为北京提升产业整体竞争力，建设创新型城市，进而迈向国际性现代化城市的关键所在。

## 数字时代网络式创新

当前的互联网时代，信息网络技术的不断发展和升级将社会网络的广泛嵌入性推广到了前所未有的程度，开放的网络化创新在新兴高科技、互联网行业成为最主要的方式，甚至传统行业的商业模式创新与变革也开始紧密与信息化网络相结合。不仅亚马逊成为了最大的图书销售商并且扩展到其他产品和其他领域，Facebook、Twitter 和其他企业也成为了联结人际关系的主要方式和主要的广告来源；谷歌也正在拓展成为谷歌＋，通过这个闭环将人联结起来。

创新也开始实现从以企业为中心的创新转变为以网络为中心的创新，并且学者们开始深入考察企业创新网络的形成机制，如南比桑和索尼等考察的编排机制（orchestra mechanism），指出了核心企业（hub firm）作为"整合者

THE SOURCE
OF INNOVATION
IN CHINA
中国创新模式

Highly
Innovative Systems

（integrator）"与其作为"平台领导者（platform leader）"所形成的创新网络的不同特征。平台化的创新网络更加强调了核心企业与网络合作伙伴的密切性关系，特别是基于技术平台的深入嵌入和高层次的共同开发、定制开发等方式，突出地强化了创新网络范畴的广泛性和强度的紧密性。

最为典型的案例无疑是美国的苹果公司。与一般意义上的创新型企业不同，如果从研发投入这种评估创新的传统指标来看，苹果公司自2005年以来，其研发投入占收入的比例都在逐年下降，近年来苹果公司的研发投入比例不到同期微软的一半，不及其直接对手三星的1/3，苹果公司在国际各创新企业的排名中皆在20名之外。但同时，苹果公司的研发投入回报率却遥遥领先，2012财年其边际研发投入回报倍率达到12（即美元研发投入回报12美元的收入），而微软、三星的回报倍率只为2。其中最关键的原因则在于苹果公司的创新实质上更多是平台化商业模式的创新，通过捆绑式的平台系统，其各种内容资源皆由外生的合作伙伴来研发和提供，使其自身的研发投入水平较低但投入的收入回报率非常高。

中国经济的后发优势也在互联网产业中逐步体现出来。比如近年来包括电子商务、移动网络通信、互联网社区、互联网金融等新兴业态的成长速度十分显著。如阿里巴巴、腾讯、百度等互联网企业（这三大中国的知名互联网企业也被合称为BAT），都形成了自身强大的平台化体系，并通过各种战略或金融杠杆捆绑整合各种产业资源和客户本身，进行集合创新，逐步形成了各自的创新网络生态系统。

案例4-2中的阿里巴巴集团创立于1999年，是一家提供电子商务在线交易平台的公司，业务包括B2B贸易、网上零售、购物搜索引擎、第三方支付和云计算服务。集团的子公司及关联公司有阿里巴巴网络有限公司（B2B）、淘宝网（中国最大的C2C购物平台网站）、天猫网（B2C）、一淘网、阿里云

THE SOURCE
OF INNOVATION
IN CHINA
第 4 章

Highly
Innovative Systems
基于网络的中国创新

计算及支付宝。其中，阿里巴巴网络有限公司是阿里巴巴集团的旗舰业务，主要经营服务小企业的 B2B 网上贸易平台，按用户数计目前是全球领先的小企业电子商务公司。当前设有四个网上交易市场，协助世界各地的小企业寻找生意伙伴。四个网上交易市场包括服务全球进出口商的国际交易市场、集中国内贸易的中国交易市场（1688.com）、促进日本外销及内销的日本交易市场（alibaba.co.jp），以及一个专为小买家而设的全球批发交易平台"全球速卖通"（aliexpress.com）。截至 2011 年 3 月，四个网上交易市场共计拥有超过 6500 万名注册用户。

自 2010 年 11 月，阿里巴巴与美国商务服务局（美国商务部）、中国香港贸易发展局及国际贸易网站（GlobalTrade.net）同为合作伙伴。其淘宝网、天猫网在 2012 年销售额达到 1.1 万亿人民币，超过亚马逊公司和 eBay 之和。英国《经济学人》杂志称其为"世界上最伟大的集市"。其支付宝系统是当前中国最为领先的第三方支付平台之一，也是其 C2C，B2C 的收银台，拥有 6 亿多用户。

除了上述以电子商务为主轴形成多网络平台的创新扩展之外，阿里巴巴还十分开放和敏锐地通过战略或金融杠杆持续延伸其产业触角。如 2013 年阿里巴巴入股新浪微博，持有 18% 股份，之前新浪微博作为最大的华人网络社区，注册用户已超 5 亿，活跃用户数达到 4620 万，占据中国微博用户总量的 57%，以及中国微博活动总量的 87%，每户每日发博量超过 1 亿条。

2014 年，阿里巴巴现金收购高德软件公司，该公司是中国资质最高的电子地图软件和导航软件平台，同时也是 Google 地图、MSN 地图在中国的合作伙伴，也是苹果地图应用程序在中国的地图数据提供商。该项收购成为阿里巴巴布局 O2O 业务的重要战略举措，届时该地图数据平台将与阿里巴巴的数据和云平台实现共享和对接，从而成为一个巨大的大数据服务体系。此外，

THE SOURCE
OF INNOVATION
IN CHINA
中国创新模式

Highly
Innovative Systems

阿里巴巴还在在线财产保险、在线文化娱乐、小微金融服务、智能电视终端
及网络、交通服务、在线教育等多个互联网新兴业务领域进行战略投资和业
务延伸，不同平台和业务之间相互协同，形成了一个庞大且不断扩展的创新
生态网络。

以上阿里巴巴的路径是基于其电子商务平台，通过战略性投资实现创新
网络的不断扩展。而另一家中国互联网企业的标志性企业腾讯公司，则是基
于其早期奠定的即时通信平台，通过敏锐地把握移动互联的产业升级趋势，
基于持续的模仿式创新和战略合作来拓展其创新网络。腾讯公司成立于 1998
年 11 月，是目前中国最大的互联网综合服务提供商之一，也是中国服务用户
最多的互联网企业之一。目前，腾讯把为用户提供"一站式在线生活服务"
作为战略目标，提供互联网增值服务、移动及电信增值服务和网络广告服务。

通过即时通信 QQ、微信、腾讯网、腾讯游戏、QQ 空间、无线门户、搜
搜、拍拍、财付通等中国领先的网络平台，腾讯打造了中国最大的网络社区，
满足互联网用户沟通、资讯、娱乐和电子商务等方面的需求。截至 2012 年 12
月 31 日，QQ 即时通信的活跃账户数达到 7.982 亿，最高同时在线账户数达
到 1.764 亿。该公司在 2011 年推出的微信（Wechat）客户端直接面对智能手
机用户，成为移动互联时代人们进行实时通信、社区互动的重要平台，据市
场研究公司 On Device 调查显示，微信在中国的市场渗透率达 93%。而当前
微信这款服务本身又已经成为一个多功能的移动互联平台，各种增值服务或
内容不断在这个平台上直接传递给客户终端。

近年来，腾讯也快速进入电子商务领域，开拓 O2O 业务。2014 年，该
企业与中国另一家极具影响力的电子商务企业京东集团结成了战略合作同盟，
这又将快速强化腾讯在实物电商领域的影响力，从而使腾讯在保持其移动互
联社交平台绝对优势的前提下，形成了可以与阿里巴巴直接抗衡的在电子商

THE SOURCE
OF INNOVATION
IN CHINA
第 4 章

Highly
Innovative Systems
基于网络的中国创新

务领域的强大竞争力。

三驾马车中的另一家著名互联网企业百度，也是进行平台化、网络化创新的典范，不同于阿里巴巴以电子商务，腾讯以即时通信、移动互联为基础平台的出身，百度的网络根基则是来自其搜索平台。百度 2000 年在北京注册成立，作为搜索引擎平台，致力于向人们提供"简单、可依赖"的信息获取方式，在中国首创了搜索引擎竞价排名的商业模式，多年来一直是中国最大的搜索引擎，2013 年在中国的份额达 60%。作为中国的"谷歌"，百度也是通过广泛的战略合作与收购等多种方式不断整合创新和产业资源，扩充其平台的功能和内容终端，目前已经在搜索导航、网络社区、移动互联增值服务、电子商务与在线娱乐等多方面形成自己的创新网络生态圈，并且特别在 O2O 布局上走得更快。

当然，平台整合式创新不仅仅集中于网络信息产业领域，一些从传统制造向服务转型或提升的方式也是基于系统解决方案的平台化创新，以及一些重型工业制造业（如波音等飞机制造企业）也是基于总体的构架平台，来整合各种供应链资源实现集成创新。基于平台化的创新网络构建，不仅成为当前重要的创新模式，其本身也成为商业模式创新的典型形态。

THE SOURCE
OF INNOVATION
IN CHINA
中国创新模式

Highly
Innovative Systems

| 案例 4-1 | 创新网络的双重驱动力：市场力量和制度力量对大唐电信科技创新的影响 |

西尔维娅·罗尔夫（Sylvian Rohlfer）、赵文文

### 简介

大唐电信科技股份有限公司（DTT）是大唐电信科技产业集团的核心分公司，集团隶属于国资委。大唐电信科技股份有限公司不仅仅是国企，同时也是一家上市公司，于 1998 年在上海证券交易所挂牌上市。公司是中国主要的电信制造商之一，在国内拥有着范围最广的产品线和自主知识产权（China.cn）。事实上，大唐电信科技自开发、提出第三代移动通信国际标准 TD-SCDMA（时分同步的码分多址技术）并使其商业化后，就一直在中国电信行业中扮演着举足轻重的作用。

大唐电信科技已经建立了集成电路设计、软件及应用、终端设计和移动互联网四大业务板块。在信息安全与服务、智能终端解决方案、智慧城市、行业信息化等方面获得了充足的经验和竞争的优势。凭借其传统电信的市场渠道，大唐电信科技正着力从技术和终端供应商过渡到服务和方案供应商，从以核心网为导向过渡到以直接客户为导向，从传统商业模式过渡到产业链运营模式。大唐电信科技探索出一条成功的独立创新道路——将专利引入技术，对整个行业内的专利制定标准，将技术商业化，并通过启动和实施 TD-SCDMA 项目走向国际化。

大唐电信科技已从政府研究机构的身份转型。由于其研究机构的性质，大唐电信科技在满足市场需求方面面临着许多困难。在刚开始的时候，公司就取得了一些成就。大唐电信科技在原先外国公司垄断的 SIM 卡领域中取得重大进展。依靠大唐电信科技对 SIM 芯片卡的成功设计，中国终于在 1999 年拥有了独立生产和升级 SIM 卡的能力。不过之后由于对市场的不适应，公司经历了亏损期。到了 2004 年，大唐电信科技开始进行以市场为导向的创新，并在 2006 年扭亏为盈。

现如今，大唐电信科技已经在诸多城市建立了产业基地，如北京、上海、南京、成都、西安和天津，而且还在全国范围内设立了市场网络和售后服务中心，以快速响应客户需求。公司为政府、行业、企业及个人用户提供优质、安全、高

THE SOURCE
OF INNOVATION
IN CHINA
第 4 章

Highly
Innovative Systems
基于网络的中国创新

效的产品，并视创新为企业文化和企业价值观中不可分割的要素。为适应不断变化的市场环境，大唐电信科技明确了其"以集成申路设计、软件开发与应用和终端设计方面的领先科技为基础，为客户提供最优质产品的解决方案和服务提供商"的定位。同时，大唐电信科技做出很多努力实行相对应的业务体系和运营模式，以达到这一预期的定位。公司也因此取得了令人瞩目的成就：在 2012 年的收入排名世界 500 强，运营收人达人民币 62 亿元左右。而 2013 年，公司运营收入稳步攀升，仅在前三个季度就达到了人民币 44 亿元。

过去 10 年见证了大唐电信科技在诸多领域取得的巨大成就。在产品开发方面，大唐电信科技根据客户对于频段、产品形态及操作等方面的需求，在 TD-SCDMA、芯片设计和终端设计领域创造并升级了各项技术。事实上，公司近年来在创新方面已经赢得了多种奖项，彰显着大唐电信科技的创新实力。在 2007 年，大唐电信科技荣获中国自主创新企业奖，2008 年赢得中国智能卡十强称号和最佳创新奖，2009 年获得中国软件创新企业称号，2011 年荣获中国自主创新杰出贡献奖，并于 2012 年获得杰出企业创新奖等诸多奖项。

而在技术应用和商业化方面，大唐电信科技通过与各大运营商建立沟通和合作关系建立了多个试验网络，以检测 TD-LTE 技术和组网能力。比如，公司在日本、比利时和南美等地区已经建设了 TD-LTE 试验网，并开始向商用过渡。大唐电信科技的技术应用和商业化能力已经得到了国内外众多机构的认可。大唐电信科技软件在 2008 年通过了 SEI（软件工程研究所）的 CMMI 3（能力成熟度模型集成）国际评估认证。大唐电信科技还赢得国内许多研究机构的奖项，比如 2008 年公司荣获中国信息化应用百强企业的称号，2010 年得到中国电信应用创新奖和中国制造信息化应用领导奖，并在 2012 年赢得中国电信和信息应用杰出成就金奖等。

大唐电信科技根据自身的创新价值观，致力于电信科技的开发应用，并重视电信科技、云计算、物联网和移动互联网的一体化。如果没有公司的创新文化和氛围，那么大唐电信科技也不会取得如此巨大的成就。大唐电信科技的创新不仅体现在核心技术，大唐电信科技商业模式的创新也进一步促进了技术的创新。这种新型的商业模式是市场力量和制度力量的双重驱动力模式。商业模式的创新为

THE SOURCE
OF INNOVATION
IN CHINA
中国创新模式

Highly
Innovative Systems

技术的创新提供了充分资源和便利渠道。因此可以说，技术的创新离不开商业模式的创新。作为一家国有企业，大唐电信科技高效地将市场与制度的优势结合起来，形成具有创新力的商业模式。

### 国有企业身份的大唐电信科技

在很多国家，国有企业也称为政府所有企业，是由一个国家的政府创建的法人实体，代表政府进行商业活动（总审计局，1995）。这些企业的合法地位也根据其是政府的一部分还是由正规股东控股的股份制公司而有所不同。而决定性因素是这些企业拥有明确的法律形式，并以从事商业活动的目的而建立。尽管这些企业也可能有公共政策目标，但国有企业与其他纯粹追求非财政性目标的政府机构或国有经济实体不同。

国有企业拥有其他类型企业所没有的诸多优势。政府通过大量的投资和保护性政策来支持国有企业的发展。另外，国有的性质还使这些企业品牌更加可信，更具吸引力，使其获得更多的资源。以大唐电信科技为例，大唐电信科技计划在北京建立一个占地 13 公顷的产业园，以进一步促进技术开发。该项目可能需花费7.4 亿元。幸运的是，2004 年大唐电信科技与总部设在美国的投资公司美国华平达成了协定，该投资公司将向大唐电信科技投资 7000 万美元。这一举动标志着第一次美国企业向中国国有企业的投资。

美国华平投资集团总经理鲍曼·卡特（Bowman Cutter）表示："我们相信中国的半导体行业具有广阔的前景，大唐电信科技拥有成为世界半导体行业领导者的市场、潜力和管理。"

同时，国有企业也有许多弊端。其中最明显的是，由于政府的大力扶持，大多数国企缺乏创新精神。一个人做什么都很容易，就会变得懒散和放松，企业也是这样。国有企业渐渐失去了竞争力和企业精神。此外，国企的人力资源成本通常比私企更高。私营企业更加注重任务的完成，而不是人际关系，因此私企会根据员工在企业的表现和对企业的贡献来支付薪酬。然而国企通过支付更高的基本工资，以保证员工的工资为主。这种薪酬制度也使得员工越来越没有创造性和努

THE SOURCE
OF INNOVATION
IN CHINA
第 4 章

Highly
Innovative Systems
基于网络的中国创新

力工作的态度。而大唐电信科技通过在每个员工心中深深植入公司价值观，从而克服了这种阻碍。大唐电信科技员工一入职便要接受企业文化培训课程。大唐电信科技文化的核心价值观是创新、交流、协作和成效。每位大唐电信科技人都将创新视作他的使命，并通过交流和协作来实现更好的工作成效。

作为一家国有企业，大唐电信科充分利用了国有的特性，同时又避免了国企通常存在的缺陷。凭借政府的支持，大唐电信科得到了数额不菲的投资，与世界用户最多的移动运营商中国移动建立了紧密的合作伙伴关系，并吸引了充足的客户和人才。比如，大唐电信科技被选为向全中国 TD-LTE 网络提供 150 000 台 4G 设备的指定供应商。然而，政府带来的诸多优势并没有使大唐电信科技停止向获得更多竞争能力的方向努力。大唐电信科技创造了"三步走模式"，将制度力量和市场力量融为一体，并被证明是具有中国特色的创新型道路。

## 市场和制度的双重推动力

### 市场推动力

电信行业是一个高度技术密集型行业，而市场竞争是电信行业技术发展的巨大推动力量。这一行业的公司都尽可能地升级技术，从而在与对手的竞争中占据相对优势。因此，每家公司所做出的努力都能够促进整个行业的进一步发展。比如摩托罗拉及其合作伙伴就适时地从固网时代过渡到移动手机时代，取得了之后的众多成就。为了追上竞争对手的脚步，欧洲公司开发了全球移动通信系统（GSM）技术，并被证明是 2G 的行业标准。2G 技术标准为其带来了不菲的利润。美国公司当然不甘落后，于是也创造了其他类型的电信标准 CDMA 技术标准，以此与欧洲公司抗衡。但这远不是市场竞争的结束。基于 GSM，欧洲公司又开发了 WCDMA 技术，并成为了国际 3G 标准。美国公司也将自己的 CDMA 技术升级成为 CDMA 2000，成为了另一个国际 3G 标准。在 TD-SCDMA 出现之前，中国的电信公司只能花大价钱购买使用 WCDMA 或 CDMA 2000 技术。

我们从这一例子中可以看出，电信行业的竞争远不是生产力规模的竞争。哪家公司拥有行业技术的标准，哪家公司就能成为真正的行业领军者。另一方面，仅仅是追求技术创新也不能保证成功。所有创新都应当符合市场需求，这样才能

THE SOURCE
OF INNOVATION
IN CHINA
中国创新模式

Highly
Innovative Systems

保证新的技术能转化成为市场价值。

此外，私募市场给大唐电信科技提供了充足的有形资源和无形资源，比如可靠的人力资源和极具竞争力的合作伙伴。大唐电信科技与联芯科技有限公司在2013年合并，通过增加芯片设计、软件服务、终端设计和移动互联网服务等业务来扩展价值链。

### 制度驱动力

毋庸置疑，技术开发和创新对于全球范围内的经济发展都是一个重要的推动力量。如前所述，产品市场能够驱动技术创新。然而在中国，政府在促进创新方面也扮演着重要角色。中国逐渐确定并深化了创新战略目标，从"科技是第一生产力""科教兴国"转变为"创新型国家"。在各方面努力建设创新型国家，提升自主创新能力并强调技术创新对于产业升级和经济发展方面的积极影响都具有相当的重要性。创新并不应被仅仅视为调整经济结构、转变发展模式和提升中国竞争力的关键，还应当重视其对于升级行业技术、保持经济增长和防止金融危机方面的基石力量。

对于中国企业来说，以市场为导向的自主创新很有必要。事实上，自从经济学家熊彼特将创新作为一个学术概念提出开始，创新已被认为是技术层面和经济层面的双重概念。创新不仅包含对技术、工艺、市场、组织结构、商业模式等的开发、引进和开拓过程，也包括所有创新的商业化过程。因此，有效的自主创新是一个建立在核心技术创新之上、以技术商业化为导向、以驱动行业发展和提升能力为目的的系统过程。

然而，自由市场这一只无形的手也可能面临失灵的问题。尽管实行市场导向创新的企业以类似的方式具备了高效率和创造力，但也存在高分散性和高无序性的问题。这些问题可能会对行业甚至整个国家带来无法估量的风险，尤其是关系到国家安全的核心技术产业，仅以商业价值为导向的创新可能会给中国经济和安全带来威胁。因此，作为行业领军者的国企，在制度和经济双重驱动力下运营的同时，需要肩负起核心技术自主创新的责任。这些国企的使命不仅仅是创造经济利润，还应承担起责任，推动行业整体竞争力，并帮助我国取得经济方面的优势。为实现这些目

THE SOURCE
OF INNOVATION
IN CHINA
第 4 章

Highly
Innovative Systems
基于网络的中国创新

标，中国政府需要在宏观调控方面起到重要作用，保证核心技术的自主创新和知识产权，并促进创新的商业化应用。

因此，为实现具有中国特色的自主创新，中国各大企业应当实行以市场为导向的创新，是企业充满创新动力，运用制度力量保证创新的实现，并将高科技企业作为创新的主要力量。

在 2000 年，大唐电信科技开发了 TD-SCDMA 标准，后被正式确认为第三代移动电信的国际标准，对中国具有重大意义。它使中国在通信方面具备了国际竞争力，并被视为电信行业的一个里程碑。作为 TD-SCDMA 的开发者和推出者，大唐电信科技将以市场为导向的战略方向与在政府和制度支持下推动全行业发展的宏伟目标结合在了一起。大唐电信科技掌控者战略机遇，并为自主创新铺平道路——开发核心技术、建立高标准以及技术商业化。

### 大唐电信科技的自主创新三步走战略

在通往"中国创造"的道路上，大唐电信科技开发了一套"三步走模式"（如图 4-1 所示），这一模式对于实行创新和商业化都极为有效。三个步骤以核心技术创新为基础，并以产业整体协同升级为导向。

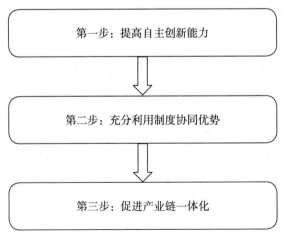

图 4-1　大唐电信科技公司"三步走模式"

THE SOURCE
OF INNOVATION
IN CHINA
中国创新模式

Highly
Innovative Systems

## 提高自主创新能力

一家企业若想在行业竞争中披荆斩棘，获得关键技术的知识产权是重中之重。为获取关键知识产权，大唐电信科技竭力探索科技创新的内在规律，并建立了系统化的管理机制。

首先，为使自主创新实现高端定位，企业需要更好地掌握核心技术。在高科技领域，尤其是现在这种形势下，市场竞争的核心实质上是关键技术与标准制定能力的较量。若想获得持续的竞争优势，先决条件便是拥有坚定的战略意识和勇气，着眼于掌握核心技术，建立新技术标准，并引领整个行业更快更好地进行技术创新。移动电信等高科技产业产品升级速度比其他行业快很多，可谓日新月异。因此，电信企业应当注重技术产品更新换代，并将其视为自主创新战略的关键环节，从而赶上并超越发达国家正在蓬勃发展的技术产业。这正是大唐电信科技最近几年所完成的。大唐电信科技把握住了移动电信产业向 3G 升级的机遇，并建立了新技术 TD-SCDMA 的核心标准，这一新技术使大唐电信科技有资本在世界移动通信领域中占得先机。

其次，创新不仅仅是从零开始的突破，而且是一个将技术持续商业化的过程。核心技术的开发，甚至是技术标准的建立，都不是自主创新的终点，而是实现技术创新价值的开始。为解决诸如商业化困难或原型模式照搬主义，大唐电信科技找到并遵从了自主创新和商业化法则，开发并实行了分为四个商业化阶段的策略——技术标准建立、技术检验、产品开发广泛应用检验。四阶段商业过程为之后 TD-SCDMA 的大规模应用做好了充分准备。此外，除了 TD-SCDMA 的商业化，大唐电信科技还引领了 4G 标准 TD-LTE 的发展道路，巩固了自己先前的行业领先地位。

另外，技术的自主创新还取决于管理机制的优化和支撑。技术创新和管理创新都是自主创新不可或缺的要素。如果没有管理机制的支撑和协调，便很难实现高效的技术创新。大唐电信科技为满足 TD 技术和移动电信产业的发展需要，实行了大规模的管理革新，完美地支持了包括战略系统规划、企业文化建设、技术研发管理、市场开发管理、人力资源管理、经营业绩评估、成本风险控制、资本有效运作和信息化建设等方面在内的自主创新。这些深刻的变化为大唐电信科技

THE SOURCE
OF INNOVATION
IN CHINA
第 4 章

Highly
Innovative Systems
基于网络的中国创新

带来了创新与发展。

### 充分利用制度协同优势

以中国特色为特点，如何充分利用市场经济体制并推动重要的自主创新成果商业化是一道难题。

一方面，中国政府应当重视高科技国有企业在自主创新方面发挥的重要作用。政府要鼓励高科技行业中的国有企业不断提高创新能力，鼓动这些企业为我国技术研发项目努力角逐，用相关资源给予这些企业支持，并加强央企在技术创新方面的主导地位、影响力和推动效果。与此相对应，国有企业承担着建设创新型国家的职责，也应当借助政府支持，着力开展技术应用和商业化。另一方面，中国政府和国有企业应当通力合作，建立以制度协同为基础的整体战略协同。尤其对于电信行业来说，核心技术的标准已经建立。面对着愈加激烈的国际竞争，最好能够充分利用制度协同来刺激电信设备生产商和运营商之间的战略协同，降低转型成本，并在下一步加强企业间合作和互动。

参考大唐电信科技，这些国有企业充分利用了政府的支持，比如政府投资的资源和政府介绍的合作者。根据公司数据，大唐电信科技在 2009 年底之前已经在中国累计提出了 7000 多项专利的申请，这一数量每年增长高达 40%。这意味着2009 年底，平均每名员工拥有四分之一项专利。在 TD 业务方面，大唐电信科技在系统设备方面占据了 40% 的市场份额，在移动终端模具产品方面占据 63%，在TD 高速数据卡和 TD-USIM 卡方面占据 50%，而在测试终端方面更是占有全部市场份额。这些有力的数据显示出大唐电信科技点科技所实施的"三步走"战略的上佳表现。依据与政府共同设计的战略，大唐电信科技正准备着手完成在全国范围内完成 TD-3G 移动电信网络的建设。

### 促进产业链一体化

掌握核心技术的标准是企业创新竞争力的基石，而推动产业链一体化则是增强世界产业全面竞争力的基本方法。大唐电信科技探索出一条以自主创新为中心的道路，加速有机一体化，加强行业资源，并带动整个产业链的升级。

THE SOURCE
OF INNOVATION
IN CHINA
中国创新模式

Highly
Innovative Systems

首先，大唐电信科技进一步整合了行业内技术资源，并将核心技术转化为整个技术链条中的优势。一旦通过自主创新在技术链条中占据高附加值的部分，企业便可以充分吸收各种资源，并在关键技术基础成型前就取得较大成功。依靠TD-SCDMA，大唐电信科技进一步整合了行业内技术资源，延长并加固了技术链条。举例来说，基于现在的技术优势，大唐电信科技建立了联芯有限公司，以占据 TD 产业链中的芯片设计市场，并成立 DT 联芯有限公司来挤入特殊电信和信息市场。大唐电信科技抓住了技术所带来的机遇，得到了更多的资源。大唐电信科技对于 SMIC 的投资使其成为了最大的股东，打破了外国对于中国国有企业的障碍和限制。进而大唐电信科技掌握了最先进的集成电路技术，取得了制造方面的进步，这符合了 TD 和 4G 发展的高科技集成电路技术需求，实现了移动电信和集成电路技术的有机结合，并创造了一个充满力量的技术链条。

其次，大唐电信科技进一步整合了制造资源，并采用了基于技术链条的核心技术和低成本制造。过去数十年间，中国凭借人力资源的充足供应和较低成本，已经成为世界制造业的中兴。在建设创新型国家的进程中，非常有必要推动核心技术的自主创新，并同时利用低成本制造工厂这一竞争优势。大唐电信科技充分利用了这种背景环境：公司将低成本人力资源优势转化为核心科技创新所产生的总成本优势。因此，大唐电信科技以一体化的优势建立了一条产业链——具有技术创新和低成本的双重优势。通过与其他公司合作，大唐电信科技逐渐将公司业务向高附加值转变。比如，大唐电信科技将系统设备业务外包给上海贝尔公司，又将网卡的生产外包给富士康公司。大唐电信科技通过整合核心技术优势和生产资源，引领了中国国企面向高效化运营的发展。

此外，大唐电信科技还以合作和联盟的方式整合了相关资源，并促进了创新的商业化。之前的研究已经表明，与外部资源的积极合作可以推动企业创新及商业化应用。在 500 个最重要的行业创新中，只有 20% 来自技术人员的原创想法，而超过 75% 的创新都来自顾客、供应商和合作伙伴的意见建议。在 21 世纪初叶，大唐电信科技通过与其他公司的合作以及技术转让，启动了创新计划，该计划十分有利于产业链升级。大唐电信科技还开始全面开发 TD-SCDMA 产品。凭借 TD-SCDMA 技术的强大渗透力和驱动力，TD 产业链的合作成员从 2002 年开始就一直增长，最

THE SOURCE
OF INNOVATION
IN CHINA
第 4 章

Highly
Innovative Systems
基于网络的中国创新

初仅有 8 到 40 个合作成员。而下属企业的数量也已超过一百家，这些下属企业侧重于相关的产业和产品，比如软件、系统设备、终端和核心芯片等。

## 结论

大唐电信科技依靠其"三步走模式"，充分利用了制度和市场的双重优势。政府的制度协调不仅提供了技术创新所需的资源，还带来了有利于技术商业化的众多合作伙伴，而市场力量又推动了公司的灵活性与高效性。大唐电信科技一步步将核心技术、低成本生产优势和制度协同结合在一起。

大唐电信科技在核心领域加大了对于技术创新的投资。公司也密切重视对于新技术商业化尤为关键的运营管理。通过实施"三步走模式"，大唐电信科技成功利用了制度和市场的双重优势，从而避免了市场和制度的缺陷。公司真正建立了一条有中国特色的成功道路。

虽然大唐电信科技已经取得重大成就，但它从未停止进步。随着移动数据和移动网络的快速发展，移动宽带需要更快更高效，从而推动了 4G 技术的出现与应用。大唐电信科技的 TD-SCDMA 技术基于来自欧洲的 GSM，这个技术对于升级到 4G 颇具潜力（如图 4-2 所示）。图 4-2 显示了大唐电信科技所充分利用的 TD-SCDMA 的潜力。为迎合未来市场需要，大唐电信科技提出要致力于 4G 技术的发展，智慧城市、电信运营、网络、医学应用和智能交通等领域都将包含在内。不过大唐电信科技能在国内市场脱颖而出并在世界市场中发展的程度还不得而知。

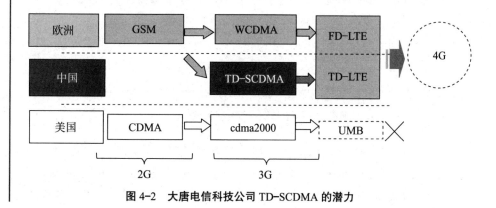

**图 4-2　大唐电信科技公司 TD-SCDMA 的潜力**

**案例 4-2　基于企业文化的阿里巴巴的成功**

赵文文、韦罗妮卡·罗森多-里奥斯（Veronica Rosendo-Rios）

## 阿里巴巴集团介绍

阿里巴巴集团（以下称阿里巴巴）于 1999 年由马云带领的 18 人成立于中国杭州。马云曾经是杭州市的一名英语教师，他立志让网络变得普及、可信并惠及所有人。作为中国最大的互联网公司和世界第二大互联网企业，阿里巴巴从 B2B 企业起家。

自成立之初，阿里巴巴在用户电商、在线支付、B2B 市场和云计算行业就处于领先位置，用户遍及 240 个国家和地区。阿里巴巴由 25 个业务部门组成，致力于发展一个开放、合作和繁荣的电商生态系统。私人持有的阿里巴巴及其下属单位，共有 24 000 名员工，遍布全球，在中、美、英以及印度等国设立 70 多个办公室。

追求卓越让阿里巴巴不停地拓展新业务。2003 年，阿里巴巴斥资 8 亿美元兴建用户电商网络——淘宝，淘宝是世界上最受欢迎的 C2C 网站之一。

阿里巴巴于 2004 年建立了网上支付平台——支付宝。2005 年，阿里巴巴与雅虎公司建立了战略合作关系，接管了雅虎公司的中国业务。之后阿里巴巴分别于 2007 年和 2009 年建立了阿里软件和阿里巴巴云计算。并与合作伙伴投资物流业务，建立了自己的储存网络，2011 年阿里巴巴将淘宝业务分成 3 个部门——淘宝、天猫和一淘，以更好地针对不同用户群。2012 年，阿里巴巴进一步升级组织结构，扩展为 7 大商业集团，分别是阿里巴巴国际业务、阿里小企业业务、淘宝、天猫、聚划算、一淘和阿里云。2013 年，阿里巴巴收购了新浪微博的优先股和普通股。迄今为止，所有商业部门都有了显著发展。

阿里巴巴国际业务是为全世界小企业服务的领先的电商平台。它旨在成为跨境的英语平台，帮助全世界小企业拓展海外市场。阿里巴巴服务于 240 个国家和地区，在其数百万用户和供应商的平台上，展示了从原材料到成品的各种产品，

THE SOURCE
OF INNOVATION
IN CHINA
第 4 章

Highly
Innovative Systems
基于网络的中国创新

包括 40 多个行业类型。

阿里巴巴小企业业务平台是领先的、为小公司在国内贸易提供服务的电商平台。B2B 平台起步，近年来发展成批发和采购平台，针对淘宝平台卖家产品供货需求。

淘宝是中国最受欢迎的 C2C 网上平台，特别针对推崇产品种类和价格竞争优势的用户。根据 Alexa 网的研究，2013 年 3 月，淘宝共计有 7.6 亿产品，成为全世界前 20 访问量最大的网站之一。2013 年 3 月 31 日，淘宝商品总数 GMV 超过人民币 10 万亿元。

天猫是中国网上购物的里程碑，致力于提供优质购物体验。天猫于 2008 年 4 月由淘宝建立，成为淘宝 C2C 模式的补充，于 2011 年 6 月成为独立的平台。作为一个开放的 B2C 平台，天猫成为品质、品牌产品的平台，服务于更加挑剔的中国用户。根据 Alexa 的研究，天猫是访问量最大的中国 B2C 网上零售网站。2013 年 3 月，7 万多国际、国内品牌在天猫建立零售商铺，包括优衣库、欧莱雅、阿迪达斯、宝洁、联合利华、Gap、Ray-Ban、耐克和李维斯等。天猫提供垂直类型产品的定制化的用户服务，包括电子产品厅、图书厅、家居厅品牌鞋馆和美容馆。天猫和淘宝在 2013 年 11 月 11 日促销推动下创下单日最高交易额，达到人民币 350 亿元。

聚划算是一个全面的中国团购平台。2010 年 3 月由淘宝建立，并于 2011 年 10 月成为独立的平台。聚划算旨在是集结消费者力量，提供高质量产品和以折扣价提供本地生活服务。

一淘是中国的购物搜索引擎，能够提供全面的产品、商家和折扣信息。2010 年 10 月由淘宝建立，2011 年 6 月成为独立平台。它旨在建立一个一站式的购物引擎，帮助中国消费者做线上购物决策以及帮助他们更快找到低价、高质量的产品。一淘提供的功能和服务包括产品搜索、交易和优惠券搜索、酒店搜索、返利和淘吧社区。它显示出不同 B2C 网上购物平台和包括亚马逊中国、当当、国美、1 号店、耐克中国、凡客、淘宝和天猫等个人品牌的搜索结果。

THE SOURCE
OF INNOVATION
IN CHINA
中国创新模式

Highly
Innovative Systems

阿里云计算是云计算和数据管理平台的开发者，它致力于建立首个数据分享和数据为中心的云计算服务平台。阿里云支持阿里巴巴集团的发展以及整个电商生态系统的发展，通过提供淘宝的卖家以及第三方用户一个全面的基于网络的计算服务，包括数据采集、处理和储存。

成立于 2004 年 12 月的支付宝是运用最为广泛的第三方支付解决方案。它为数百万用户和企业提供了一个便捷、安全的方法在网上进行支付收款。2013 年 11 月 11 日，支付宝创下单日交易额之最，24 小时内处理了人民币 1.713 亿元的支付额。支付宝是很受欢迎的中国网上支付工具，提供了第三方制度服务，减少网上消费者的交易风险。

支付宝的合作伙伴囊括金融机构，包括顶尖的国内和区域银行以及 Visa 和 MasterCard，从而促进国内外支付。淘宝和天猫之外，支付宝提供卖家一系列经营范围，包括网上零售、虚拟游戏、数字通信、商业服务、机票销售和公用服务。同时它也提供网上支付解决方案帮助全世界的卖家直接销售给中国用户并支持 14 种主要外汇结算。

### 马云和他的发家史——勇气和远见

谈及阿里巴巴的成功，人们都会想到它的创始人兼董事长——马云。1999 年公司面世后，10 多年来他服务于集团，兼任董事长和 CEO。他为整体战略和重心负责。不同于其他企业家，他功成身退，辞任 CEO，但仍担任董事局主席并继续服务于集团的商业战略和管理发展。许多人把阿里巴巴的成功归结于马云的高瞻远瞩，然而马云自己却认为勇气不可或缺。

1995 年初，马云去了美国，在朋友的帮助下了解了互联网。那时候，中国并不了解互联网。在好奇心驱使下，马云让其他人帮助他建了翻译公司的网站。没承想，他 3 小时内收到 4 封邮件。他立即意识到互联网会改变世界。他萌生了建立网站搜集中国企业信息发布到世界的想法。互联网对多数中国人还很陌生，甚至在发达国家，互联网也刚开始发展。

马云开始在杭州创业，梦想依靠互联网建立公司。这个想法立即遭到了朋友

THE SOURCE
OF INNOVATION
IN CHINA
第 4 章

Highly
Innovative Systems
基于网络的中国创新

和家人的反对。马云告诉记者：

> 我邀请 24 个朋友来我家商议。我花了 2 个小时告诉他们什么是互联网，然而他们无法理解。最后我想得到他们的意见。其中 23 个劝我放弃，只有一个人支持我。我想了一夜。第二天，我仍然决定去做。

> 确实不是我对网络的信心，而是敢于尝试新生事物，让我决定冒险。经历就是成功。如果你想有所成就，你至少要敢想。

因此，第一家中国互联网公司——中国黄页在马云的坚持下创立了。3 个月后，网站的官方地址让马云有了很多生意。之后，不同行业的公司开始建立自己的主页。毋庸置疑，马云的远见给他带来了巨大利润。那时候，需要 2 万元建立 2000 字的双语网页和一张彩色照片。他 3 年内赚了 500 万元，并在中国家喻户晓。

1997 年，马云带领企业家团队，在对外经贸合作部的邀请下为政府服务。他们建立了一系列国家网站，包括对外经贸合作部的官网、网上中国商品交易市场、网上中国技术出口展、中国商品网和中国展会等。马云很感谢这些经历，对记者说："在此之前，我只是杭州一个小企业主。在对外经贸合作部的工作经历教会我全局思考，我开始关注我国的未来方向，我不再是井底之蛙。"

1999 年初，马云回到杭州，那时候他的思路已经拓宽，计划第二次创业。他决定进入电商领域。那时，全球互联网只为 15% 的世界企业服务。马云在浙江长大，那里私人中小企业发展良好。作为那里的企业家，他非常了解中小企业的困境。所以他决定放弃鲸鱼，瞄准海量小虾——放弃 15% 的大企业，瞄准 85% 的小业。

因此，1999 年，马云和企业家团队创建了阿里巴巴，希望帮助中小企业叩响财富之门。那时互联网正兴盛，但所有人都做门户网站。马云建立的电商网站被看作逆大势而行。但他却成功地建立了互联网领域新的商业模型，成为继雅虎、亚马逊和 eBay 之后的第四种互联网商业模型。甚至今日，都难以找到比阿里巴巴 B2B 模型更成功的案例。

THE SOURCE
OF INNOVATION
IN CHINA
中国创新模式

Highly
Innovative Systems

作为行业开创者和领军者，阿里巴巴的出师成功要归功于马云对于机会的把握和敢于实践新想法的勇气。然而，这无法解释公司成功 10 多年的事实。正如有的学者所说，企业文化和价值观才是阿里巴巴的生命线。价值观和员工对其的执行是阿里巴巴 10 多年来立于不败之地的原因。

在阿里巴巴的企业文化中，消费者是第一位的，员工第二位，股东第三位。阿里巴巴的前三大核心价值观是用户至上、团队精神和勇于改变。

## 用户至上

马云和阿里巴巴致力于"让生意更加便捷"，致力于帮助中小企业发展以及为消费者提供便利的网上购物。老话说得好，顾客就是上帝。阿里巴巴将用户的利益至上。

2008 年 9 月，金融危机爆发。危机迅速扩展到全世界，严重影响中国经济发展：股市不稳定，主要行业比如房地产和汽车制造业减速，等等。许多公司都面临问题，一些企业在压力下甚至倒闭。阿里巴巴的股票急速下跌。但是马云宣布"我不会进行短期救助来维持投资。我准备好了帮助中小企业度过寒冬。这样公司股票迟早会涨。"

2008 年底，阿里巴巴发布了叫作 Goid 供应商的产品，帮助许多小型出口公司，也以及时的速度和合理的价格取得了巨大成功。2009 年底，已有 17 786 名国际支付用户，年增长达到 1650，同比增长 10.23%。项目扩大了世界市场，为中小企业带来商机。

阿里巴巴还加大了支持中小企业资金和人力资源的工作。另外，在金融危机期间，它也不断支持速卖通全球的发展。速卖通致力于帮助中小企业进行跨境贸易，帮助小型批发商通过整合国际贸易中的订购、付款和物流。速卖通的成功得益于第三方支付——支付宝，它为买家和供应商提供方便、安全和可信赖的网上跨境服务。

阿里巴巴降低成为会员的门槛。金融危机让中小企业困于生存和发展，使得

THE SOURCE
OF INNOVATION
IN CHINA
第 4 章

Highly
Innovative Systems
基于网络的中国创新

它们投资产品和服务的资金减少。更糟的是，一些公司直接停止了它们的 B2C 电商网站。中小企业的困境也导致 B2B 网站会员速率和更新率下降。为了帮助中小企业渡过危机并进行自救，阿里巴巴直接降价或是间接降低中小企业成本。

## 团队合作

阿里巴巴的团队合作意味着员工们像一个团队一样合作，追寻共同的目标并相信团队合作让普通人不普通。

马云高度评价团队精神。他常说："你我皆凡人，但我们一起能有所成就。"曾经，一位颇有才华的经理在阿里巴巴工作，他向马云汇报工作。他汇报完后，马云说："做得好！但我只听到我怎样、我怎样，我希望听到我们、我们团队。"

马云说："没人能抢走我的团队。当整个文化形成之后，人们很少会受到诱惑。就像你把一个在干净空气里生活的人放到污浊空气中一样。即使工资再高，他不久也会回来的。"

然而，公司文化的渗透并非易事。成功的企业专注于公司文化建设，而非墙上的口号。

"阿里巴巴至少五分之一的精力和资金都放在改善员工的工作环境和员工培训上了。"阿里巴巴的人力资源经理陈丽说。阿里巴巴对于员工上班时间没有严苛的规定，只要他们能完成任务，就能管理自己的工作时间。"互联网公司的员工大都是处于压力之下的。所以很需要提供一个舒适的工作环境让员工们感觉心情愉快。"关心员工可能是员工流失率低的根本所在。一般公司人员流动率高达 10%~15%，而阿里巴巴流失率近年来一直维持在 3.3%。

## 勇于改变

阿里巴巴处于一个快速发展的行业，需要员工保持灵活性，继续创新并适应新的经商环境。事实上，阿里巴巴的发展史给我们展现了其创新能力。它不断地扩张经营范围，探索做生意的新路子。

THE SOURCE
OF INNOVATION
IN CHINA
中国创新模式

Highly
Innovative Systems

马云和阿里巴巴将犯错当作成功的必经之路。正如许多人所知，马云喜欢太极——一种传统的中国功夫。他曾经问他的师傅王西安大师："您和您的两个儿子谁太极打得更好？"王大师回复说自己打得更好，但这是时间所致。因为他犯过很多错，走过许多弯路。但对他的儿子而言，他们受到他的指导因此年龄不大就成为了大师。与王大师不同，马云认为王大师的太极远远高于他儿子。当面对敌人的王大师能够应付自如，因为他的功夫是历练来的，犯错得来的。马云总是说："如果我写一本书，那一定会是'阿里巴巴的一千零一错'。"他认为错误成就人生。对于错误的无畏精神让阿里巴巴的员工更愿意改变和创新。

根据顾客至上的价值观，阿里巴巴为顾客而改变。更有甚者，创新想法不仅来自马云及其管理团队，也来自普通员工，这给阿里巴巴提供了持续的创新能力。阿里巴巴不仅创造出新产品或服务来满足顾客需求，也为消费者创造需求。阿里巴巴的营销创新让顾客有更多理由进行消费。

### 用户为中心的创新

创新在阿里巴巴天天都有发生。"我们想要不停创新，想要让全世界的生意更好做。"阿里巴巴某高管说，"在别人眼中，阿里巴巴只不过是做电商的网站。这是误解了阿里巴巴。互联网仅仅是阿里巴巴的工具而已。我们用互联网来作为电商公司的平台。阿里巴巴为用户尽全力建立一个更好的经商平台。比如支付宝，支付宝是要解决问题，让买卖双方不再畏惧电子支付中的欺诈现象。另一个就是阿里旺旺，它为便捷沟通买卖双方搭建了平台。"

阿里巴巴的员工总是心系用户，尽己所能满足用户的需求。创新是在服务用户中发生的。

### 全面创新

阿里巴巴内部的创新不仅仅是上层或技术人员的事，也是其他员工的事。有个部门叫做阿里巴巴产品委员会，由其他部门联合组成，它接受普通员工的新想法，分析并进行评估。

THE SOURCE
OF INNOVATION
IN CHINA
第 4 章

Highly
Innovative Systems
基于网络的中国创新

多数中国网民对团购的支付功能很熟悉。之前，团购是由一人付所有钱，而相对于其他人付款不太方便。然而，鲜有人知道这个想法出自阿里巴巴的员工。这名员工常与同事去聚餐，他们每次都 AA 制，常常是一个人付清全款，其他人把自己的部分给他。但是让所有人把具体的数额，包括零钱都要支付是不太现实的。面对这个问题，员工希望有支付功能满足这一需求。同时，他发现用户也有类似需求。十是他把这一需求和他的解决办法向上反映。在对这个想法和解决方法进行评估后，产品委员会决定执行。产品委员会为新产品申请了专利。发布一个产品当然仅是服务的开始。支付宝的营销经理说："问题和反馈受到了用户的欢迎，我们员工准备好解决他们的问题。"

俗话说，三个臭皮匠顶个诸葛亮。许多有创意的想法都来自普通员工。全面创新让他们有机会表达想法。专家来进行评估。这种方法是阿里巴巴创意的重要来源。

### 营销创新

阿里巴巴的创新涵盖众多方面，比如商业模型、营销模型等。以"双十一"购物狂欢节为例，"11.11"被称为单身节，因为这个日子由 4 个 1 组成。现在这一天成了全民购物狂欢节，以及网上业务促销日。在那天，多数网上供应商都会有大折扣。

2009 年，天猫引领 11 月 11 日的促销活动。2011 年 11 月 11 日不再只是阿里巴巴的促销日了。京东、聚美优品和亚马逊等其他网络供应商也纷纷效仿。2012 年，"双十一"就成为了网络供货商全民的网上购物狂欢节。

2011 年，"双十一"淘宝交易额达到了人民币 50 亿元。2012 年同日上涨到 191 亿元。阿里巴巴打破了零售行业的单日交易额纪录。从那时开始，"双十一"就称为中国网民购物重要的节日。2013 年，阿里巴巴"双十一"的交易额达到人民币 350 亿元，交易量达到 1.7 亿笔，交易量和交易额均创新高，阿里巴巴更是 55 秒就达到了人民币 1 亿元的交易额。另外，购物狂欢节也惠及其他行业，包括快递和支付行业等。

THE SOURCE
OF INNOVATION
IN CHINA
中国创新模式

Highly
Innovative Systems

　　"双十一"购物狂欢节给阿里巴巴带来了巨大利润。这一节日的创建和成功不是偶然。阿里巴巴的员工说："我们选择'双十一'有两大原因。一个是'双十一'是换季的季节，是通过降价减少库存，同时卖出新装的好时机。另外一点就是 11 月缺少官方节日，这导致销量减少，购买力不足。"

　　对阿里巴巴而言，价值观不仅仅是口号，而是上层管理者和员工的态度和行为。在核心价值观的指导下，马云和员工一直凭借勇气和机智创造商业奇迹。2014 年 2 月 27 日，阿里巴巴和海南国际旅游岛测试区域签署了战略协议：计划投入人民币 50 亿元建立中国首个智慧互联网，基于云计算和大数据的数字网络城市，这将成为未来智慧城市的原型。

THE SOURCE
OF INNOVATION
IN CHINA

Highly
Innovative
Systems

第 5 章 **战略人力资源管理与创新**

THE SOURCE
OF INNOVATION
IN CHINA
第 5 章

Highly
Innovative Systems
战略人力资源管理与创新

之前的章节从不同角度探讨了学界对中国创新的广泛理解。本章聚焦于组织层面，以及组织内的人事管理体系是如何与组织外部的利益相关者进行合作实现创新的。因此，我们区分了组织内部的人事管理，并将这种管理拓展到组织间的关系，拓展到不少学者提出的人力资源管理的广义概念，使人力资源真正与战略密切相关。

针对中国转型经济时期的人力资源管理，我们提出了一个符合中国现实的混合人力资源模型。在转型时期，结合了西方的观点和中国内生实践，人员管理在快速增长的经济中变得更加丰富，也更加复杂。在前面的章节，我们观察到了中国与西方创新道路的异同点，从一定程度上来说，中国创新借鉴了西方经验，但是更多的是具有中国特色。

例如，区域创新系统产生并大量运用于欧洲，中国目前也在朝着这一方向发展。另一方面，许多在西方很流行的人力资源实践，如团队合作、高承诺和工作参与，其根源都来自东方。表 5-1 展示了中国混合人力资源管理与西方对应实践之间的这种分离又殊途同归的趋势。

THE SOURCE
OF INNOVATION
IN CHINA
中国创新模式

Highly
Innovative Systems

表 5-1　　　　　　　　　　比较中国与西方人力资源管理演化路径

| 宏观经济学制度环境 | 高度集中的系统（中国计划经济时期） | 市场化的系统 | 经济管制和自由竞争的双重性 |
|---|---|---|---|
| 组织人力资源管理实践 | 高承诺、高命令型人事管理：<br>• 按计划招聘<br>• "铁三角"人事体系<br>• 终身雇佣的工作安全感 | 高交易、高控制型劳动力管理：<br>• 基于市场的招聘和解雇<br>• 以效率为先的任务管理<br>• 劳动成本最小化 | 高混合性：<br>• 聚焦于多样化的战略能力和异质性<br>• 人力资源的"造""用""买""盟"模式共存 |
| 影响 | • 高承诺，有一定的风险氛围<br>• 人与组织的依赖很强<br>• 缺乏效率的官僚体系 | • 高交易效率<br>• 高雇佣灵活性<br>• 高劳动流动性<br>• 高劳动管理冲突<br>• 低组织承诺 | • 利用所有人力资源模型的优点<br>• 混合模式优势互补<br>• 人力资源动态平衡 |
| 人力资源管理演化路径 | 西方：　　　　　－　　　　优化交易与控制——引进承诺实践——混合<br>中国：　　减少承诺——建构交易和控制程序——重构承诺——混合 | | |

我们将这些混合人力资源管理的中国特征总结为四个具体的模型：

（1）西方流行但同时包含东方影响的承诺型人力资源管理；

（2）有助于提升效率但是会产生虐待的反效果的控制型人力资源管理；

（3）可以促进社会网络和社会资本的合作型人力资源管理；

（4）平衡雇佣灵活性与规制的契约型人力资源管理。

当我们谈到组织获取和保持竞争优势所需要的创新能力时，人力资源（作为有技术的个体和有知识的员工）是产生、转移、学习、管理和应用知识，以更好地创造知识和利用知识的强大工具。

因此，中国组织中人力资源管理的混合模式可以帮助我们鉴别人本创新模式下的不同做法。

本章的中心是探讨人与创新的关系，强调人本创新框架的理念。逻辑结

THE SOURCE
OF INNOVATION
IN CHINA
第 5 章

Highly
Innovative Systems
战略人力资源管理与创新

构是：首先，我们将展示个人的创造力是组织创造力和创新的源泉；其次，我们将对战略人力资源管理和具体人力资源功能进行区分，并介绍它们与组织创新之间的关系；最后，我们将提出一个超过组织边界、更加广阔、更具有延伸性的创新人才系统，能够在一个有供应商和客户的产业中激发社会网络创新，促进战略管理和商业模式创新。我们会通过中国企业的例子来阐释这些命题。

## 个人与组织创造力

我们需要首先了解个人创造力以及它是如何产生的，因为这是组织创造力和创新的来源和基础。了解创造力有很多方法，我们会先对这些方法进行了解，然后再对中国人和在中国组织中的员工的创造力进行论述。

个人创造力是组织创造力和创新的首要来源，因为在组织研究中，公司可以被视为个人通过跨越不同组织层级的社会互动，来进行知识创造和知识扩散的平台和情境。因此人的创造力被认为是创新过程中的火花和燃料，供个人参与到创新活动之中；这是企业可持续发展中具有战略重要意义的一环。

与个人创造力不同，组织创造力侧重于具体商业情境下，这一点也与艺术创造力不同。组织创造力指的是产生新颖、实用的想法的过程，涉及组织形成和运营的几乎所有层面，例如产品、服务、工作流程、管理方法以及商业模式。因此，一个想法要被认为是有创造力的，它必须具备新颖和实用两个特点。另一方面，尽管创造力（Creativity）与创新（Innovation）相互联系，但有所不同：创造力强调想法的产生，而创新常常是实现了的创造力，是将有创意的想法进行执行和运作的过程。因此，组织创造力是组织创新的开端。

THE SOURCE
OF INNOVATION
IN CHINA
中国创新模式

Highly
Innovative Systems

在创新领域发展的初期阶段，与经济学和社会学研究并行，20 世纪 50 年代，自吉尔福德（Guilford）在美国心理学会发出号召之后，心理学家与组织行为学家开始关注创造力与创新。在那之后，更多的研究者投身于从心理学和行为学的角度，更好地理解创造力和创新的特征的工作之中，尽管根据法格贝格（Fagerberg）等人的聚类分析研究，还未检验到这两个学科与创新领域的相关性和影响，这种方法还没有成为创新研究领域中的焦点文献。

不过，从心理学角度对于创造力和创新的研究在过去的几十年间正在增加，并产生了一个"创造力行为理论"。相应的专业期刊也创立了，如 1967 年的《创意行为期刊》（*Journal of Creative Behavior*）和 1988 年的《创意研究期刊》（*The Creativity Research Journal*）。在心理学领域的创造力和创意研究活跃的同时，也产生了不同的流派和思想，所以目前缺少对于创造力和创新的整体概念理解，如同盲人摸象。

关于创造力和创新的概念还存在争议，如创造力是人类的一种特性还是一个过程？创造力是由少数有天分的人所拥有的还是所有人都有的？早期学者聚焦于个人创造力的心理过程，将其视为一种过程，因此强调思考。后来的学者开始思考创造力的其他定义，如作为人格、潜力或是一种能力。随着创造力研究的演进，学者们发现创造力的概念变得越来越复杂，因此学者们往往会选择与他们研究兴趣最相似的定义。

在目前对于创造力的定义上，一些学者从人格的角度来看，一些学者从体验过程角度来看，一些学者从结果导向来看，还有一些学者从交互效应的角度来看，等等。我们可以观察到，不同学者会从不同角度来看创造力，没有一个普遍认同的框架。因此，我们想解析不同学者使用的维度，使创造力研究的框架更加清晰，为下一步研究和讨论铺路。表 5-2 展示了在衡量创造力研究时所使用的不同维度。

表 5-2　　　　　　　　　　创造力维度总结

| 角度 | 维度 |
|---|---|
| 思考 | 新颖性、巧妙性、流畅性、突发性、连续性、综合性、发散思维、聚合思维、灵感思维、图像思维、联合思维、相关思维 |
| 认知 | "未探测到的"感知和信息编码、想法流畅性（想法的数量很多）、问题识别与构建、思维的不寻常组合（远距离联想、类别组合、边界打破）、主要类别构建（容纳）、解决方案识别（类别选择）、想法变形与重塑、暗示识别、想法具体化与拓展、想法自我评价、产生性过程、探索性过程、语言活动（询问、猜测起因、猜测结果、产品改进、非常规用法、非常规问题、简单设想）（流畅性、灵活性、新颖性）、数字活动（图形构建、图形补全、线条与圆圈）（流畅性、新颖性、具体性、标题抽象性）、抵抗提前结束 |
| 人格 | 不怕困难、承担风险、忍受不确定性、对新体验的开放性、自信与坚持己见、认知维度（流畅性、灵活性与构建能力）、个人特性（心灵手巧、资源丰富、独立、积极自我参照、偏好复杂性）、同时运行多个想法的能力、重构问题的能力、从具体到抽象的能力 |
| 动机 | 目标指向性、对某一任务或领域的着迷、承担风险、偏好不对称性、原因问多个（不寻常的）问题、愿意向他人请教（但不是简单听从命令）、对于不寻常的渴望、内部动机、外部动机、好奇心、想象力、新颖性、一致性、效率、活跃的想象力、灵活性、独立性、接受自己的不同、忍受不确定性、相信自己的感觉、对潜意识材料的开放性 |
| 知识 | 正式知识、非正式知识、新颖性、流畅性、灵活性、复杂性 |
| 能力 | 综合能力、分析能力、操作能力、实操相关能力、创新相关能力（认知方式和灵感知识）、工作方式、心理能力（数学、语言、识别、归纳、演绎、空间识别、记忆）、身体能力 |
| 表现 | 新颖性、相关性、有用性、复杂性、可理解性、宜人、高雅、萌芽、生长、重整、快感、复杂性、压缩性、新颖性（原创、惊奇、萌芽）、决心（有价值、有逻辑、有用、可理解）、细致、综合（有机、高雅、复杂、精心制作） |

随着复杂程度的增加，我们将创造力的这些类型进行分类，将它们归到不同的视角下，并增加了一些说明，强调它们在创造力与创新的中国情境中的影响。下面开始介绍研究创造力的不同视角。

思考视角（thinking perspective）具体指的是以"发散思维"作为创造力的本质。因此一种非常规的思考模式可以从其他的方面、道路、角度来探寻

157

THE SOURCE
OF INNOVATION
IN CHINA
中国创新模式

Highly
Innovative Systems

解决方案。正如我们在第 3 章中所提到的,目前中国这种多元、纷杂文化结构为从不同角度思考提供了无限的可能性,这与一个趋同的文化环境是截然不同的。所以这就可能使中国人的创新能力维持在一个较高的水平。具体来讲,在组织层面,组织创造力不取决于突破性的高端技术创新,而更多取决于个人提升产品性能、组织流程、商业模式创新等方面的创造力,因为在这些方面中国人的创造力更有可能发挥出来。

认知视角(cognitive perspective)认为,创造力是一种从熟悉的想法、日常程序、思维方式中发现新模式和组合的认知过程。对创造力形成的探索,被认为是在一个综合性过程当中的心理过程:在产生阶段,个人对心理表征进行构建;在探索阶段,个人利用这些构建产生有创造力的想法。这一视角利用心理表征将创造力的产生分为两个阶段。中文书面文字的语素形式,也就是我们经常说的表意文字或者象形文字,会使心理表征和结构捕捉的过程更加轻松。虽然对语素文字(如汉语)和表音文字(如英语)大脑半球切面的作用还存在争议,多数语言学家认为语素文字能更明显地激活右脑。

人格视角(personality perspective)认为,创造力取决于特定的个人特征。用于衡量创造力的个人特质通常包括独立判断、自信、对复杂性的喜爱、美学导向和风险承担。我们在第 3 章中已经说过,1976 年之后的几代人已经学会反思社会现象,这为他们提供了独立判断的机会。改革开放之后的迅速经济增长和发展机会推动了大量创业的成功,由此产生了高水平的自信。传统的高情境文化也促进了自我复杂化的产生,这表明了中国人对于复杂性的喜爱。同时,从小背诵大量诗歌的教育要求使得美感成为受过良好教育的人的固有属性。最后,虽然与传统中国文化相反,大量的创业活动却表明中国的商人具有愿意承担风险的特征。上述所有要素都表明中国人身上可以反映创造力的特征。

动机视角(motivation perspective)将实现自我的强烈愿望和个人的内部

THE SOURCE
OF INNOVATION
IN CHINA
第 5 章

Highly
Innovative Systems
战略人力资源管理与创新

动机视为推动创新行为的重要来源。阿玛拜尔（Amablle）提出了一个关于激励机制和创新行为的双重假设，即内部动机对创新行为有积极影响，外部动机对创新行为有消极影响。在一些学者对于中国员工的创新行为进行研究时，他们对内部动机与外部动机的调节与交互作用进行了探究，尤其是内部动机对于创新行为的正向影响，以及外部动机对于创新行为的倒 U 形影响。虽然这一研究结果在中国以外的环境中可能不适用，但是它至少说明中国员工的内在行为受到内部动机的影响更大，而外部动机在促进创造力和创新上面的效果有限。

许多研究者也采取了知识视角（knowledge perspective），认为知识创造的过程独立于实际的知识积累或个人经历。西蒙顿（Simonton）认为，创造力与知识（由受教育水平衡量）的关系实际上是一个倒 U 形的关系；海耶斯（Hayes）发现了创新能力常常会经历刻苦学习与实际应用的一个"十年法则"。韦斯伯格（Weisberg）因此总结说，在创造力与知识的关系上，知识是创造力的一个必要非充分条件，即经验更丰富的个人不一定更加具有创造力，但是刻苦学习和实践会在一定程度上有所帮助。深植于儒家中国文化中的学习传统使中国人甚至提出了"十年树木，百年树人"的说法。中国传统和智慧常常强调"三人行必有我师"，这种开放性是调节知识与创造成果的必备要素。

智力视角（intelligence perspective）一般认为，创新与智力之间的关系是非线性的。具有创新力的人常常有高于平均水平的 IQ，但是在智商高于 120 的人群中，智力对于创造力的影响就不如在智商低于 120 的人群中影响大；极高的智商可能对创造力有负向的影响。因此，在不同的水平上，智商对于创造力的影响是不同的。于是戈尔曼（Goleman）和博亚兹（Boyatzis）对智力的概念进行了扩充，将社会智力和情绪智力也纳入其中。研究表明，中国人的评价智商是 120，在一个比较高的水平，但是没有高于 120。但是，如果

THE SOURCE
OF INNOVATION
IN CHINA
中国创新模式
Highly
Innovative Systems

社会智力和情绪智力与创造力的关系是正相关，中国人就具备这种特征，基于中国悠久历史中的文化复杂性和社会发展。

能力视角（capability perspective）将创造力和创新视为一种提出或产生新颖（即独特）和充足（即满足需求）工作成果的能力。在产生新颖东西的能力方面，语言学家们发现在处理语言任务时中国语言具有优势，例如处理同音字，而英语在这方面具有劣势。虽然很多人认为这是英语中缺乏同音字导致的，但是日野（Hino）等人认为，这是由于在中文中将一个模糊的刺激物与其相应的意思联系起来的反应时间与英语相比更短。由于产生新想法的能力更多的是关于在特定时间内，个人对于组织或社会生活现实的反应时间，中国人在同等时间内就可能产生更多的新想法，进而高效地选择最合适的想法来达到最佳的工作效果。更短的反应时间对于产生渐进性和应用型创新产品可能也是有利的，因为心理过程在基本模式和结构相似时会更快。此外，包含儒家文化在内的中国传统文化，都强调实用性，认为实用性是日常生活和决策中的一个重要组成部分，因此基于工作成果来选择评判标准也是蕴含在中国文化之中的。

阿玛拜尔同时通过表现–成果路径间接描述了创造力和创新的独特关系，这与斯滕伯格等人的定义相似。这一表现视角（performance perspective）强调新产生出来的产品和解决方案对于人类的活动来说是否充足，侧重于创新的结果。也就是说，产品的结果和成果是这些研究的主要核心。采取环境视角（environment perspective）的学者，如西蒙顿同样聚焦于学习创造的可能性，即外部环境因素如文化、资源投入、学习和教育模式会影响人类创造力的产生和释放。因此中国文化中对于学习的强调会更好促进创造力的产生。

在使用方法方面，学者们在测量创造力的不同维度方面尚未达成共识，无论是在个人层面还是在组织层面，尚有许多概念未被定义。多数对于创造力的测量都是在个人层面和团队层面实施的。因此，尽管十分必要，但在组

THE SOURCE
OF INNOVATION
IN CHINA
第 5 章

Highly
Innovative Systems
战略人力资源管理与创新

织层面的研究并不多。虽然关于组织创造力的研究很多，一些重要的研究问题还没有得到解答。

关于对中国个体和中国员工的具体研究方面，目前还缺乏这类研究。虽然一些学者研究了在中国组织中促进或者阻碍员工或者团队创造力的因素，总体而言，这一领域还是存在许多研究机会的一个绿地。

考虑到在中国组织中对创新研究的本质，由于对中国创新的了解不够充分，质性研究的方法就比问卷调查的方法更好一些。不少学者已经强调了中国管理研究中应该由内及外，其中就包括了中国员工和中国组织创造力的研究。一方面，没有一个大家一致认可、明确的创造力模型去在中国情境下测量创造力，不同学者将西方文献中的模型和方法进行了不同的改造，产生大量的零碎成果；另一方面，基于多数人同意的中国和西方方法的语言和文化差异，研究创造力的道路也可能不同。研究创造力学者们应该弄清楚这个问题形成的方式会影响创造过程。因此，深植于中国文化的中国创造力研究应该由内而外进行，这是十分重要的。

## 人本创新：组织战略人力资源管理

在第 2 章中，我们将创新分为了不同的类别。一般来说，文献中常常忽略中国的管理型创新，而管理型创新可能与对中国企业所有权优势的理解以及在国内和国际市场的成功高度相关。人们过于关注技术创新上的突破，批评中国企业缺乏这方面的能力。虽然技术很重要，尤其是对于技术密集型企业来说，并且我们提到的很多科技企业，如联想集团、华为公司、大唐电信科技、新奥集团，都宣称具有领域内前沿创新的技术能力；但是管理创新的核心是人、战略创新和商业模式创新，这样才能使企业在市场上获得经济成功。

THE SOURCE
OF INNOVATION
IN CHINA
中国创新模式 ·······

Highly
Innovative Systems

我们之前已经提到过，创造力是一个可以运用于不同层级的概念：个人、群体和组织。但是研究创造力的焦点却常常是在个人和群体层面。也就是说，创造力这个概念应该是要运用于组织层面的。如果创造力更加关注独特性和实用性，那么创新就是产生独特的成功和价值的过程。如果将创新视为一种知识创造，那么个人创新就是基于人类的创造力，而组织创新更多基于流程、结构、动机和组织安排。

依靠管理知识进行知识的创造和转换，有学者基于野中郁次郎（Nonaka）的知识创造人本视角，提出了创新的个人-组织知识转换过程（如图 5-1 所示）。

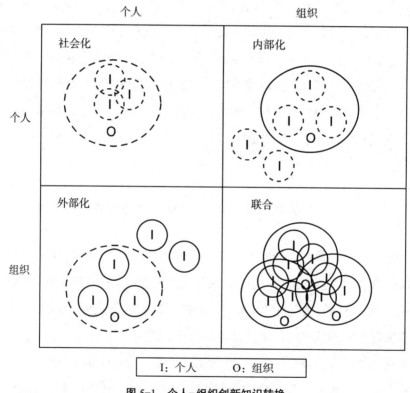

图 5-1　个人-组织创新知识转换

THE SOURCE
OF INNOVATION
IN CHINA
第 5 章

Highly
Innovative Systems
战略人力资源管理与创新

在这个模型中，知识是在法典化（codification）和解法典化（de-codification）的过程中创造的，在个人与组织层面之间跨层转移。这样，一个组织就可以鼓励其创新的员工通过相应的战略人力资源机制获得更好的表现。在图 5-1 中，对 SECI 模型进行了改编，聚焦于组织。因此，"国际化"指的是个人成员将显性知识转化为组织共有知识的过程，同时可能包括吸收外部知识人才进行知识创造（如招聘）；"外部化"指的是将组织共有知识传达给每个个人的过程，同时可能包括为特定组织目标外部化特定知识人才（如外包）；个人之见的社会交互（"社会化"）是以个人为基础的，但是组织为其提供了这种隐性知识转移的合适环境和平台；"联合"是组织间在松散网络和扁平结构中产生的创新活动，这是在人的动态机制下保持个人交流的方法。

前两种类型，个人–个人和个人–组织关系，基本上是在组织内部的，其中社会化为知识创造和转换释放了创新行为，而内部化吸引人才加入现有知识体系。对于组织内的知识产生来说，人力资源管理在承诺和控制方面扮演了主要角色。后面的两种类型，组织–个人和组织–组织关系，则是在组织间的，将知识体系外部化给外来人员，与契约型人力资源管理模式相关。组织"联合"创新是为了获取知识，与合作伙伴进行外部合作，因此与我们在第 4 章中提及的在社会网络创新中的合作有密切关联，而这与合作型人力资源管理模式相关。

组织管理中的许多不同方面都被认为与提高工作中的创造力和创新有关联，例如组织氛围、领导风格、组织文化、资源与技术、结构与体系。格兰特也提到了流程、结构、动机和组织安排的重要性。从把对人的管理作为管理工具的动态视角来看，可以提出一套通过战略人力资源实现以人为中心的流程。

将中国商业环境中表现好的员工与表现差的员工进行比较，有学者将人

THE SOURCE
OF INNOVATION
IN CHINA
中国创新模式

Highly
Innovative Systems

力资源与战略相联系，提出了在一个动荡的商业环境中，人力资源如何能够在战略形成过程中发挥作用，而不仅仅是在一个稳定的商业环境中，在战略执行过程中发挥作用。从战略人力资源管理的实证数据中我们可以看出，企业文化、战略与动态的战略人力资源要素有交互作用（即领导力与学习），而对静态的战略人力资源要素有决定作用（即结构和人力资源体系）。战略动态人力资源管理体系同时与市场导向和外部环境有交互作用。

因此在这一部分，我们首先会展开领导力与学习这两种动态人力资源要素的驱动力量，以及与企业文化、战略和市场、外部环境是如何交互的。通过探索为了实现创新文化战略，人在个人与组织层面的动态机制，我们就能聚焦于从动态视角对人实现战略性管理，而动态视角构成了用人机制、促进了创新。正如有的学者提到的，创新作为一种过程、组织形态、技术、市场领域焦点、产品、服务等，会根据情境的不同而变化，而这些问题在中国很少被探索。

也有学者认为，那些管理组织的全新方法其实是印度人自身固有的。我们也提出一个类似的观点：战略创新，即商业模式创新和管理创新，其实是中国人自身固有的。在这两个部分中，我们探索了创新的管理层面，即如何管理人，以及人力资源管理及其与创新的关系。这就构成了一个良性的人力资源管理循环，从企业文化与高阶的战略人力资源管理开始，到具体的人力资源职能，如招聘、工作设计、培训、绩效评估、报酬机制；再到有效实施人力资源活动，如沟通、职业生涯发展、长期承诺；最后到外部人才的合作网络。

高阶人力资源要素，如组织文化和领导力，长期以来都被认为对员工的创造力和创新行为有决定性作用。从这个角度来说，在结构要素方面关注得较少，如人力资源职能以及人力资源活动对于员工创造力的影响。因此，我们试图从一个更加全面的角度来看促进中国组织创新的要素，为后续研究和

THE SOURCE
OF INNOVATION
IN CHINA
第 5 章

Highly
Innovative Systems
战略人力资源管理与创新

讨论打下基础。

从战略性管理人的动态视角来看，很多学者强调了企业战略与文化同战略人力资源管理的交互作用，使企业运转起来。战略人力资源管理有四个要素；领导力和学习是动态要素，结构与人力资源政策也是动态要素。领导者们建立了一个创新导向的企业战略和文化，而这又反过来为人才在已有的结构和人力资源政策下进行充分学习、释放创新潜力和创意想法提供了一种开放氛围，使他们的创意可以被检验和有效实施。

企业文化是一种普遍拥有的信念，具有自己的价值观和标准，对创新的产生具有促进或是阻碍的作用，这取决于创新战略的类型和创新的过程。一般而言，若是一家企业的氛围将员工的投入、兴趣和相互关系考虑在内，促进沟通、增加信任和承担风险的意愿，那么在这样的氛围之下就更容易产生创新。于是，一个经常与创新组织文化相关的模式常常包含以下要素：关于员工对于组织目标的一致性和责任；释放员工在工作场所的主动性和自主性的方法；鼓励承担风险、容忍错误；欢迎员工的创造性建议；加强组织与个人学习；建立起团队精神和基于信任的工作合作关系；及时奖励变革和员工的创新行为。

为了促进创新文化形成、推行创新战略，企业需要通过具体人力资源管理机制传达和实现这些抽象的文化和战略。如图 5-1 所示的"社会化"是企业组织中的个人互通和交换对于企业文化和战略的理解的一种形式，并通过层级和正式组织实施战略。不同类型的领导力，如变革型领导和分布式领导，关注个人、鼓励个人运用自己的判断和实践中的智慧进行反思，在模糊点上做出较好的决策，运用到创新过程之中。不同的人力资源政策，如灵活性、自主性和有挑战性的工作设计使得知识人才可以与他人充分交流，实现在创新过程不同阶段中的自我管理和困难解决。

165

THE SOURCE
OF INNOVATION
IN CHINA
中国创新模式

Highly
Innovative Systems

在有效实施创新战略和文化的过程中，需要对人力资源管理工作进行安排，使之符合企业的战略选择，实现人才的潜能。这种安排就需要运用一种动态的人力资源管理视角，通过多种多样的交流对人力资源进行管理、提高组织绩效，而不是通过简单的横向与纵向匹配来达到。有学者识别出了关键性的动态人力资源管理要素——领导力、学习、结构与人力资源体系——它们相互交织，持续更新员工的知识。

在联想集团的案例中（案例 5-1），就对这些关键性要素进行了阐述，主要是通过领导力和人力资源管理体系实现创新战略和文化落地。2014 年 1 月 29 日，联想集团宣布从谷歌收购摩托罗拉手机业务，使联想集团在收购 IBM 手机业务之后，重新受到了媒体的关注。由于希望能够在原有 DNA 的基础上进行新创造，实现传奇性的增长，联想的英文名字 "Lenovo" 是英文 "Legend"（传奇）和拉丁文 "Novo"（新）的结合。根据联想 CEO 杨元庆的说法，"联想的创新体现在技术、产品、商业模式和文化管理等方方面面"。一方面，技术和产品是一家技术密集型企业在行业中获得并保持竞争优势的核心能力；另一方面，正如杨元庆所说，联想的商业模式和文化创新是与技术和产品创新相互交织的，这构成了联想的核心能力。

自联想集团创立之初，当时的 CEO 柳传志和其他管理者一起，强调了创新的重要性。每月举行的 CEO 创新研讨会由杨元庆主持，研究机构和各事业部领头人参会，共同探讨行业内的技术趋势和市场需求，以监控创新的方向。这只是联想集团领导者为形成创新的企业文化和战略而做的一件小事。他们的这个战略人力资源管理框架，明确以市场、客户为创新的导向，与战略一致但是高于现有战略，基于人力资源的内部重塑力量进行持续补充和自我更新，使战略的形成过程重新获得生机。

有学者通过对中国企业的创新能力进行研究，发现其中一家企业的副总

THE SOURCE
OF INNOVATION
IN CHINA

Highly
Innovative Systems
战略人力资源管理与创新

第 5 章

特别强调了学习和犯错的重要性。他的企业鼓励头脑风暴，从三个阶段实现创新文化：第一阶段，摆脱对于失败的恐惧；第二阶段，允许犯错；第三阶段，鼓励犯错。所有的创新都始于错误，错误是创新的基础。一旦明确了这一点，企业中的所有成员（从高级管理人员到普通员工）都明白创新和犯错的重要性，那么整个企业就是有活力的，不论薪资的高低。

## 人本创新：人力资源职能和活动

在这一部分，我们关注驱动操作性人员管理的人力资源职能和活动。第一部分对应职能性的人力资源管理（招聘、工作设计、培训、绩效评估和薪酬），第二部分是补充性的人力资源活动（沟通、职业发展和长期承诺），将人员管理有机协调，确保效果。

### 人才招聘：多元化与基于能力

为了将个人的知识内化到组织中，一个最有效的方法是吸引并保留人才。在招聘这些人后，他们的创造力需要被激发和释放出来，以适应组织战略的需要。为吸引创新型员工，在招聘过程中必须强调多元化和能力。同时，长期承诺也是招聘过程中的一个主要考虑。

如前所述，将多样化的人才和能力混合起来有利于创造力的产生；研究表明不同人格和专业领域在交流中产生的互补性可能会对创新的产生有支持作用。这种多样性的提升能够鼓励人们在组织内产生化学反应，因为对一个事物具有不同的观察视角。但是，克服由于不同领域的分割产生的认知文化挑战是真实存在的，而且由于多元化价值实现的需要，以及持续互动产生创新的需要，必须积极解决。

虽然看似矛盾，鼓励企业文化向创新进行标准化和寻求多元化其实是互补的。一方面，为了促进不同人才之间的化学反应，需要人的本质的多样性，通过交互和重组促进创新；另一方面，基于能力的人员招募要求在候选人之中寻找特定能力。这两种明显相反的政策——一个鼓励趋同而另一个鼓励分歧——需要同时做到并融入组织以及在整体的层面和具体创新情境中。

在联想的案例中，联想在合伙人和供应商之中实施了人才地图，以识别其他行业中的佼佼者。这一过程所基于的假设是，一个有能力的销售人员在快速变化的消费品行业中的同一职位是可以胜任的，但是在 IT 行业，背景的多样性可能会丰富商业解决方案的创新选择。这样新的想法就被带入了 IT 行业中。

工作设计：灵活性与授权导向

工作设计是另一个关键人力资源管理职能，它决定了职位的主要任务、职责和义务。研究者认为，一个多元化、有挑战性、复杂以及具有一定自主性的工作，可能激发员工的创新。多元化的工作内容、一定程度的模糊性和复杂性为知识人才发挥想象力完成符合公司战略的任务提供了一定程度的灵活性，而不是严格遵守完成一个具体任务的要求。因此，这种灵活性提供了自由，反过来促进人的创造力实现更好的创新绩效。

工作内容描述的模糊性为个人灵活、有机的发展提供了空间，同时，授权也被视为激发员工创新行为的重要因素，因为员工有更多的时间和空间在工作中进行管理。虽然不确定的任务指引可能会产生一定程度的不确定性，甚至由于不确定而产生更高的压力，阿玛拜尔等人认为，由于挑战而产生的一定程度的压力对于人类的创造力会有正向的影响。

为了保持两位数甚至是三位数的经济增长，大多数中国成功企业处在维

THE SOURCE
OF INNOVATION
IN CHINA
第 5 章

Highly
Innovative Systems
战略人力资源管理与创新

持现有竞争优势、更新或获取进一步竞争优势的高压之下。这些竞争强度高、增长速度快的企业在准确描述工作内容方面就有困难，尤其是对于中高层职位以及创新导向的职位。同时，创新是企业在竞争道路上存活下去的持续要求，这不仅仅包括技术创新，而且更重要的是，可能包括商业模式创新。为企业新发展方向和战略重心持续更新创意想法是十分必要的，所以模糊、灵活的工作描述就成了常态。

联想集团的 CEO 会议定期举行，讨论高潜员工的资料和招聘之后的进步，确定组织如何帮助他们取得成功和发展，而不是形成可能会阻碍他们释放创新潜力的一个传统的工作描述。在案例 2-2 中，任正非在被问到应该如何起草《华为基本法》时，他直接回答说，要是他知道应该怎么写，那他就不会找别人来做了。经常是通过一个一般性的原则提供大体的方向；然后管理者和员工就要去释放创造力实现目标。

整体培训：学习与发展导向

一个学习与发展型的企业文化与控制型企业文化是不同的，前者对于企业在动荡环境中提升绩效具有有效作用。组织学习被认为是战略人力资源管理、实现组织目标的一个关键部分。

但是，传统的人力资源实践侧重于个人培训而非全面的学习安排。在人力资源培训方面，尽管心理学家们曾对是否有必要进行专门的、正规的创造力培训进行过质疑，有人认为创新是自主性的行为，过分强调组织对人的塑造可能忽视了创新者自我效能感（self-efficacy）的需要。彼得·德鲁克曾指出，创新是可以且应该通过训练和学习来实现。以爱德华·德·波诺（Edward De Bono）为代表的"实用派"设计出的各种富有趣味创造力开发游戏和培训课程，已经在管理实践中获得了广泛的推广和应用。20 世纪 70 年

THE SOURCE
OF INNOVATION
IN CHINA
中国创新模式

Highly
Innovative Systems

代由美国通用公司发起，并有几百家大型企业参与成立的"创造性领导中心
（CCL）"，成为领导者素质和创造力开发的培训基地和研究平台。

有利于创新的培训机制实际上不仅在于提供专门的有关员工创造力开发
的培训课程，而更在于以员工素质的全面发展为导向，建立实施内容广泛的
培训计划。全面性的培训是组织进行人力资本投资、实践组织学习的重要实
现方式，对个人和组织的创新有着积极作用，它既包括针对专业技能的深度
开发，以促进人员在具体工作专业方面获得持续性的改进，也包括对人力资
源深层特质、潜力和内在动机的挖掘与开发，进而全面提高人员的胜任能力，
实现高绩效和创新。

例如，有一家中国企业的高层管理者介绍说，除了内部培训外，该企业有
超过 500 名员工由企业出资，在国外大学参与了外部学习课程。这位高层管理
者还说，这些不同形式的培训为个人和组织的创新能力注入了新能量，效果很
好。我们在实践中也可以观察到，这种全面发展导向的培训模式对创新的积极
意义，如对技术骨干提供相应的管理技能和领导力培训，将更有利于其领导专
业技术团队做出创新成果；提高经营管理者对专业技术的认知，有利于其从技
术角度获得对企业战略契机的敏感性，推动组织战略和管理的创新。

另一家企业的研发总监认为，不同同事和不同项目之间的内部知识交换和
学习项目是非常有用的，其中一些知识交换和学习项目甚至是自己发起的。这
种学习导向型组织鼓励员工不仅仅局限于解决自己的任务，同时也熟悉其他人
的任务，因为所有人的任务都是相互联系的。在这个过程中包含的思维和技术
上的碰撞往往是创新的最初来源。这家企业的高层管理者有更多机会在 IBM
和惠普这样的跨国企业进行阶段性的拜访和创新学习，然后在回公司之后与其
他成员进行分享。这种由领导者自上而下倡导的学习文化在构建全面性的培训
体系上十分有帮助，脱离了之前传统的正式培训和注重技术内容的培训。

THE SOURCE
OF INNOVATION
IN CHINA
第 5 章

Highly
Innovative Systems
战略人力资源管理与创新

联想集团的案例也是如此。联想集团正在逐渐增加这方面的投资，为有才华的员工提供一个在企业中成长的机会。这种发展导向的文化促使了一些人力资源培训举措的出现，例如针对高绩效员工的 ALPHA 项目，以及为潜力员工提供其他研究条件，确保其创新的独特性和质量。

在案例 5-2 中，新奥集团为处在不同阶段的不同员工设计了定制化的方案，区分对待有经验的员工和资历浅的员工。对于经验丰富的员工，新奥集团提供了一个自我测验、综合评估的两步走步骤，在通过第一步自测环节之后，候选人会进行综合评估，否则就要继续进行培训。对于资历浅的员工，会根据他们工作的性质提供系统的培训。

绩效评估：塑造与发展导向

与企业创新战略中包含的学习与发展导向的企业文化一致，绩效评估不仅仅是衡量员工创新性究竟如何的一种方式，它同时为人才设定了目标，并为未来的塑造与发展提供反馈与依据。

首先，为员工设定创造性的目标有利于增加其创造性绩效，而过多设立如产品数量等任务指标则可能会降低创造性绩效，被赋予创造性指标的员工比未赋予该类指标的员工表现出更高的创造力水平。3M 公司也在这方面树立了典范，在其设定的为数不多的组织绩效目标中，一般会要求在每年销售收入中至少有 25% 来自过去四年中所发明的产品。在评价方式上，多数研究认为当人们预期到工作绩效会被精确严格地评价时，他们的创造力水平会降低。

我们的研究还发现对评价结果给予发展型反馈（倾向于积极的，指导性的反馈）比做出控制型反馈（倾向于批评的，要求的反馈）更有利于员工在随后的工作中表现出更高的创造力水平。

THE SOURCE
OF INNOVATION
IN CHINA
中国创新模式

Highly
Innovative Systems

与监控、惩罚导向的绩效管理模式相反，指导改进型的绩效管理注重与员工一起来设定绩效目标、为员工的绩效改进提供支持、关注绩效结果而不密切监控工作过程，并在评估之后对员工进行绩效反馈并提出提升改进建议。通过经常性地提出提升反馈与意见，加强了学习与发展型的企业文化，而不是控制型的文化。

对于诸如研发、综合管理等任务边界比较模糊、工作内容比较多样化、工作方式相对灵活的岗位而言，其任职者创新性的行为和效果往往难以从具体的工作过程中去观察，采用鼓励他们从自身视角出发参与设定的绩效目标，将更有利于激发他们的创新动力。同时，越来越多的证据表明，绩效反馈对改善员工行为、提高工作绩效具有十分显著的意义，其有效性甚至超过评估过程和评估结果本身。在阿里巴巴的案例中，绩效考核体系的目标是成为人才最开心的工作场所，同时通过员工满意度和工作压力的调和，释放创新潜力。在海底捞的案例中，新招进的员工不具备工作的能力，那么通过一个较好的绩效考核体系，以及配套的学习机会，使许多低学历的员工可以实现他们的理想和目标，做到中层甚至是高层管理岗位上。

另一家中国企业的管理者透露，通常会由人力资源部门的人和项目经理一同进行面谈。在面谈中，首先他们会介绍该企业在目前阶段的创新目标；然后他们会询问面试者，从他自身的工作内容来看，有哪些关键事件可以促进整体创新目标的达成；最后他们会讨论有哪些关键点需要克服。这样被面谈的管理者就会更加清楚，也更加乐意知道有哪些目标没有被达到和克服。

### 薪酬体系：内外激励结合

为了释放人才潜力，使他们积极为企业创新过程贡献力量，激励机制就变得至关重要。我们在一项针对中国员工的研究中发现，内部激励体系更加

THE SOURCE
OF INNOVATION
IN CHINA
第 5 章

Highly
Innovative Systems
战略人力资源管理与创新

有效，而外部奖励可能会有效果但是效果不能确保，尤其是当员工内部动机高时可能会带来消极影响。

在薪酬激励与人员创造力和创新绩效的关系上，研究结论比较复杂，但基本上是围绕着内部激励和外部激励的效果问题而展开。一些经典研究指出内部激励（如工作的有趣性、吸引力、成就感等）比外部激励（预期的薪酬水平、奖金诱惑等）更有利于促进人员创造力和创新绩效，过度的、事先明确的外部激励可能会抵消或转移人们的内部动力，从而会削弱其创造力水平。整体的报酬机制将内部心理激励与外在货币报酬相结合，以抵消过于强调外部报酬所带来的问题。其包括基于职位和能力的基本工资、基于绩效的奖金、权益性的长期激励计划、团队大导向的分享机制；组织的赏识和认可、精神荣誉激励、工作与生活的平衡以及多样化的福利等。

我们在研究中发现，中国企业管理者对于其公司的技术奖励体系大加赞赏。该体系专门用于高科技人才的内部激励，当某人创造一项发明时，经企业技术委员会认证后，该发明就会以发明者的名字命名。也就是说，在该企业，这一项发明会永远与发明者的名字相联系。那位受访者认为这种做法很有吸引力，而经济上的奖励更多的是象征性的。

在第 2 章海底捞的案例中，同样也体现了这一点。员工的每一个有创造力的想法都受到欣赏，并且从中选出有贡献的想法，按照贡献进行奖励。员工的贡献不仅仅得到经济上的奖励，而且他们的家庭也会得到一笔直接的经济奖励，这样就激发了员工想要得到家庭认可的内部动机。虽然纯粹的外部奖励（如经济报酬），可以轻易被竞争者所模仿，但是外部奖励，如来自社会、同辈、家庭的认可，以及由此带来的幸福感，是不会轻易被其他企业所复制的。因此，虽然行业中有很多企业都在模仿海底捞的战略创新，却没有企业敢说它在这一方面做得比海底捞好。

THE SOURCE
OF INNOVATION
IN CHINA
中国创新模式

Highly
Innovative Systems

沟通机制：横向与纵向渠道

通过不同渠道加强不同方向的组织沟通是组织学习、知识分享促进创新的重要一步，对于开放沟通、机会探索、不同思想与知识的灵活组合都有积极的作用。大多数有关沟通与创新的研究指出组织沟通的开放性对个人和组织创新绩效都有着积极关系。一般情况下，当员工拥有更多相关创新的信息时，他们会有更多将创意进行整合的机会，而且对创新成果和实施意义了解得越多，就越容易进行创新。这又增加了进一步创新的机会，成为良性循环。

其实组织结构的扁平化、无边界化、网络化或流程优化的本质目的在于强化组织内部功能及组织与外部环境之间的沟通与互动，加快信息的传递与共享。以市场为导向的知识学习和内部信息共享等为内涵的组织学习过程都与企业创新和绩效有着积极的关系。洛夫莱斯（Lovelance）等人的研究还从沟通方式的角度进行了探讨，发现合作式的和自由表达怀疑的沟通会对团队创新绩效产生正面影响，而争论式的及无法自由表达怀疑的沟通则会带来负面影响。员工的参与机制是非常重要的管理举措，很多学者的研究指出，员工参与决策对提升个人创造力和组织创新绩效都有着正向作用（Amabile，1997）。因此，一名员工参与和建议的体系在吸收员工个人知识达到组织创新方面发挥了重要作用。

横向的跨部门沟通是分享知识和信息、互相学习、开发新产品的有效机制。最具有创新性的管理者采取的是参与性的管理风格，他们的信息源大部分来自下属，通过员工参与体系或者纵向沟通进行（尽管在这里是由下而上的沟通）。阿尔布雷克特（Albrecht）和罗普（Ropp）发现在喜欢讨论工作、个人和社会话题的员工之间，创新更有可能产生。洛夫莱斯等人同样指出，在跨部门的新产品开发团队中的不同观点会促进创新绩效，由于团队成员认

THE SOURCE
OF INNOVATION
IN CHINA
第 5 章

Highly
Innovative Systems
战略人力资源管理与创新

为他们拥有询问和提出质疑的权利。

在对中企业创新能力的研究中，我们对通过沟通渠道进行组织创新的不同来源进行了识别。其中一种是"持续提升系统"，通过联接所有员工的内部网络平台实现。该企业要求员工每年提出两项具体可操作的建议，并由相应质量提升部门进行评估。许多意见最终都转化为了企业的创新成果。这些建议在内部都是公开的，所有员工都可以看见这些提议和相应的进展。此外，提出建议的人会赢得个人和部门奖项，结果也会在企业内部网站公布，这些奖项就成为了员工的内部动机。一些积极的员工甚至每周都会提出一个建设性的意见。

在案例 5-1 中，联想集团收购 IBM 公司的 PC 业务单元后，内部的沟通对保持创新人员的能力和绩效、防止他们离开企业发挥了关键作用。在所有的并购项目中，现有的管理团队和员工的不确定性都很高，会出现许多疑虑和问题，如关于薪酬、福利、人力资源政策上的变动。直接沟通，而不是传统的层级沟通链条在这个过程中发挥了重要作用，确保这家新购买企业的持续适应过程。"新世界新看法""跨文化管理"等项目的开展，为这些人才继续为新组织做出贡献提供了新的见解。

职业机会：多元化的职业生涯发展渠道

职业生涯规划指的是为员工提供和设计的计划，与员工的工作和职业发展的目标和路径相关。从管理科学的角度来看，职业生涯规划是提升员工绩效和组织发展的有效工具。从劳动经济学的角度来看，晋升被视为组织内部的一种比赛，激励员工努力工作，其效果远远好于薪水。从创新的角度来看，职业生涯发展被认为是激励人才实现创新的重要方面。员工的个体差异会对职业生涯体系的多样性和可选择性提出更多的要求。多职能和多业务或领域的工作轮换

175

THE SOURCE
OF INNOVATION
IN CHINA
中国创新模式

Highly
Innovative Systems

机制越来越被认为是促进人员了解多种专业知识而利于创新的管理举措。这些更加多元的职业发展模式为这些企业在创新上的成功提供了很好的动力。

在中国企业的实践中，许多领先的技术密集型企业已经实施了人才职业生涯道路设计。华为公司早在 20 世纪 90 年代中期便开始设计和开发针对技术专业人才的任职资格体系。该体系以专业技术人才的技术能力作为职业发展的主要标准，包括了任职资格评估、技术技能开发、技术等级认证等环节，针对不同专业的技术人员形成了相应的技术认证和职业发展序列，使技术人才在这些技术序列里获得技能的持续增长和职业发展，从而为该企业在产业中获得和保持技术领先和创新的优势提供了有益的促进。

在案例 5-2 中，新奥集团为了克服在快速成长的行业中所遇到的挑战，设计了一个综合能力提升计划，将人力资源管理与管理人员、技术人员和操作人员三类人才的职业生涯规划联系起来。个人职业生涯发展与组织的需求是紧密联系的，员工被激发为实现组织战略发展进行更有创新性的工作。

曾有一位人力资源管理者这样评价职业生涯衡量工作：技术人员或者管理人员的能力达到了一定程度之后，晋升技术人员或者管理人员的衡量就会相互对应。这种职业生涯发展能够支持创新，为技术人员专心研发提供激励，因为双重职业生涯发展模式允许他们在这一类别中进行转换。

长期承诺：工作稳定性与保障

长期雇佣与提供多样化的工作发展机会相联系，进行长期化的雇佣被认为有利于提高人员在职场中的安全感和对组织的忠诚感，并使人员获得一个长期的过程来积累组织内部的特殊知识，进而有利于其做出高绩效。创新往往也是一个需要长期积累的过程，因此长期承诺导向的雇佣和就业保障也有利于提高人员创新的可能性。但同时也存在一些争议，如稳定的雇佣也可能

THE SOURCE
OF INNOVATION
IN CHINA
第 5 章

Highly
Innovative Systems
战略人力资源管理与创新

导致员工竞争意识的薄弱和积极性的递减，从而可能影响绩效水平。因此，稳定的就业和长期雇佣仅仅是保证绩效或实现创新的必要条件，其积极意义的实现离不开其他人力资源管理机制的配套实施。

中国劳动力市场的特征之一就是人才的高流失率。内部职业发展和长期承诺会提高员工对于工作稳定性与保障性的感知，减少人才的流失，增加员工的组织承诺，专心工作以提高组织绩效。这在中国情境下显得尤为突出，因为中国劳动力市场变得越来越灵活开放。越来越多的短期雇佣出现，通过短期契约或者外包契约的方式进行雇佣。在这种以成本为导向的人力资源战略之下，员工的稳定性和组织承诺都比较低。人才的长期承诺因此成为组织的主要考虑。

在我们的研究中还发现，有的人力资源经理已然关注到了以成本为导向的劳动力外包所带来的问题。许多受过良好教育的年轻毕业生和技术人员是通过合同外包机构加入企业的，但是这些新人才加入之后会迅速离开，导致人员流失率很高。有一次，一位技术人员提交离职申请时，那位经理询问他离开的原因，对方回答说，因为很多人来了不久就离开了，他也就不想再待下去了。这位经理得出的结论是，由于该企业缺乏长期职业生涯规划，员工忠诚度不高，职业上的远见和信心不足，因此选择了短期行为，不具备可持续性，因此创新的可能性也不高。

如华为公司、联想集团及阿里巴巴这样的成功企业，会通过职业发展促进员工的长期组织承诺。这些企业都设计和实施了不同的职业发展计划和模式。不过，这些企业同时认为，一定水平的流失率是健康的，因为它解决了长期承诺带来的舒适问题，而员工过于舒适其实是企业保持竞争优势的一大阻力。

THE SOURCE
OF INNOVATION
IN CHINA
中国创新模式

Highly
Innovative Systems

## 商业模式创新：企业边界之外

上述关于创造力和创新的企业内部人员管理模式向我们展示了中国企业实施管理创新的机会。根据我们所提出的混合人力资源模型，人员管理的任务应该通过合同或者联合的方式拓展到组织的边界之外。多数成功的中国企业，不管是技术密集型企业还是劳动密集型企业，都很关注在企业边界之外的整体创新能力的提升。在这一部分，我们将拓展对于商业模式创新的讨论，将管理创新能力拓展到其他外部利益相关组织，如供应商和客户。

在第 4 章中，我们强调了创新网络的三种模式，从计划经济时代到经济转型时期，再到互联网经济时期。每一个创新网络都有自身的特点和独特的优势。但是，在这里我们关注商业模式创新中与人相关的管理模式。一方面，组织内部管理解决了一些关键性的创新问题，例如新奥集团（见案例 5-2）开发了全面能力提升项目解决创新人才短缺的问题。它不是一个传统的能力提升项目，而是一个拥有新想法的全面方法，与企业战略目标和人力资源要求密切相关。

但是，不是所有的企业都可以拥有理想中那么多的创新人才资源，从投资角度和时间限制角度来说都是如此。基于契约或者合作的外部合作就成为了一种常见的做法，有时甚至会帮助提高成本效率。行业供应链中的客户和供应商同样组成了联盟，帮助满足企业战略创新要求。有学者发现，中国台湾地区的 IT 企业通过从跨国客户那里了解联盟，获得了创新能力，提升了在国际产品网络当中的地位。另一方面，以苹果、IBM、戴尔、惠普为代表的跨国企业，专注于自己核心的研发，将边缘的创新和制造外包给大规模的、具有成本效率的新兴市场的跨国企业。接下来我们将介绍外部合作中的创新联盟伙伴和资源。

THE SOURCE
OF INNOVATION
IN CHINA
第 5 章

Highly
Innovative Systems
战略人力资源管理与创新

### 外部合作：创新联盟资源

企业主体与高校、科研院所及专业咨询机构等的合作与互动，将有利于促进企业的创新和区域经济绩效的产出。这些不同形式的外部合作，联合产业价值链上客户与供应商，会形成一个交互的持续学习过程，促进创新想法的产生。外部合作在关键人才的支持下，能够促进组织内知识整合。

从不同的利益相关方那里进行持续学习同时决定了获取知识和知识创造的效率。以市场为导向能够有效运用企业资源实现经济价值最大化，因此，不受束缚、扁平的组织结构就可以更快速对外部变化做出反应。这样，这种体系就通过自我组织的方式来对创新成果和企业财务绩效二者之间的关系进行管理。

不少学者认为，收集市场信息是创意想法的来源和创新的起点。艾伦（Allen）认为，成功的创新团队和组织通常与潜在的客户和供应商拥有广泛的联系和合作。外部合作拓展了组织的创新能力，超越组织边界，将边界拓展到行业价值链上，有效地相互学习，从开放的知识分享和创新产生过程中达到共赢。

我们在研究中发现，一位企业的副总裁介绍道，他们会与国内顶尖的大学进行合作，互相整合行业、学校和研究机构的资源。所有的这些外部合作都增强了他们的创新能力，达到了满意的效果。一位高级工程师说，他们的产品创新是基于技术创新的；通过学习市场上其他产品补足自身产品的缺陷。这样通过学习竞争对手，就产生了新的想法，在此基础上进行新产品开发。通过与客户、供应商、销售商等进行有效的沟通与合作，有利于从各自角度获得改进企业运营和产品的建议和契机。

大多数技术密集型企业，如华为公司、大唐电信科技、新奥集团、联想集团和阿里巴巴，都在进行不同程度的外部合作。通过与大学、科研机构或

THE SOURCE
OF INNOVATION
IN CHINA
中国创新模式

Highly
Innovative Systems

专业性的咨询服务机构进行有机合作，也有利于企业充分积累和开发社会资本和智力资源，为自身的创新服务。

在图 5-2 中，我们对加强组织创新能力的人本模式进行了总结。与文献中通常使用的创新能力定义不同，我们这里提到的创新能力是组织的综合创新能力，包含了产品创新、流程创新和战略创新，这与我们在第 2 章中的说法相同。我们特别关注战略创新，因为战略创新是在行业过渡到生命周期的成熟阶段时，企业获取和保持竞争优势的关键。产品创新为行业生命周期的最初阶段带来了新的产品，但是行业不可避免地会逐渐成熟，最终衰退。在这一时期，战略创新就是企业的生命线。

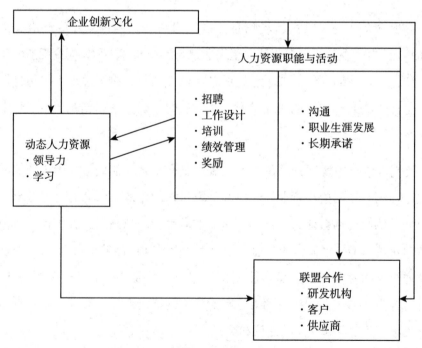

图 5-2　提升组织创新能力的整体模型

THE SOURCE
OF INNOVATION
IN CHINA
第 5 章

Highly
Innovative Systems
战略人力资源管理与创新

最开始通常是由最高层领导发起创新战略愿景，随后企业文化开始向创新驱动战略转变。接下来，通过组织这种创新文化的扩散，决定了其他管理团队的思维模式，而不是局限在高层管理团队中。在这个过程中，领导层之间的互动、对组织学习行为的鼓励，都对保持创新导向的企业文化至关重要。通过组织结构和人力资源活动，企业文化不仅仅是一个抽象的概念，或者写在墙上的口号。通过具体的人力资源政策和行为，创新通过招聘、工作设计、培训、绩效管理、薪酬体系等一系列流程在组织的 DNA 中流动。同时，人力资源部门作为企业的战略伙伴也需要与直线经理一起实施协调任务，在诸如沟通、职业发展、长期承诺和创新的方面共同努力。

作为内生创新能力的一种拓展，外部合作或者人力外包跨越了组织的边界，由创新驱动，战略性地与行业其他相关企业，或政府机构、客户、供应商这种利益相关者进行联合。虽然缺乏文献的解释，但是拓展到组织边界外的创新能力资源为企业迅速成长带来了新的机会，不过也增加了管理的复杂性。商业模式的创新可能产生于个人或组织的创造力，但是，由于创新的市场导向性，与客户、供应商或其他利益相关者的合作会在准确收集市场信息、反映市场需求方面提供极大帮助。未来的研究应该尝试更好地理解人与外部机构的合作机制。

THE SOURCE
OF INNOVATION
IN CHINA
中国创新模式
Highly
Innovative Systems

## 案例 5-1　　联想：创造神话

### 田牧、西尔维娅·罗尔夫（Sylvia Rohlfer）

联想集团有限公司是中国的一家跨国技术公司。现在联想集团已经成为全球财富 500 强企业，根据 IDC 和 Gartner 的数据，它是全球最大的 PC 供应商，占16.7% 的市场份额（截至 2013 年 8 月 15 日）。联想集团也是全球第四大智能手机公司，2013 财年销售额达 340 亿美元。联想为客户开发、生产和供应高品质、安全且易于使用的技术产品和服务。

作为"世界上最大的 PC 供应商"，联想获得了相当多的国际荣誉和奖项。例如，2013 年 1 月的国际消费电子展（CES）[①] 中，联想集团获得了 44 项荣誉和奖项，主要在创新、设计和多功能性方面，而在 2012 年，联想集团获得的奖项个数为 22 个。这些奖项中包括了其突破性的混合功能、创新的工程、独特和先进的人体工程学以及时尚的设计。

无论是创始人柳传志，还是现任 CEO 杨元庆，联想集团的领导人都获得过很多奖项。2013 年，Thinkers50 排行榜将柳传志评选为"最有影响力的全球商业思想家"之一；2012 年，《福布斯》将柳传志评选为中国十大最重要的商业领袖之一；2001 年，《时代周刊》将柳传志命名为全球最具影响力的 25 名管理者之一；2000 年，《商业周刊》将他评选为亚洲之星之一。爱迪生国际（Edison Universe）2014 年授予杨元庆"爱迪生成就奖"[②]；杨元庆是 2012 年 CCTV 中国经济年度人物之一；2011 年，《亚洲金融》（Finance Asia）杂志将他评选为中国最佳 CEO；2008 年，《福布斯中国》杂志授予他"年度最佳企业家"称号。

---

① 消费电子展（CES）是国际知名的电子技术展览会，吸引了全球各大企业的专业人士。每年一次的展览在\美国内华达州拉斯维加斯的拉斯维加斯会议中心举行。

② 爱迪生成就奖是由爱迪生国际公司（Edison Universe）发起的一个项目，爱迪生国际公司是致力于培育未来创新者的非营利组织。自 1987 年以来，这一奖项一直在认可和弘扬创新和创新者。它们表彰新产品和服务开发、市场营销以及以人为本的设计前沿的游戏变革创新，是公司在创新领域的最高荣誉之一。

THE SOURCE
OF INNOVATION
IN CHINA
第 5 章

Highly
Innovative Systems
战略人力资源管理与创新

## 联想简介

1984 年，柳传志在北京成立联想公司，初始资本仅为 20 万元。联想公司的前身是由中国科学院资助的新技术开发公司（后来叫传奇集团），由 10 位志同道合的同事合伙工作。在过去的 30 年中，联想公司成长为一个成功的跨国公司，拥有 42 000 名员工。

目前，联想集团为 160 多个国家的客户提供服务。今天，全球化的联想集团为客户开发、生产和供应高质量、安全且易于使用的技术产品和服务。联想的总部有两个：一个位于北京，另外一个位于美国北卡罗来纳州的莫里斯维尔（Morrisville）。联想集团活跃于其行业价值链的不同部分，主要是数字设备，如个人和平板电脑、智能手机、智能电视以及相关的 IT 产品，如工作站、服务器、电子存储设备和 IT 管理软件。

联想集团的业务运营在 60 多个国家开展，主要管理机构设在北京、莫里斯维尔和新加坡。联想的研究中心遍及中国的上海、深圳、厦门、成都，以及日本神奈川县的大和等地。

2013 年，联想集团销售收入达 339 亿美元，年增长 15%，2013 财年净利润达 40.7 亿美元（详见表 5-3）。

表 5-3　　　　　　　　　　联想的财务亮点（2008—2012 年）

单位：百万美元

|  | 2013 | 2012 | 2011 | 2010 | 2009 |
|---|---|---|---|---|---|
| 销售额 | 33 873 | 29 574 | 21 594 | 16 605 | 14 901 |
| 净利润 | 4073 | 3446 | 2364 | 1790 | 1834 |
| 净利润率（%） | 12.0 | 11.7 | 10.9 | 10.8 | 12.3 |
| 运营成本 | 3273 | 2862 | 1982 | 1586 | 1811 |
| 成本利润比（%） | 9.7 | 9.7 | 9.2 | 9.6 | 12.2 |
| EBITDA | 1067 | 821 | 603 | 432 | 305 |
| 税前利润 | 801 | 582 | 358 | 161 | 28 |
| 税前利润率（%） | 2.4 | 2.0 | 1.7 | 1.0 | 0.2 |

资料来源：根据联想集团 2008-2012 年年报整理。

　　自 2009 年以来，联想稳步增长，在全球 PC 市场的份额逐渐增加。截至 2012 年第四季度，联想市场份额已上升至 15.5%。到 2013 年第四季度，其市场份额高达 18.1%（如图 5-3 所示）。

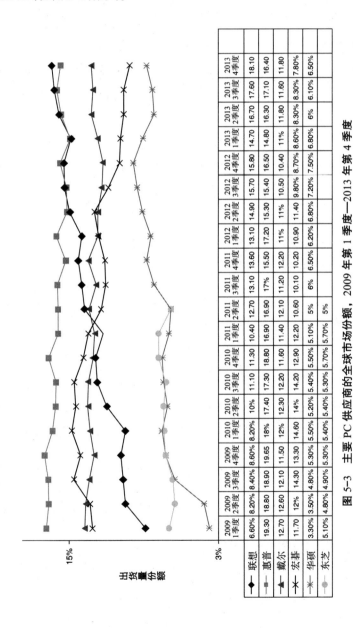

图 5-3　主要 PC 供应商的全球市场份额，2009 年第 1 季度—2013 年第 4 季度

THE SOURCE
OF INNOVATION
IN CHINA
第 5 章

Highly
Innovative Systems
战略人力资源管理与创新

**创新作为增长的核心**

联想集团的快速成长和发展植根于其科学、技术和创新的基础。2003 年，迅速扩张中的这家企业发现，由于现有的商标"传奇"已经被注册，"传奇"这个品牌难以在世界各地使用，于是创造了一个新品牌：联想（Lenovo），由"传奇"（Legend）和"新"（novo）两个词组合（拉丁语"novo"意思是"新"）。在这个意义上，现任 CEO 杨元庆表示，创新是联想的核心：联想的创新在于其技术、产品、商业模式和文化管理。创新成为联想的核心价值。

作为联想的核心价值，创新有助于联想通过差异化、把握新的市场机遇，实现竞争优势。这就是联想作为 PC 行业的领导者，开创移动互联网、数字家庭和云计算等技术业务的立身之本。

自那时起，创新成为联想的核心价值。SAP（系统应用和数据处理产品）作为创新的平台，将有助于公司在后 PC 时代发挥更大的作用。

那么，我们可以回顾一下联想集团创新的历史（如图 5-4 所示）。

**联想是怎样实现创新的**

*联想的核心价值观*

创新为核心价值，帮助联想实现其竞争优势，取得良好成绩。其实，这些成绩是密切相关的。跟随企业的领导，联想创新理念的主要起源是联想的领导。联想集团创始人兼联想控股有限公司总裁柳传志曾表示：

> 创新会促进企业的发展，而且是一个非常有用的工具。比如说，创新可以促进生产力的发展，有效提升经济实力，提高人民的生活和文化水平。在联想，创新不仅仅是一个口号。事实上，我们强调创新的结果，不论它是通过市场估计出来的，还是对国家、企业和人民群众有好处。

THE SOURCE
OF INNOVATION
IN CHINA
中国创新模式

Highly
Innovative Systems

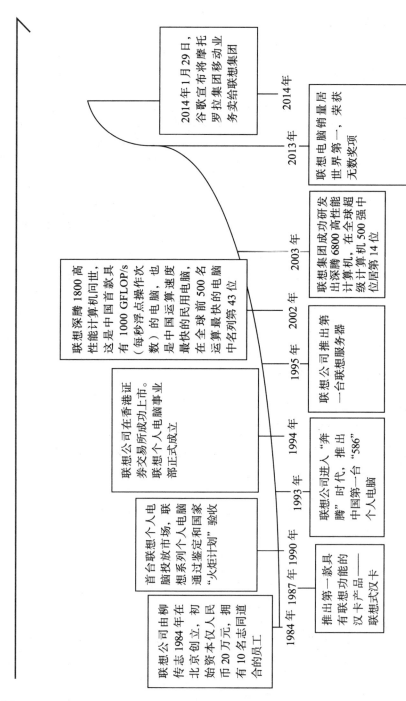

图 5-4　联想集团发展历程（1984—2014 年）

THE SOURCE
OF INNOVATION
IN CHINA

Highly
Innovative Systems        第 5 章
战略人力资源管理与创新

联想集团 CEO 杨元庆表示，在他看来，创新一直是联想的 DNA，有助于联想赢得市场竞争。而赢得 PC+ 时代的胜利比以往更为重要。作为联想独特的创新机制，CEO 创新研讨会每个月都要举办一次，由杨元庆亲自主持。联想研究所和各业务部门负责人出席研讨会，讨论行业技术趋势和市场创新方向。杨元庆表示："联想永远不会停止创新和创意的步伐。"

简而言之，领导力是联想创新思想的起源和核心，领导层在联想创新思维中发挥了决定性作用。领导对员工给予的关注和鼓励，使创新成为联想的 DNA，帮助其走上创新之路。

### 联想的人才

联想的领导人认为，人才在联想的创新过程中发挥了重要作用。联想的高级副总裁和首席技术官何志强表示，人才是创新的主要推动力。联想会继续加大对人才的投入，为他们提供充分的发展平台。通过绘制"人才地图"，联想与人力资源供应商一起，积极发掘其他行业的高端人才。例如，一个在高速发展的消费品行业工作的人才，可能也是很好的 IT 销售人才。

联想对这种关键人才保持密切关注，在总裁级会议上定期讨论高潜力员工的特征和进展情况，以确定组织如何帮助他们成长和成功。为此，联想在东盟进行加速领导优势计划（ALPHA），以培养其业绩最好的员工。该项目中包括为期三天的课程，重点是沟通和辅导技能，以及组织变革管理等。根据联想创新部门总监张德奎介绍，联想每年花费 5 亿美元在研发上，为人才创造更好的研究条件。到目前为止，联想有 5000 名产品开发人员，包括工程师、研究人员和设计师，以及全球 100 多个高级实验室。这些构成了联想独特的创新和质量保证体系。

### 联想的跨国并购

作为电脑行业的领导者，联想集团也积极响应政府的"走出去"战略。事实上，联想的领导层重视国际收购对全球创新的推动。2004 年，联想集团收购了 IBM 公司的 PC 业务。联想的收购主要是因为渴望获得 IBM 公司 PC 的技术和能力，为高端用户提供产品，从而成为一家具有竞争力的公司。中国政府也给予了

THE SOURCE
OF INNOVATION
IN CHINA
中国创新模式 ..........
                Highly
            Innovative Systems

联想一些支持，如财务承销以及进入国内政府和教育市场的特权。在这之后，联想的国际收购一直是不可阻挡的。2011 年 6 月，联想宣布计划收购 Medion，获得对 Medion 的控制权。2012 年 9 月，联想同意斥资 3 亿美元收购巴西电子公司 Digibras 的品牌 CCE。2012 年 9 月，联想同意收购美国软件公司 Stoneware。2014 年 1 月 29 日，谷歌宣布将以现金和股票交易方式将摩托罗拉移动公司出售给联想。联想的国际并购，从如 PC 和服务器的单一业务并购，到如云计算的综合业务并购，不仅有助于联想扩大运营规模、优化市场分布，而且还可以为联想带来不同领域的人才，为创新团队补充新鲜血液。

### 联想的人力资源战略和计划："House 模型"

制定企业的人力资源战略规划，向来是人力资源管理最重要的战略性工作，它与企业的战略、业务等经营面直接对接，超越、统筹和引领人力资源开发与管理的各专业功能。但也正因如此，制定人力资源战略的方式方法相对于其他人力资源专业功能而言，往往具有更强的开放性、全盘性、动态性和复杂性（如图 5-5 所示），在某种程度上并不存在某种所谓"标准化"的既定技术路线。联想集团亚太拉美及中国区人力资源副总裁高岚表示："在制定人力资源战略时，我们把各种模型、方法都过了一遍，大家共同研讨、群策群力，认为不能简单地完全照搬某一种方式……我们最终一直把人力资源战略的原点回归延伸到客户的价值上，并结合公司自身的战略要求和组织文化特色，来创新构建我们自己的人力资源战略制定方法，最后形成了我们联想集团的'House 模型'。"

### 内化：直面客户价值

从图 5-5 中可以看出，"客户"是这座人力资源战略大厦的屋顶，这意味着公司人力资源的一系列战略安排和管理举措皆要求指向客户的需求，都需要为客户创造和提供价值。客户价值的实现归因于产品或服务品质，而好的产品或服务则直接归因于员工的优绩行为，联想则开始要求传统上作为后台支持性职能的人力资源工作要直接面向客户，将注意力的视角进一步向客户端延伸，直接走进一线、走入基层去倾听了解客户的想法和需求，进而更深入地支持业务、支持员工以更好的方式及时满足客户需求。这是将人力资源职能定位从"业务伙伴"进一

THE SOURCE
OF INNOVATION
IN CHINA
第 5 章

Highly
Innovative Systems
战略人力资源管理与创新

步向"客户伙伴"转化的又一次升级,内部客户和外部客户都成为人力资源工作支持和服务的对象。

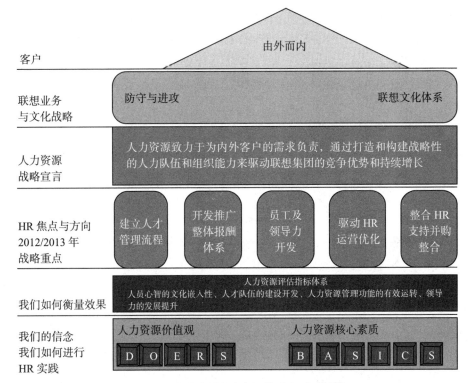

图 5-5　联想集团战略人力资源的"House 模型"

### 战略与文化:全面支撑上层建筑

联想将自己整体的行为准则归纳为 5P(如图 5-6 所示)。公司的战略和文化(Business & Culture Strategy)是人力资源战略的上层结构。联想集团的"双拳战略"①使其在后并购时期实现了全球性的战略整合及攻守相宜的战略协同,通过在中国地区及成熟市场关系型用户上的稳健防守,确保存量优势地位;在新兴市场

---

① "双拳战略"即联想采取"保护和攻击"方式保护其市场秩序,保持份额。"Think"品牌可以赢得高端市场的高利润;"联想"品牌可以赢得低端和主流市场,以保持市场份额。

THE SOURCE
OF INNOVATION
IN CHINA
中国创新模式
Highly
Innovative Systems

地区、移动互联新兴业务及成熟市场交易型用户上开疆拓土、大举进攻,实现增量上的快速提升。相应地,人力资源的开发与管理要能够相得益彰地支持和匹配不同的战略区位和态势定位,实现针对战略的定制化配置。同时,联想集团的新文化体系则是在全球范围内统领联想集团所有机构和个人的精神纽带和行为准则,人力资源工作需要在各个方面和环节来传导联想集团的 5P 文化,让组织文化落地深植为每个联想人的 DNA。

We **PLAN** before we pledge.
想清楚再承诺

We **PERFORM** as we promise.
承诺就要兑现

We **PRIORITIZE** company first.
公司利益至上

We **PRACTICE** improving every day.
每年每一天我们都在进步

We **PIONEER** new ideas.
敢为天下先

图 5-6　联想集团的 5P 行为准则

### 人力资源战略愿景

客户、企业战略和组织文化三位一体共同成为联想集团人力资源战略所全面支撑的上层建筑。它们将其支撑逻辑凝练为人力资源的战略愿景陈述为:"人力资源致力于为内外客户的需求负责,通过打造和构建战略性的人才队伍和组织能力来驱动联想集团的竞争优势和持续增长。"

### 人力资源战略重点策略

进一步,为了落实以上的人力资源战略愿景,必须把握和明确一定战略周期内人力资源工作的重心、方向和关键举措(HR Focus, Direction and Strategic Priorities),搭建起有力的支柱。2012 至 2013 年,联想集团将在包括建立人才

THE SOURCE
OF INNOVATION
IN CHINA
第 5 章

Highly
Innovative Systems
战略人力资源管理与创新

管理流程（Develop Talent Management）、开发推广整体报酬体系（Develop & Communicate Total Rewards Strategy）、员工及领导力开发（People & Leadership Development）、驱动 HR 运营优化（Drive HR Operations Excellence）以及整合人力资源支持并购整合（Make HR Integral to Mergers & Acquisitions）共五大方面重点开展工作。这些重点性的工作领域和抓手是对工作方向的进一步明确，向上承接支撑企业的战略与文化要求，又将进一步分解落实为人力资源各相关部门的具体工作计划。

### 人力资源评估体系

为确保这些重点工作的落实执行，紧接着则是相对应的人力资源评估指标体系（HR Metrics & Measures）。以评估体系打底，通过一系列关键指标的监控和牵引，适时了解和把握人力资源主要工作的效果并持续改进。联想集团的人力资源评估体系包括了四个方面的维度，即人员心智的文化嵌入性（Mindset/Culture）、人才队伍的建设开发（Talent）、人力资源管理功能的有效运转（HR Function）以及领导力的发展提升（Leadership）。

### 人力资源专业队伍：价值信念与职业素养双重建设

最后，整座 House 的地基则是人力资源专业人员的价值取向与素质要求。作为整个人力资源战略设计和实施执行主体，人力资源专业队伍的开发和建设是重要的保障因素。

联想集团人力资源管理专业队伍的建设，首先，特别重视对人力资源工作价值观（HR Value）的要求，强调联想的 HR 是具有鲜明"DO"信念的队伍，勇于实践、快速行动、高效执行，HR 员工应该成为"DOERS"，即始终以支持和推动业务发展为己任（Drive the business），一体化协同的人力资源团队（One HR team），成为人力资源专家（Experts in HR），保持相互尊重、信任和正直的品格（Respect，trust，integrity），展现领导力（Signature leadership，如图 5-7 所示）。

THE SOURCE
OF INNOVATION
IN CHINA
中国创新模式

Highly
Innovative Systems

人力资源价值观：我们相信什么

**D    O    E    R    S**

Drive the business
始终以支持和推动业务发展为己任

One HR team
一体化协同的人力资源团队

Experts in HR
成为人力资源专家

Respect，trust，integrity
保持相互尊重、信任和正直的品格

Signature Leadership
展现领导力

图 5-7　联想集团的人力资源价值观——DOERS

其次，人力资源管理者还需要强化自身的核心素质（HR Competencies），联想集团为人力资源管理人员制定了专门的"基本功"要求（BASICS），即要求成为对业务敏锐的理解者（Business Acumen）、战略变革的推动者（Agents of Change）、文化落地的推广者（Stewards of the Culture）、有影响力的咨询者（Influential Advisor）、组织能力的开发者（Capability Builder）及高效的执行者（Speed），如图 5-8 所示。

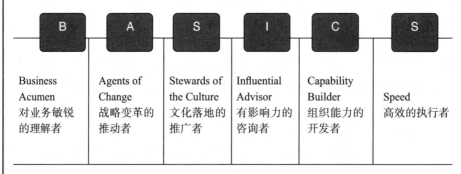

| **B** | **A** | **S** | **I** | **C** | **S** |
|---|---|---|---|---|---|
| Business Acumen 对业务敏锐的理解者 | Agents of Change 战略变革的推动者 | Stewards of the Culture 文化落地的推广者 | Influential Advisor 有影响力的咨询者 | Capability Builder 组织能力的开发者 | Speed 高效的执行者 |

图 5-8　联想集团的人力资源素质要求——BASICS

总之，联想集团的"House 模型"以客户价值为顶，以企业战略和文化为梁，以重点工作抓手为支柱，以评估体系为底盘，以人力资源专业价值观及素质要求

THE SOURCE
OF INNOVATION
IN CHINA
第 5 章

Highly
Innovative Systems
战略人力资源管理与创新

为地基，为制定人力资源战略这一高层面、开放性的工作提供了系统的解决框架、完整的分析逻辑及关键的设计要素，成为可资参照的典范。

**人力资源管理的成功案例**

2004 当联想公司 2004 年收购 IBM 公司的 PC 部门时，出现了许多怀疑的声音。员工担心工作安全，许多 IBM 公司员工担心自己是否会以及如何会被吸收到新的企业文化中，以及如何配合来自联想的新同事。新员工也想知道薪酬福利以及人力资源政策是否会发生变化。

联想人力资源团队必须确保其行为直接传达给他们，而不是通过可能导致误解的通信链，这有助于保证他们将继续适应新的组织。同时后来的情况也显示，员工认为，收购并没有导致自己原来的角色多余，因为公司吸收了 IBM 公司的最佳实践。

联想还发起了"新世界新思维"和"跨文化管理"等项目，帮助管理人员应对变化，并为管理团队多样性提供指导。这些方案侧重于多元文化、跨文化差异以及处理这些差异的方法。为了更好促进整合，联想还向新员工提供普通话课程，以便与中国同事更顺畅地交流。

除此之外，联想的领导也会与员工分享自己的职业生涯地图，帮助他们了解自己现在的职位。联想的每位员工都有一个个人发展计划来确定他们的学习和发展目标。该组织还鼓励轮岗工作，使员工能够更好地发挥自己的优势和能力，充分发挥创新潜力。

**结语**

联想集团在市场上取得了显著的成功，证明中国可以在最前沿的行业与西方竞争对手竞争。联想的增长路径是渴望走向全球的中国本土企业的一个绝佳范本。总的来说，不断创新是联想企业战略和可持续发展的关键之一，而人力资源是创新的关键。这就是人力资源管理在联想中发挥不可替代的作用的原因。联想的创新也为其他中国企业提供了很多有用的经验：第一，企业要高度重视人力资源在创新中的作用；第二，领导层应优先考虑创新；第三，科学创新的人力资源管理结构是保证创新之路所必需的要素。

THE SOURCE
OF INNOVATION
IN CHINA
中国创新模式

Highly
Innovative Systems

案例 5-2　新奥集团的技术创新及其不可或缺的推动力
　　　　　——人力资源管理

赵文文、阿德罗孔·阿尔瓦罗-莫娅（Adoración Álvaro-Moya）

### 新奥集团简介

新奥集团是一家中国清洁能源企业，在世界范围内提供全面的清洁能源解决方案。新奥集团创建于 1989 年，那时还只是一家小型租车公司，到 1993 年新奥集团以燃气经销商的身份进入能源领域。新奥集团遵循纵向一体化的商业模式，已经将业务扩展到能源分销、智能能源、能源化工和太阳能源领域。如今，新奥集团在全球已有 100 多家子公司，总资产逾 600 亿人民币，并拥有约 30 000 名员工。此外，新奥集团还是 2013 年福布斯亚洲 50 强企业之一。

2004 年，新奥集团以其为全世界提供清洁能源的愿景，努力进入到了新型能源领域。而仅仅七年之后，新奥集团就已经成为中国最重要的能源企业之一，并为清洁能源行业做出了巨大贡献。

新奥集团以开发生产和使用更清洁能源的创新型方式为己任，以为全球提供解决方案并成为一家国际广受尊敬的清洁能源企业为目标。新奥在清洁能源由煤炭转变为无处不在的能源网络方面所做的创新包括减少排放、节约能源以及开发可持续能源。2004 年，新奥集团涉足清洁能源领域后，就一直在寻找创新的方式来实现在保护环境的同时降低成本。

在 2008 年，新奥集团建立了煤基清洁能源生产"零排放"技术试验中心，致力于建立以二氧化碳回收为中心的能源技术体系。2009 年成立的新奥能源服务有限公司也开始基于新奥集团清洁能源业务和创新技术，为客户提供一体化的清洁能源解决方案。第二年，新奥智能能源集团与新奥能源服务和能源技术运营合并，从而推动新奥在节能减排方面的业务。到 2012 年，新奥集团通过在美洲和欧洲市场成立海外投资公司，加快了国际化的脚步，这些公司所涉及的业务包括清洁交通能源、太阳能源以及智能能源。

THE SOURCE
OF INNOVATION
IN CHINA
第 5 章

Highly
Innovative Systems
战略人力资源管理与创新

### 新奥集团的法宝——新能源

作为一家能源企业，新奥凭借创新在市场中存活和发展。新能源是新奥集团最有力的法宝，而创新正是这个法宝的来源。新奥集团在六个相关领域里成立了七家公司——能源分销领域的新奥能源控股有限公司、太阳能源领域的新奥光伏能源有限公司、能源化工领域的新奥能源化工集团、智能能源领域的新奥能源服务有限公司和新奥科技发展有限公司、文化健康领域的新绎文化健康集团以及旅游领域的北部湾旅有限公司。

新奥能源控股有限公司是新奥集团一家公开上市的子公司，负责能源分销。公司在 2001 年就已经在香港证券交易所上市。新奥能源控股以城市燃气运营为主要业务，向客户提供最优化的能源使用方案，并提供天然气、液化天然气和其他清洁能源产品。公司可以每天供给 3000 万立方米天然气。新奥能源控股已经通过17 000 千米的输油管道系统和超 200 种加油站将清洁的加热和烹饪燃料带进多达610 万家庭和 21 000 个工商业客户中。此外，新奥能源控股还在中国 15 个省、市、自治区投资和运营着 100 个燃气基础设施项目，还在越南获得了城市燃气运营权。

新奥能源控股推动了在交通领域液化天然气的广泛使用，液化天然气是一种清洁且成本低的交通工具燃料。公司还向市政工商业客户提供能源使用最优解决方案的服务。服务涉及为推动多元能源产品的系统性高效使用而重新设计和更新公司现有的能源使用设施，这些多元能源产品采用了高效燃烧、工业节能和混合供能的技术。新奥能源控股已经在 20 多座城市与众多制造行业巨头签署了能源供应系统承包和混合供能合同，从而更好地管理其巨大的工业生产基地。

新奥太阳能源在河北省廊坊市有一所制造工厂，采用了最先进的薄膜太阳能电池组件生产技术。工厂可以生产多达 5.7 平方米的高能效光伏模具，商业转换率高达 9%，两组数据都是世界上最领先的水平。新奥太阳能源已经在亚洲、欧洲、北美洲和中东地区建立了广泛的客户基础，有利于继续促进公司发展良好的销售渠道。新奥太阳能源也已与项目开发商、金融机构、电气能源公司和其他合作伙伴建立了广泛的战略联盟，致力于找到最优化的太阳能源一体化解决方案，以根据客户需求减小成本。如今，新奥太阳能源实施大规模太阳能转化场地面和屋顶装配、电

195

THE SOURCE
OF INNOVATION
IN CHINA
中国创新模式

Highly
Innovative Systems

气交通充电站以及北美、西欧和中国的 BIPV 项目已经有数十年的经验。

新奥能源化工集团的主要目标是利用中国无处不在的煤炭资源生产出比传统煤炭燃烧更清洁、排放更少的燃料。其产品通过公司的销售网络主要供应中国东部、南部、北部和中部的主要能源消费地区。新奥能源化工也计划在鄂尔多斯煤矿附近投资和建设一个煤基低碳回收试验基地，从而试验创新型清洁能源转化技术，并寻求化石燃料和可再生能源的回收型清洁生产方式。

新奥智能能源致力于通过向客户提供智能、低碳和一体化的清洁能源解决方案服务来实现能源节约和环境保护。作为公司的一部分，新奥能源研究院建立了一个核心研究的专业队伍，着力于基础研究、应用研究和产品发展。它们已经为公司赢得 350 多项专利，并在清洁能源技术方面做出了重大进展 ——以清洁高效方式将煤炭气化为合成气的地下煤炭气化和煤催化气化技术；将一种微型海藻培育为能够生产生物柴油燃料并吸收二氧化碳的藻类生物吸附技术；以及系统化促进能源生产和使用效率的"智能能源网络"技术。同时，公司还与国内外各大科学研究所建立了广泛的战略联盟，寻求清洁能源技术研究及商业应用方面的国际合作机会。截至 2010 年底，新奥智能能源已经帮助上海、泉州、常州、长沙等十余个地区的客户实现了他们的能源使用目标。

新奥集团近来在创新方面的进步源自基于系统能源高效技术的智能能源，从公司的角度看，这种能源是一种适应于未来的能源。

简而言之，智能能源是能源系统中全新的一种能源形式。它本质上是一个闭环系统，完成能源生命周期的能源生产、能源储存、能源利用和能源回收四个阶段。这个系统充分利用了环境资源，并对其最高效地使用，从而实现最优化的系统效率。系统能用效率技术包括能源使用网络、提高能效技术以及智能最优化，为未来的智能能源系统提供了理论基础。它可以协同信息流、物质流和能量流，共同赋予能源智能化，使能源更加高效，更加清洁，更加可持续。

### 在新奥集团创新核心中的人力资源管理

战略性人力资源管理被理解为一种计划型人力资源部署和活动，从而帮助一

THE SOURCE
OF INNOVATION
IN CHINA
第 5 章

Highly
Innovative Systems
战略人力资源管理与创新

个组织达成目标，这是新奥集团支持创新的关键。

随着依靠高端技术从燃气到清洁能源的业务转型和升级，新奥集团面临着困境，缺少拥有很强技术竞争力的技术人员，缺少具有深远眼光、协调性高和交流能力强的管理人员，还缺少拥有团队精神的操作员。为解决这一问题，新奥为其员工制订开发了员工能力全面提升计划（CCEP）。该项目并不是传统的能力提升项目，而是具有新思路的全面手段，与公司的战略目标和人力资源要求相衔接。此外，新奥集团密切关注员工的发展，如人力资源部门主管张晓春所说："随着我们公司的快速发展以及公司业务的转型，我们意识到只有不断提高员工的能力，方能保证企业的成功。我们将更加关注员工的全面能力提升，并将他们的能力发挥出来。"

全面能力提升项目包括四个步骤，在组织层面联结了人力资源能力发展管理，在个人层面连接了职业生涯规划，并分别针对三种人群——管理人员、技术人员和操作员。公司相继实施了四类实践活动，即完善职业生涯发展体系、建立职务标准、定制文化培养方案以及认证能力升级。相继实施的四个步骤补充了原来员工必须完成的四个程序。员工需完成的这四个程序分别为规划个人职业生涯道路、评估自身工作能力、参加工作培训以及持续提高能力。图5-9 展示了新奥集团全面能力提升项目的模型。

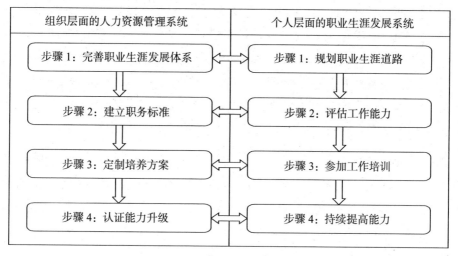

**图 5-9　新奥集团全面能力提升项目模型**

THE SOURCE
OF INNOVATION
IN CHINA
中国创新模式

Highly
Innovative Systems

## 全面能力提升项目模型

**步骤 1，组织完善职业生涯发展体系，员工规划职业生涯道路。**

在新奥集团的企业文化里，员工尤为重要。新奥实行以人为本的战略方针，为员工提供了清晰的职业生涯发展体系。同时，新奥通过以下五个步骤优化了职务系统：分析业务流程；划分不同的职能部门；划分专业性差异；明确各类职务；建立职务体系。这种职务系统包括岗位序列、岗位等级和职务等级等要素，为员工提供了朝向未来更高职务的公平发展机遇。此外，该体系为员工提供了规范，有利于公司建立更好的薪酬制度。

对于员工来说，他们可以从职业生涯发展系统中选择符合自己愿望和利益的职业生涯道路。因此，新奥员工不仅仅是为公司努力工作，也是为自身的发展而拼搏。比起只受工资激励的员工，他们能得到更大的动力。

步骤 1 帮助公司为员工提供了其职业生涯的愿景，而接下来的步骤将为我们展示员工们是如何通过组织和员工共同努力走上自己的职业生涯的。

**步骤 2，组织建立职务标准，员工评估自身工作能力。**

步骤 1 之后，员工们已经明确未来的发展方向，但他们还需要知道应当从哪里起步。也就是说，员工们应该了解自身现在的能力以及当前和未来的职务所要求的能力。因此在建立职业生涯发展系统后，组织开始确定员工职业生涯发展道路的门槛。这些门槛是职业生涯发展系统中每个岗位的入门能力标准。利用这些标准，可以根据特定职位选择最具竞争力的员工，而且这些标准得到了新奥各职务专家的确定和检验，以确保标准的公平公开。这些标准包含多重维度，比如全面生产维护（TPM）领导胜任力和全面生产维护知识胜任力等。

对于员工来说，通过与管理人员交流，正确评估自身的能力，并找到现在的能力和期待岗位所要求的能力标准之间的差距是十分有必要的。只有提前了解差距，才能帮助他们高效地提高自身的能力。下一步骤将帮助他们缩短并弥补这一差距，进而得到他们想要的职务。

THE SOURCE
OF INNOVATION
IN CHINA
第 5 章

Highly
Innovative Systems
战略人力资源管理与创新

**步骤 3，组织定制培养方案，员工参加工作培训。**

新奥开集团发了两种培训方案来满足两类人群，一类是富有经验的员工，另一类是新手。对富有经验的员工采取的是 Tier N Equivalence 方案，这一方案包含自我检测和综合评审两个部分。如果通过自我检测，一个人的能力达到了某职务的标准，那他便可进入下一阶段，即综合评审阶段。反之，如果他没有通过自我检测，就只有参加培训后在进入下一阶段。而对于相关职务的新手，会采取 Tier N Curriculum 方案，也就是说，他们必须参加系统的培训，培训内容包括相关职务的基础知识、与职务相关的各个领域知识和所学知识的应用。

新奥培训系统的人性化不仅体现在新奥将员工分为富有经验人群和新手人群，还体现在将员工划分为三个范畴——管理人员、技术人员和操作员。新奥集团根据这三个范畴员工的不同发展目标和成长规律，为其量身打造了三种不同的培养方案。

在管理人员的培养方面，新奥集团开发了双线培养计划：一条线是对现职管理人员的培训，另一条线是对后备管理人员的培训。现职管理人员拥有管理经验，所以与后备管理人员在能力、职业素养等许多方面有所区别。因此，开发兼顾两种管理人员区别和关系的双线培养计划很有必要。双线培养计划解决了管理人员空缺所造成的潜在损失问题和招聘新的管理人员的问题。除此之外，新奥还将管理人员分为一线管理人员、中层管理人员、高级管理人员和企业群管理人员四个层级。

对于现职管理人员，新奥集团通过各种项目来提高其应变能力，这些项目包括针对一线管理人员的管理人员认证项目、针对中层管理人员的管理代理培训、针对高层管理人员的学习行动项目以及针对企业群管理人员的国际基准测试项目。

而对于后备管理人员，新奥通过实施青年骨干培训项目和高层领导工作助理项目，为一线管理人员建立了独一无二的新奥青年接班人（FLE）培养体系。新奥着力于建立一支后备管理人员团队，能够协助新奥能源的运营，并找到满足新奥未来发展需求的新力量。新奥还针对中层管理人员采用了企业一把手特训营项

THE SOURCE
OF INNOVATION
IN CHINA
中国创新模式

Highly
Innovative Systems

目（FLE 的第二阶段）。新奥也一直在努力开发新的培养项目，以满足对于高层管理人员和企业群领导人员的需求。

新奥对技术人员的培养要求实现专业技术的补充，并创造未来的技术。新奥鼓励技术人员取得行业内及公司内的相应资格认证。一些项目甚至将这些技术人员派到学校进行系统学习，以"进校不离岗"的方式攻读硕士学位。为快速提升技术人员各方面的能力，新奥开发实行了多项计划。其中最核心的计划是锁定关键岗位、检查技术人员数量和质量以及一专多能式培养。

操作员是为客户直接提供服务或从事产品生产的员工。这类员工在数量上占公司总人数的80%。新奥将操作员视为企业的活名片，并深刻了解操作员影响着客户的评价和产品的好坏。为提高操作员的职业技能，新奥建立了众多培训基地。

这些培养计划都由新奥的专业人员以及公司外的培训师负责实施。另外在2014年初，新奥建立了自己的大学来培养人才，也就是新奥大学。

**步骤 4，组织认证能力升级，员工持续提高能力。**

根据以上步骤，员工已经做出许多努力来掌握更多能力。而员工能力的升级需要认证和奖励。因此在这一步骤中，新奥建立了能力认证体系，并有特定的评估规则和标准。事实上新奥已经研发了一个评估量表，针对不同层级的员工，就几个维度进行评估，比如技术能力、职务经验和教育经历等。

通过能力认证的员工可以得到升职以及其他形式的奖励，而未通过认证的员工则需要继续参加培训项目使自身能力获得提升。此外，步骤 4 并不是一个结束，而是一个新的开始。员工应当以它为新的起点，重新循环这些步骤，让自己的职业生涯飞得更高，发展得更广阔。

## 结论

创新是成功的关键。然而，当企业文化并没有以创新为导向，员工也就不会努力追求创新，这个时候一个组织想要创新是很艰难的。在组织中，不仅技术人员需要创新能力，管理人员和操作员也需要创新能力。管理人员应当具备鼓励员工进

THE SOURCE
OF INNOVATION
IN CHINA
第 5 章

Highly
Innovative Systems
战略人力资源管理与创新

行创新的意识，而操作员可以通过与客户的交流，带来更多创造和发明的灵感。

新奥集团的案例非常好地展示了人力资源部门是如何能够凭借员工培训以及开发新的方式来提高员工的创新参与，从而协助促进以创新为导向的企业文化的。这一案例所考察的全面能力提升项目便是一个非常好的例子。

新奥集团已经准备好引领中国清洁能源行业走入新型能源体系中，这种新体系与其他领导企业协作，不仅可持续，并具有很高的效率。通过有效的人力资源活动，新奥将在未来进一步完善公司的智能能源，并开发更多核心技术。

THE SOURCE
OF INNOVATION
IN CHINA

Highly
Innovative
Systems

第 6 章
国际化过程中的创新挑战

THE SOURCE
OF INNOVATION
IN CHINA
第 6 章

Highly
Innovative Systems
国际化过程中的创新挑战

　　布雷戈拉（Bregolat）在中国经济发展第二次革新的进程中，看到了中国对于科学技术发展的雄心壮志。这种发展科技的雄心也被认为是中国企业除了寻求资源和市场渗透之外，进行国际化的另一主要动因。另一方面，在中国进行投资，以及吸引中国对西方国家和世界其他国家的对外直接投资（Outward Foreign Direct Investment，OFDI），这一类话题也引发了许多学者探索中国经济和中国企业的兴趣。为了更好地理解在中国管理中管理和组织系统性知识的演化过程，有学者拓展了关于市场改革的本质，及其对中国企业和管理的影响的文献回顾，总结出"对于中国商业组织和管理的原始理论构建，尚处在初级阶段"这一论断，尽管在全球管理的基础上产生中国情境下特有的知识，不论是从文献数量还是合法性的角度来看，都是呈增加趋势。我们编写本书的目的有二：第一，引发学术界和实践家对中国创新现象的关注；第二，抛砖引玉，希望本书能适当激励后来者围绕这个主题进行研究，做出更多贡献。

　　在本书中，我们首先在第 1 章展示了中国创新模式的整体图景以及本书的结构，以便读者更好地理解后续内容。在第 2 章中，我们探讨了中国创新模式及相关问题，总结了创新的文献，并且为我们基于组织的创新研究把创新主要分为产品创新、流程创新、战略创新三种类别。随后我们讨论了中国能否基于成本优势保持经济快速增长，或者说，为成功企业提供重要竞争优势的到底是不是创新。

**THE SOURCE
OF INNOVATION
IN CHINA**
中国创新模式

Highly
Innovative Systems

在中国企业能力发展的几十年里，把低价格与高质量相结合的能力成为中国企业战略创新的强项。在设定了中国企业的创新能力后，按照逻辑，在第3章中我们就有了"中国文化是否是激发中国创新的关键所在"这样的疑问。一般人认为，中国传统文化会阻碍企业内创新的产生。但是我们认为，文化影响创新具有自相矛盾的本质，它揭示了文化与创新之间的潜在关系。从文化的动态视角来看，我们认为中国古代文化聚焦于学习。也就是说，在学习的过程中，通过基于传统文化根源、植入于中国人观念中的吸收能力，知识得到了积累，然后再反过来给予中国人创新的能力和动力。此外，通过纵览中国文化的演进过程，今天中国文化中来源于不同背景层的多元性，也增加了创新出现的可能性。

由于潜在文化价值观是由人组成的个体和群体所展现出来的，这些人的行为就反映了他们对应群体的文化。根据上述观点，在第4章中，我们用一种全新的方法展现了一张社会网络地图，即中国创新的文化网络。我们给出了在中国情境下的三种不同的创新网络，并按照时间顺序描述了它们的特征和演进过程。再次强调，掌握这些网络和互动关系的还是人。进行网络创新相对容易，这也许是嵌入在中国"关系"文化之中的。在其他地方也许会存在类似的现象和模式，但是路径不同。

通过强调创新性人才在整个创新过程中的重要角色，以及中国企业创新的类型，在第5章中我们着重于创新性的人员系统。与我们的文化分析中关于中国人创新性的内容相一致，我们引入了在中国组织中管理人的一个创新系统。首先，基于创造力研究的现有学派，我们将中国人创造力的特征进行了绘图。然后，我们聚焦于组织内部的人本创新，具体是指高层的战略人力资源管理，以及操作层面的人力资源管理活动。最后，我们聚焦于组织间的创新，主要是由企业与顾客、供应商之间的社会网络、不同类型的合作而引发的。

THE SOURCE
OF INNOVATION
IN CHINA
第6章

Highly
Innovative Systems
国际化过程中的创新挑战

为了在国际舞台上竞争，中国企业除了创新之外别无选择（创新包含产品、流程和战略创新，其中战略创新既包含内部管理战略创新，也包含商业模式创新）。尽管中国企业现在还留有一些低成本的优势，但随着人们对生活质量的要求提高，以及其他新兴经济体的追赶，中国企业仍面临许多创新上的巨大挑战。当一个国家变得富有时，其人民也必将享受国家富有带来的更多好处，尤其在当这个国家在社会主义体制之下时。因此，创新是中国持续经济增长的救赎之路。同时，通过创新，中国不仅可以在经济发展上追赶上发达国家，同时能在生活质量上赶超多数西方国家。从此刻开始，几个巨大挑战渐渐浮现，首先就是国内市场的衰退：许多行业渐趋成熟，一些甚至开始萎缩。也就是说，除了创新以外，国际化成为了许多有远见的中国企业的另一个必要战略方向。

## 国际化与创新

虽然我们认为中国政府的制度对于中国的创新具有促进作用，并且巨大的本地市场为产生市场需求提供了基础，但是中国企业想要把创新引进来，或探索出一条独立的突破性的创新之路，并不是一件容易的事。显而易见，创造力和创新并不是成功的保证。现如今，中国企业创新的出现要归功于那些在激烈国内市场竞争的高压之下努力存活的企业。中国企业在面临技术和国际化双重挑战下的商业环境时，努力挣扎创新的路径可以用图6-1来展现。

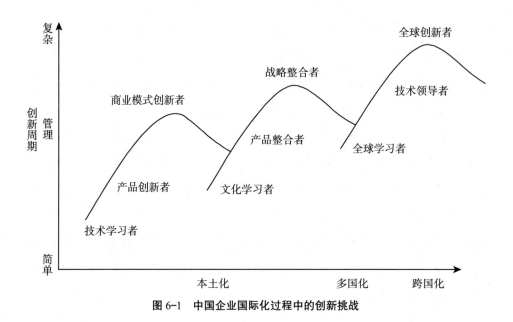

**图 6-1　中国企业国际化过程中的创新挑战**

　　关于国际化和创新的交互作用对于中国企业的影响，在本书中较少有研究和讨论。图 6-1 就是试图去描绘这一个过程。最开始可以说是白手起家，中国今天的大多数主流企业都是在 20 世纪 80 年代甚至是 90 年代赶着改革开放的创业大潮创立的。在这一时期，从经营和活动上来说，几乎所有的中国企业都是本土化的。从创新角度来看，那时的多数中国企业都是技术学习者，主要通过技术转移、购买设备、许可证交易以及从合资企业那里学习等方式把国外技术转移到国内。渐渐地，通过这种学习过程和模仿创新过程，产品得到了优化，同时根据中国市场进行了调整，中国企业也更加了解追求实用的中国消费者需要怎样的产品性价比。

　　从简单的技术学习者开始，并非所有的产品创新都是简单的复制加粘贴，或者模仿和调整；一些独立的创新者们在加强自身在中国市场的竞争力方面走出了自己的道路。例如，联想公司的第一个汉卡操作系统，是一个完全在中国内部产生的产品创新。与其他行业不同，以计算机为基础的 IT 行业需要

THE SOURCE
OF INNOVATION
IN CHINA
第 6 章

Highly
Innovative Systems
国际化过程中的创新挑战

用本地语言进行联接。正如我们在第 5 章中所述，使用完全不同语言体系的
领先的西方跨国企业，在最初获得了计算机行业的垄断地位，其后逐渐在与
语言相关的几个领域中输给了以联想集团为代表的中国企业，这些中国企业
在很早就注意到了这些细分领域。

当时，中国的所有行业都在快速发展，在中国市场存在广阔的商业机
会。为了取得较好的经济效益，在最开始创新并不是一件必要的事情，因为
其他类型的资源（如引进许可证）能够更简单、更迅速地获取现金财富。但
是，一些有远见的中国企业家们，如联想集团的柳传志和华为公司的任正非，
坚信创新是企业维持稳定增长的关键所在，并且在他们的管理中保持和推行
这种信念，这种信念后来也被证明是正确的。在初级阶段，创新相对较容易。
不管是有途径的企业把高科技引入，或者是其他的关键性的产品创新，只需
要一点点的差异化，就可以在中国市场取得成功。

后来，中国市场的不同行业从生命周期的引进-成长阶段进入到了成熟-
衰退阶段，这使得在中国市场进行创新变得更为复杂。当一个行业成熟时，
产品创新的机会所剩无几，但是企业仍可以通过流程和战略创新，主要是战
略创新，来获得成功。在这个情境下，中国企业转变为战略创新者，利用它
们对国内消费者的了解，为中国市场更新不同的商业模式，以实现它们成为
国内市场领先者的使命。

然而，国内市场的竞争逐渐变得更加激烈，做生意也变得更加复杂。在
全球化背景下，一些企业意识到多国化可能是它们持续增长和发展的主要动
力，因此积累了一定的知识、能力和金融资本。在此处，我们使用，是为了
区别于被学术界和实践家使用频率更高的"国际化"（internationalization）一
词。据我们所知，"多国化"一词最早被奎尔沃·卡苏罗（Cuervo-Cazurra）
用于区别跨国企业的行为和其他国际化行为（如贸易和国际工程承包）。

THE SOURCE
OF INNOVATION
IN CHINA
中国创新模式

Highly
Innovative Systems

当时，所有类型的国际化活动，包括多国化活动，基本都是在同一设定下被统一处理的，即便国际化现象具有显著差异，产生的影响也完全不相同。当一家企业宣称自己进行了国际化时，其实这在本土就可以完成，并且不需要任何投资。例如，在阿里巴巴门户网站上的大部分销售都属于这种类型。它们在中国拥有生产基地，或者甚至都没有生产基地，而只是做一个贸易出口商，通过广告来吸引国际消费者。所有的交易都通过国际通信工具来实现，如电子邮件、电话、网络电话等，或者在网络时代出现之前，通过邮件、手机、传真和电话等来实现。实际上，大约70%~80%的国际生意是国际贸易，而非包含一定数额海外投资的多国活动。

如果一家企业想要在跨国经营中有更多的参与，仅仅有一个国际贸易的简单模式是不够的。该企业需要设置海外销售代表处或产品中心，这被奎尔沃·卡苏罗称为市场活动和产品活动。有了对外直接投资（foreign direct investment，FDI）的注入，跨国企业的资源承担增加，而纯粹的金融投资也被排除在外，因为没有涉及管理活动。

华意压缩机集团就是一个典型的例子。1996年，华意集团创建于江西省，专门从事压缩机生产。华意集团经历了向国外企业学习技术的这个过程，最初采取的是模仿类型的创新方式。而在经历了几次技术和制造能力的升级过程，并向它的主要客户，也就是几家中国的大企业（如海尔、海信集团和美的）和全球领先企业（如博世、西门子、伊莱克斯、三星和东芝）进行学习之后，2001年华意成为了本行业销售量和生产量的第一名。在2007年被长虹集团收购之后，通过战略规划和有远见的发展，以及几次商业模式创新，华意的管理风格变得更加现代化。从2010年开始，华意一直排在压缩机行业的全球前三位。2012年，华意收购了西班牙的Cubigel公司，完成了它的第一次海外收购，虽然之前已经有国际销售额，但是这次收购标志着华意集团进

THE SOURCE
OF INNOVATION
IN CHINA
第 6 章

Highly
Innovative Systems
国际化过程中的创新挑战

行了多国化，开始了它的海外探险。

对于没有经验的中国企业来说，多国化过程并非易事。由于并不总是处于最佳的地方环境，文化冲击常常是中国企业学到的第一课，当然还有其他的管理问题。例如，当时华意所面临的就是西班牙人对于中国企业的刻板印象，以及金融危机导致的西班牙低迷的国内经济形势。克服这些文化差异（如踢足球和打太极），同时整合产品类别（华意把产品类别从家用压缩机拓展到商用压缩机），中国企业可以把战略要素的不同层面（管理、供应链、市场、技术和文化）整合起来，从而进行全球业务扩张。

显而易见，华意在这一方面表现出色，在最初的挑战中存活下来，成功在第一年将西班牙子公司从破产形势扭亏为盈。在整个集团层面，华意成为了全球冰箱压缩机市场的销售量和生产量冠军，其中销售额 3400 万台，净利润 3000 万美元。今天，华意无疑是最大的压缩机制造商之一，专门从事研发和生产各类压缩机。华意拥有 6500 名员工，占有 16% 的全球市场份额，总资产 9 亿美元。

基于第一次在西班牙的收购和整合经验，华意仍然处在多国化的过程之中。同时，还有许多其他的中国跨国企业已经经历了这一阶段，现在正处在战略性整合多国家地图，成为真正跨国企业的过程中。在本书之前的章节中曾经讨论过这些企业，如联想集团（见案例 5-1）、海尔集团（见案例 3-2）、华为公司（见案例 2-2）、海信集团（见案例 3-3）、阿里巴巴（见案例 4-2）、大唐电信科技（见案例 4-1）和新奥集团（见案例 5-2）。

2004 年，联想集团宣布收购 IBM 公司的个人 PC 业务单元，当时联想集团甚至不清楚应该如何处理这种"蛇吞象"的局面。为了缓和文化冲击、减少才能（管理和技术知识）和业务（客户和市场）流失，联想保留了 IBM 公

THE SOURCE
OF INNOVATION
IN CHINA
中国创新模式
Highly
Innovative Systems

司所有的现有结构。杨元庆出任主席而非 CEO，就是为了在整合过程与预期不一致时，能够战略性地留有运营空间。在此之前，没有一个新兴国家的跨国企业在发达国家进行过如此大规模的并购，没有过往经验可以借鉴，因而这是一个真正的战略创新。今天的结果也证明了这种创新性的整合过程是成功的。从谷歌那里收购摩托罗拉移动公司将会是联想的另外一个挑战，但是联想积累的战略创新经验定能够引导它顺利走完跨国化之路。

观察华为公司逐渐成为跨国企业的过程，可以看出华为是一个不同市场经验的全球学习者。目前，华为公司把自己清晰地定位为行业科技领先者之一，并且在朝着全球创新者的方向努力，不仅仅是在技术方面，同时也在管理和商业模式等其他方面。这是一种全新的现象，正在崛起的中国跨国企业有其独特性，再加上全球化和技术的快速变化，因此无法参照之前的跨国经验。虽然这种晚期的创新能力升级仍处在理论上可行的状态，但是正如我们在之前的章节所说的，有人预测，除非依赖于人，否则没有其他的方法使创新能力不断前进。

## 中国创新面临的挑战

在本书中，我们以一种中立或积极的角度来看待中国创新的问题。这并不是因为中国的创新没有消极的一面，而是为了引出反直觉的命题，以更好理解中国的创新现象。

与西方的普遍观点不同，我们的基本观点是：

（1）中国人是具有创新精神的，这在历史中得到了证明；
（2）现在的中国人也是可以具备创新精神的，因为制度、文化和市场环境提供了

212

THE SOURCE
OF INNOVATION
IN CHINA
第 6 章

Highly
Innovative Systems
国际化过程中的创新挑战

创新的条件；

（3）现在的中国人是具备创新精神的，也许更多的是在渐进性技术创新和管理创
新层面；

（4）在未来，会出现更多的突破性创新和全球战略创新。

尽管本书旨在澄清关于中国创新的基本知识，我们同时认识到，中国和
中国企业正面临以下一些创新挑战。

（1）突破性技术创新只出现在仅有的几家企业当中。这种独立的创新模式要如何
才能推广到更广泛的中国企业当中，以取代原有的大量模仿的创新模式？

（2）中国创新的另一个关键问题是知识产权保护。这也是多数西方跨国企业最关
心的问题之一，因为它们拥有大量有价值的知识产权，如版权、商业秘密、商标
等。西方跨国企业在决定在中国市场进行投资或贸易时，就不可避免地要讨论这
个问题。

（3）虽然我们强调了文化对于创新影响的双重性，以及中国传统文化的某些元素
对创新的促进性，但是中国和东亚地区的教育体系一直因为僵化和扼杀未来劳动
者的创造力而为人所诟病。这样的教育体系培养出来的人，能成为中国未来创新
的可靠源泉吗？

第一个问题只是时间问题。如图 6-1 所示，在中国进行技术学习的最初
阶段，需要模仿性创新以提高未来的创新能力，这与日本和韩国的创新企业
在当时所做的事情是一样的。在产品创新阶段，渐进性创新能在企业逐渐进
入独立创新状态之前，更简单地开启创新能力形成的过程，甚至能引领创新
的探索，或者产生新的产品标准。中国因为没有出现像苹果公司一样的企业，
或者史蒂夫·乔布斯和比尔·盖茨之类的人而遭受过批评，但是当时经济增
长和市场经济已经在美国存在了较长的时间，不仅建立了较好的工业民主，

THE SOURCE
OF INNOVATION
IN CHINA
中国创新模式

Highly
Innovative Systems

而且还建立了足够好的金融资本市场，以促进新兴创业项目的发展。几十年后，在经历了制度重建、市场经济建立、金融改革之后，中国或许也会有一个类似的环境，从而使得创新企业的出现变得更为广泛。

至于第二个问题，随着中国企业专利注册的增加，抱怨知识产权问题不再是外国投资者的独有权利。非法抄袭和模仿可能带来巨大损失，尤其是在新兴市场法律保护相对较少、规制尚不完善的情况下。虽然中国仍被归于新兴市场一类，中国的一些市场已经成熟并且发达。同时，中国的制度力量有增强的趋势：近几十年，中国颁布了大量法律、法规。正如我们在第3章所讨论的，虽然现在的中国政府倾向于以法律治理国家，但是要达到一个健全的法律体系，还有一段很长的路要走。关于这个问题，一家高度创新的企业应该用法律和其他管理技巧将自己武装起来，避免出现模仿行为。

第三，关于教育体系的问题，我们想让你关注由人大附中宋丽波博士所设计的创造力激发训练（见案例6）。作为中国排名最高的中学之一，人大附中十分关注学生的减压，因为学生们常常处于必须在不同学科和考试中有出色表现的高压下。宋博士设计的这个项目，旨在训练学生的正念、灵感和创造力，帮助他们在思考人生意义的同时，得到心灵的放松。通过运用东方古典智慧，主要是太极和《易经》，宋博士能够激发出学生的洞察力，产生更深远的创造力。在积累了几十年的研究和教学经验之后，宋博士把创造力学习通过互动的方式引入到了中国最好的课堂上。训练一代中国学生的创造力，胜过用逻辑来证明中国人具有创造性的千言万语。这才是中国的创新之源，不论是现在还是未来。如果这件事情最终成功，那么在近一段时间内，前两个问题将不再是中国所需要担心的问题。如果创造力被深植于中国的教育和文化之中，那么突破性创新将会成为再普遍不过的现象，对知识的保护也将成为所有中国人所关心的事情。

THE SOURCE
OF INNOVATION
IN CHINA
第6章

Highly
Innovative Systems
国际化过程中的创新挑战

## 未来展望

宋博士不仅在中国学校开展了这种训练，在美国学校也开展了此训练，这证明了东方智慧对创造力产生的深刻启发性。同时，也加强了我们在第3章中提出的关于中国传统文化能够促进创新的观点。但是，这是一个简单的关于文化影响创新的例子，可能不利于更好理解如何发掘文化要素，生成创造力和创新。未来的研究应该沿着社会整体利益这条线索继续下去。传统东方智慧不仅用于未来创意人才的教育，也被用于中国的管理当中；其中就包括了道家哲学的核心——阴阳观。在中国的管理实践中，阴阳在近几年受到了许多关注。最近不少学者的研究就体现了这种新出现的研究兴趣，把阴阳模型运用到中国本土管理研究之中。但是，要想把东方智慧与西方管理科学结合起来，还有很长的路要走。或许中国人在这一方面具有优势，因为中国人具有迅速学习管理知识和方法的能力，同时又扎根于东方智慧的文化教育之中。而在另一方面，对于西方人来说，深入理解东方智慧，然后把两种思维体系最佳的部分结合起来，是一件较难的事情，虽然也不是完全不可能的。

我们可以观察到，运用阴和阳原则的矛盾性，成功的中国企业在平衡不同的共生力量甚至是矛盾力量并由此产生创新这一方面，具有很强的能力。并且，由于这些现象此前从未出现过，所以没有标杆企业可以参照。除了阴阳观，根植于新儒家思想中的实用主义理念也在中国企业的创新彻底市场导向化上起到了辅助作用。仔细分析表现较好的一些案例，我们可以看出，这些企业的文化都符合中国文化现实的这种混合性，并深深扎根于日常的管理和运营活动之中。

另一家高效企业——远大集团，以可持续性为自身存在的核心。远大集

THE SOURCE
OF INNOVATION
IN CHINA
中国创新模式

Highly
Innovative Systems

团学习和创新的方式，使其主要业务范围涵盖广泛，从空调到可持续建筑领域。虽然是完全不同的领域，具有完全不同的商业本质，这种大规模业务差异化下的基本元素是创新的远见、价值和能力。在阿里巴巴的例子中，不仅它所处的高科技行业有创新和科技的需求，它还走得更远——以成为拥有快乐员工的企业为使命，认为这样才能最好地释放员工潜在的创造力和创新性。

自野中提出把组织视为个体创造知识，并通过跨越不同组织层级的社会互动进行传播的平台和环境以来，作为一种高绩效能力，组织创新非常依赖于流程、结构、激励和组织安排，以人的创造性和社会互动为基础。在第5章中，我们提出了一个能够在组织内产生创新的创新性人员系统。未来也应遵循这一思路进行研究。

在创新研究的开端阶段，行业、研究机构、政府部门和学校之间的交互关系已经显示是清楚而相关的。法格贝格等人提到了内尔森（Nelson）的例子，内尔森在20世纪50年代晚期在RAND（美国军队的一个研究部门）工作时研究过研发经济学；与此同时，费里曼（Freeman）受雇于由英国制造业部分支持的NIER（一家私人研究机构），正在调查英国的研发活动。其他政策导向的研究中心包括：美国的国家经济研究局（National Bureau of Economic Research，NBER）和欧洲的经济合作与发展组织（Organization for Economic Co-operation and Development，OECD），它们都支持了这段时期的创新研究。这些组织是某个国家或某个地区创新体系的天然先驱者，是中间人和利益相关者为更好地创造知识，而交流、分享自身知识精华的场所。一个能够有效实施的国家性或地区性的创新体系，对增强中国企业创新能力，乃至提升整个国家的创新效果，都会大有裨益。

在过去的半个世纪，学者们从不同的角度和视角对创新进行了探索。一些学者把创新视为技术发明；一些视为一般性知识的创造；还有一些把创新

THE SOURCE
OF INNOVATION
IN CHINA
第 6 章

Highly
Innovative Systems
国际化过程中的创新挑战

视为商业与管理领域的一种组织活动。我们则聚焦于中国创新的源泉，聚焦于中国的人、文化、网络和系统。沃德姆（Wadhma）认为，中国人具备创新能力，但是中国不具备，并举出许多例子，证明许多中国人的创新能力正在逐渐增强。例如，中国每年的工程学毕业生数量巨大，约为美国的七倍；硅谷的企业创始人中，有 12% 是来自中国的移民，这些人贡献了美国全球专利的 17%。沃德姆所质疑的是，中国政府领导国家变得更具创新力的能力，这里的具备创新力指的是技术创新，尤指突破性技术创新。

我们认为中国和中国企业可以取得相应成果，虽然这一点需要未来几十年的时间进行验证。20 世纪 60 至 70 年代，日本企业开始国际化进程，当时它们的产品被认为是低质、廉价的复制品。然而，当时索尼公司的使命却设定为在日本生产出高质量的产品。毫无疑问，这一使命在今天的索尼和日本的汽车、电子游戏等领域的领先企业中早就得到了实现。考虑到日本与中国的相似性，尽管两国目前仍有较大差异，中国企业依然很有可能成为即将到来的全球贸易时代的主导者。

关于日本的管理、中国的管理，以及另一个新兴经济体的印度的管理，应当进行更进一步的比较。对于这些国家经济结果及其企业绩效的预测，在这种类型的比较研究之中，相信会增加。

有学者回答了关于工业革命为何发生在欧洲而非中国的部分原因，即随着封建制度的衰落，欧洲的商业企业家精神迅速发展。这就为技术上的和商业上的创新提供了巨大空间；与此同时，当时的中国仍处于皇权统治之下，这种封建的体系阻碍并限制了创新活动的产生。因此，中国创新的衰落更多的是其衰败统治模式下的结果，而不是由于文化因素，尽管有人可能会说，统治模式也受到文化的影响。

THE SOURCE
OF INNOVATION
IN CHINA
中国创新模式

Highly
Innovative Systems

在数字时代，知识管理使用电脑技术进行，而中国人所发明的数学十进制系统，尤其是中国基础教育中水平相对较高的数学和科学类教学，使中国人更容易在这个数字潮流之中增强自身能力。汉语在数学中的优势或许可以弥补一般人认为的汉语所存在的劣势。有人认为，汉语在适应前沿科技知识时显得过于复杂，有些人甚至提出要对书面汉语体系进行变革。这种观点不见得是正确的，同时，我们在第5章中曾指出，中国的语标文字系统可以加速神经生物学的反应，这是在理解信息之前就获取图像和结构的长期日常训练带来的。目前尽管有一些将神经科学与管理学相结合的研究出现，但是在中国管理情境下的这一类研究很少。因此，为了拓展我们在这个方面的系统性知识，需要从神经生物学角度对管理决策过程进行更多的研究。

中国的创新在全球化的世界中并不是一个简单现象。一些最强大的西方经济体，例如美国和欧盟，正在密切关注中国和中国企业的创新能力。在全球生产网络下，整合化的供应链模型中，创新外包给了国际供应商（如我们在第4章中讨论的苹果公司，与它的高研发投资回报率），这被视为对美国的研究投资具有不利影响，因为在多数时间，这涉及一国在全球化和专业化价值活动中的战略定位和选择。在美国与欧盟其他发达经济体丧失开发和制造低附加值的一般商品的能力时，中国和其他新兴经济体正试图迎头赶上并加入这个富国俱乐部，通过提高自身创新能力，提供高附加值活动，提升自身在价值链中的地位。

尽管我们对于诸如美国、德国、西班牙等国为了处理危机，需要重建其工业系统，需要保持创新能力，需要为联合研发筹措资金的这种说法存在疑问，我们可以按照这种思路，探究经济活动的本质，以及增加附加价值的正确方法，应该是创造这种价值的企业的回报。在经济危机、全球化和持续的技术升级中，在与我们曾经所处的工业经济时代相比时，这似乎变得更加模糊了。

THE SOURCE
OF INNOVATION
IN CHINA

Highly
Innovative Systems
国际化过程中的创新挑战

第 6 章

面临诸多问题，我们可以把注意力集中于创新矛盾需求的不同层面——个体、企业和社会。在我们的个人、企业和社会战略中，我们应该做一个创新者还是跟随者？我们可以获得先动者优势，成为领先者；但是，创新者不一定就是领先者，而且有同等可能成为跟随者。这个问题不仅关乎是否需要创新的问题，还关乎何时创新和何地创新的问题。我们探寻中国创新源泉之旅不会在此停止，而是未来对少有人走过路的探索的开端。

THE SOURCE
OF INNOVATION
IN CHINA
中国创新模式

Highly
Innovative Systems

案例 6 学生的创造力灵感与心态调整训练

宋丽波

东方智慧就是寻找"我是谁？"的过程。

在 21 世纪，国际教育的一个主要问题是如何培养出具有创造性、身心健康的人。创造性思维是逻辑思维与表象的结合。但传统教育强调逻辑思维，忽视图像，导致了灌输式的教学模式，使学生无法产生学习动力，厌倦学习。最终，学生们失去了灵感，发展潜力和创造性思维的培养受到限制。动机方面的问题日益严重。

为了解决上述问题，我们制定了"学生创造力灵感与心态调整"课程，课程已经在中国进行了 20 年的实践和研究，得到了良好的实证支持，已在国际会议上展示，并由多家中国媒体报道。

## 课程目标

通过表象训练（imagery training），小学和初中的学生能够通过释放消极情绪和压力，达到最佳心理状态。通过调整精神状态，学生们可以增强认知能力，促进心理健康发展，实现潜能，滋养他们的智慧、灵感和创造力（如自己创作诗歌）。

## "学生创造力灵感与心态调整"课程的理论基础

创造性思维是逻辑思维与表象的结合。语言和图像分别是逻辑思维（logical thinking）和表象思维（imagery thinking）的主要媒介（处理材料）。

2003 年，我们对中国中学生的研究表明，创造性思维的起源和发展趋势与体现中国古代普遍发展规律的太极理论相符合。请参阅我们的研究数据和太极图的以下两条曲线（如图 6-2 所示）。

THE SOURCE
OF INNOVATION
IN CHINA
第6章

Highly
Innovative Systems
国际化过程中的创新挑战

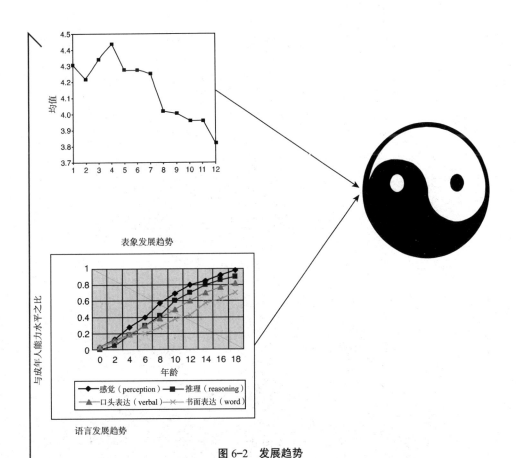

图 6-2　发展趋势

后面的图 6-3 和图 6-4 分别展示了"太极图潜在的灵感和创造力"和"东方正念太极结构"。

THE SOURCE
OF INNOVATION
IN CHINA
中国创新模式

Highly
Innovative Systems

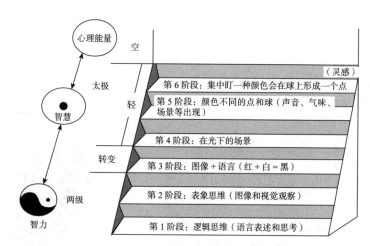

图 6-3　太极中潜在的灵感与创造力图示

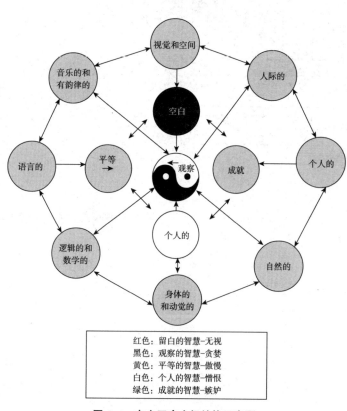

红色：留白的智慧-无视
黑色：观察的智慧-贪婪
黄色：平等的智慧-傲慢
白色：个人的智慧-憎恨
绿色：成就的智慧-嫉妒

图 6-4　东方正念太极结构示意图

THE SOURCE
OF INNOVATION
IN CHINA
第 6 章

Highly
Innovative Systems
国际化过程中的创新挑战

## 基本原理

表象是意识的基本要素，它也带有情感和驱动力，能够促进行为的规划、管理和规范。表象越独特，其功能就越强大；表象可以促进意识、记忆、想象力和创造力；表象是可以进行开发的；因此我们可以进行表象训练。表象训练是重复对图像的回忆，以提高其清晰度和真实性，并实现内生学习。

表象训练可以增强自信心和图像能力，增加心理能量，增加图像的清晰度，帮助控制情绪，提高学习效率。

通过表象训练，学生可以加强自己的注意力、记忆力、观察力和想象力，从而发展思维、提高智慧、提高学习效率、培养创造力（如图 6-5 所示）。

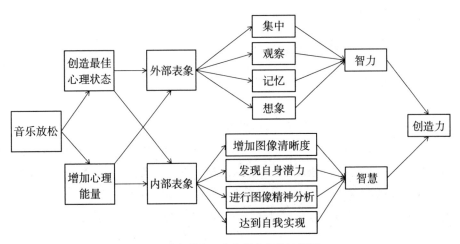

**图 6-5　激发学生正念和创造力的流程图**

表象和潜意识属于同一代表系统。通过表象训练，学生可以增加心理能量，实现自己的潜能，培养智慧。

在创造最佳精神状态，增加图象清晰度后，学生可以进行图像心理分析，达到自我实现和心理健康的状态。

在表象训练的过程中，学生放松身心，闭上眼睛，头脑也保持放松。通过全

THE SOURCE
OF INNOVATION
IN CHINA
中国创新模式

Highly
Innovative Systems

身放松，学生会减少能量消耗，增加能量的储存。然后基于身体的放松和能量恢复，学生进入脑皮层的高敏感性状态，释放心理能量。在这个阶段，学生会更好地吸收学习材料。

**表象训练步骤**

第一部分：引入

第二部分：集中训练

第三部分：观察与记忆训练

第四部分：想象力培养

第五部分：图像分析

第六部分：潜力发展和智慧增进

第七部分：灵感发展与创造力增进

**促进创造力与灵感类课程的应用**

本课程在著名的国家重点中学人大附中开展，提供给初中和高一（高级班）学生，并作为其他学生的选修课程。此外，本课程也已经在大学、小学和特殊教育学校开展。中央电视台也报道了这一课程，并在 2005 年进行了积极的反馈。中国教育部门认为这一课程是新时期素质教育的新模式。

北京阅想时代文化发展有限责任公司为中国人民大学出版社有限公司下属的商业新知事业部，致力于经管类优秀出版物（外版书为主）的策划及出版，主要涉及经济管理、金融、投资理财、心理学、成功励志、生活等出版领域，下设"阅想·商业""阅想·财富""阅想·新知""阅想·心理""阅想·生活"以及"阅想·人文"等多条产品线。致力于为国内商业人士提供涵盖先进、前沿的管理理念和思想的专业类图书和趋势类图书，同时也为满足商业人士的内心诉求，打造一系列提倡心理和生活健康的心理学图书和生活管理类图书。

## 阅想·商业

### 《精益创业：打造大公司的创新殖民地》

● 微软精益创业培训，湖南卫视专题报道，北大创业营推荐。

● 埃里克·莱斯精益创业理念的落地与实践。

● 帮助企业消除内部创新的"绊脚石"，释放企业创新创业的无限可能。

### 《啮合创业：在斯坦福学创业规划》

● 哈佛、斯坦福顶级学府、清华 x-lab 创新创业课教材。

● 首创创新创业啮合前行模型，超实用工具包，9 大齿轮协调共进，助力创新创业，打造属于你的成功之路！

### 《凿开公司间的格栅：共享时代的联合办公》

- 随着科技和生活方式的改变，促使工作及创业正经历着工业革命以来前所未有的转型，适合创业者、自雇人群和新生代职场人工作需求的新型工作场所——联合办公空间在世界各国粲然崛起。

- 本书是中国联合办公领域第一家独角兽企业掌门人毛大庆倾心之作。

- 真格基金创始人徐小平、财经作家吴晓波、场景实验室创始人吴声、罗辑思维创始人罗振宇领衔推荐。

### 《创业融资：风投不会告诉你的那些事》

- 三位经验丰富的风投操盘手，深挖风投行业的秘密，分享经得起严酷现实考验的经验之作。

- 一本帮助中国创业者成功敲开风投大门的全流程实战指导书。

- 从商业计划、风投投资策略、公司估值到与风投谈判，手把手教你如何成功搞定风投。

### 《创业生存记：如何经营好一家初创企业》

- 这不是一本教创业者如何做产品的书，而是一本让初创企业生存下来的书。

- 从启动、融资到退出，美国麻省理工博士用自己的10年创业奋斗史、56条忠告手把手教初创者迈向成功创业之路。